iChinese
爱汉语
Book 3

Victor Siye Bao　鲍思冶

Chen Draper　李琛

Australia • Brazil • Mexico • Singapore • United Kingdom • United States

iChinese, Book 3

Victor Siye Bao
Chen Draper

Senior Regional Director:
Janet Lim

Senior Product Manager:
Lee Hong Tan

Senior Editorial Manager:
Lian Siew Han

Senior Development Editor:
Tanmayee Bhatwadekar

Development Editors:
Titus Teo
Kenneth Chow
Wei Yi Ng
Elaine Chew
Willie Ong

Associate Editor:
Dawn Chaim

Senior Regional Manager, Production and Rights:
Pauline Lim

Production Executive:
Rachael Tan

Copyeditors:
Coco Koh
Yuan'an Shen

Cover Designer and Compositor:
Puey Yan Goh

© 2018 Cengage Learning Asia Pte Ltd

ALL RIGHTS RESERVED. No part of this work covered by the copyright herein may be reproduced, transmitted, stored or used in any form or by any means graphic, electronic, or mechanical, including but not limited to photocopying, recording, scanning, digitizing, taping, Web distribution, information networks, or information storage and retrieval systems, without the prior written permission of the publisher.

For product information and technology assistance, contact us at
Cengage Learning Asia Customer Support, 65-6410-1200

For permission to use material from this text or product,
submit all requests online at **cengageasia.com/permissions**
Further permissions questions can be emailed to
asia.permissionrequest@cengage.com

ISBN: 978-981-4792-53-0

Cengage Learning Asia Pte Ltd
151 Lorong Chuan
#02-08 New Tech Park
Singapore 556741

Cengage Learning is a leading provider of customized learning solutions with office locations around the globe, including Singapore, the United Kingdom, Australia, Mexico, Brazil, and Japan. Locate your local office at **cengage.com/global**

Cengage Learning products are represented in Canada by Nelson Education, Ltd.

For information on our Chinese language teaching products, visit **cengageasia.com**

To learn more about Cengage Learning Solutions, visit **cengageasia.com**

Printed in Singapore
Print Number: 01   Print Year: 2018

PREFACE

Following the success of the first two books in the series, *iChinese Book 3* is specially designed based on the new syllabus for International Baccalaureate® (IB) Language B Standard Level (SL) and Higher Level (HL) programmes (first examination 2020). This publication is a response to calls from Chinese language teachers for resource books that can guide the teaching and learning of the IB Chinese language programmes.

iChinese Book 3 consists of 10 units that are organized according to themes. Each unit is structured in a way that caters to the learning needs at different levels (SL and HL). Three main reading passages and one main passage are provided for SL and HL respectively. These passages are carefully selected to reflect authentic language use in the Chinese-speaking world as well as to introduce students to interesting aspects of Chinese culture and communities. Following each passage are important vocabulary with *pinyin* and English translation, explanations of useful language points, as well as plenty of class and post-lesson exercises and activities to reinforce learning. Additional practices in listening, speaking, reading and writing are offered after the main reading passages. All exercises are modelled on the exam question types in the new IB syllabus.

In addition, *iChinese Book 3* contains several features that make it an excellent guide for the IB Language B programmes:

- **Theme based**—All units are organized according to the prescribed themes of Identities and Experiences in the new IB syllabus. The remaining three prescribed themes of Sharing the Planet, Social Organization and Human Ingenuity will be covered in the upcoming *iChinese Book 4*;

- **Ready to use**—Class and post-lesson activities and exercises are provided in each unit, making it easy and convenient for teachers to plan their lessons;

- ***Assessments***—All assessment formats and requirements of the IB examination are covered;
- ***New listening component***—Listening exercises based on the question types in the new IB examination are featured;
- ***New writing requirement***—Up-to-date essay question types, all IB required registers, and students' sample essays are provided for reference;
- ***Vocabulary and grammar***—Useful thematic vocabulary and concise grammar explanations are given for easy understanding;
- ***Online instructor resources***—Full answer key as well as tape script and audio files for the listening exercises are available for free download. Visit **cengageasia.com/ichinese3**.

iChinese Book 3 encapsulates years of researching and teaching, and also draws on our first-hand experience in conducting IB and teacher training workshops. The thematic units will reinforce student language acquisition and develop intercultural competence and international mindedness. Through contextualized study of language, texts and themes, students will develop interactive, productive and receptive skills. We believe the use of this coursebook will equip students with the essential skills and knowledge to excel in the IB Chinese examination.

We would like to thank the editorial team, comprising Coco Koh, Titus Teo, Dawn Chaim and Yuan'an Shen, for their meticulous editing, commitment, and professionalism. Their editorial efforts have contributed significantly to the overall quality of the publication. We also thank Puey Yan Goh for her dedicated work on typesetting the book. Last but not least, we express our heartfelt gratitude to our family, especially to our spouses, Michael Jorgensen and Fanjing Zeng. *iChinese Book 3* would not be published on time without their unwavering support. We dedicate this book to them.

Victor Bao
Chen Draper

CONTENTS

THEME 1: 身份认同 IDENTITIES — 1

Unit 1:	生活方式 Lifestyle	2
Unit 2:	健康和幸福 Health and Well-being	30
Unit 3:	信念和价值观 Beliefs and Values	56
Unit 4:	次文化 Subcultures	85
Unit 5:	语言与身份认同 Language and Identity	110

THEME 2: 体验 EXPERIENCES — 135

Unit 1:	休闲活动 Leisure Activities	136
Unit 2:	假日和旅行 Holidays and Travel	164
Unit 3:	生活故事 Life Stories	189
Unit 4:	风俗与传统 Customs and Traditions	217
Unit 5:	迁移 Migration	243

附录 APPENDICES — 267

1. 写作文体与学生范文（第一部分）
   Writing Text Types & Students' Model Essays (Part 1) — 268

2. 生词索引
   Vocabulary Index — 285

v

THEME 1: 身份认同 IDENTITIES

Unit 1: 生活方式 Lifestyle — 2

- (SL) Text 1 衣服的重要性
- (SL) Text 2 单身或丁克努力的意义
- (SL) Text 3 孩子，最近身体好吗？
- (HL) Text 生命的意义和价值
- (SL) Listening 新简单主义
- (HL) Listening 大人们就爱操之过急
- (SL/HL) Speaking
- (SL) Reading 整容后过关的那些囧事
- (HL) Reading 法国人和法国的生活方式
- (SL/HL) Writing

Unit 2: 健康和幸福 Health and Well-being — 30

- (SL) Text 1 关于素食
- (SL) Text 2 最佳的减肥速度是什么？
- (SL) Text 3 应对生活的改变所带来的压力
- (HL) Text: 失眠
- (SL) Listening 健康生活指南
- (HL) Listening 影响男人健康的生活方式
- (SL/HL) Speaking
- (SL) Reading 新加坡女生减肥患厌食症
- (HL) Reading 改变生活方式，调整生命轨迹
- (SL/HL) Writing

Unit 3: 信念和价值观 Beliefs and Values — 56

- (SL) Text 1 西方人进教堂与东方人进庙
- (SL) Text 2 国外的教会学校
- (SL) Text 3 清明节，谁来扫墓？
- (HL) Text 我的母亲
- (SL) Listening 新加坡的种族和谐日
- (HL) Listening 人为什么要有信仰？
- (SL/HL) Speaking
- (SL) Reading 扫墓的意义
- (HL) Reading 你的第二身份是什么？
- (SL/HL) Writing

Unit 4: 次文化 Subcultures — 85

- (SL) Text 1 请别给广场舞贴标签
- (SL) Text 2 跑酷：21世纪的减压方式
- (SL) Text 3 周星驰与无厘头文化
- (HL) Text 上海人
- (SL) Listening 墨尔本的涂鸦文化
- (HL) Listening 严歌苓的人生故事
- (SL/HL) Speaking
- (SL) Reading 嘻哈之旅
- (HL) Reading 文化快餐不宜多吃
- (SL/HL) Writing

Unit 5: 语言与身份认同 Language and Identity — 110

- (SL) Text 1 新加坡式英语
- (SL) Text 2 一对移民父子的故事
- (SL) Text 3 要不要取个英文名？
- (HL) Text 华语情结
- (SL) Listening 香蕉人
- (HL) Listening Larry 学中文
- (SL/HL) Speaking
- (SL) Reading 有趣的方言
- (HL) Reading 我要用中文发言
- (SL/HL) Writing

SL = Standard Level   HL: Higher Level

生活方式
LIFESTYLE

THEME 1 UNIT 1

标准课程 Standard Level

课文一 TEXT 1

Outlook信箱

mail.outlook.com

寄件人：littlebaobao@outlook.com

收件人：vbao@outlook.com

标题 ：衣服的重要性

小宝：

❶ 孩子，上次你在电邮里说，穿什么衣服不是一个大问题。今天就让我给你讲一个真实的故事。

王明和李宏大学毕业后，和同一家企业签约，并且担任相同的职务——市场部专员。王明每天穿着正装上班，并且经常研读相关书籍，令自己很快地进入工作状态，不再像个学生。但是李宏穿得比较随便，经常穿一条牛仔裤就去上班。虽然这样也改变了自己的形象，可是身上的学生味还是很浓。他时不时还会闹点小脾气，让周围的同事很不适应。

❷ 有一次，他们一起去B市出差，去拜访G公司的高总。在交流的过程中，高总更倾向与王明交流，甚至多次向他提出问题。这件事令李宏非常郁闷。

李宏问道："为什么同事、客户都更愿意同你交流呢？我在来这里之前，也做了充分的准备。他如果向我提问，我一样也可以回答出来啊！"

王明说："我们都做了很多准备工作，相信高总是能看出来的。但是我这一身装扮，配上这个专业的公文包，在外在形象方面，更让客户

Outlook 信箱 — mail.outlook.com

信服。他会认为,我对服装都这么考究,对工作也一样很考究,所以才愿意和我多交流。"

❸ 听了王明的话,李宏觉得非常有道理。自己不【-例-】还像个学生,【-8-】已经走上职场,【-9-】要有市场专员的样子。之后,李宏【-10-】慢慢改变了自己的形象,【-11-】经常揣摩说话的技巧。一段时间以后,他【-12-】完全变成了一名职业人士,同事和客户对他的态度也开始发生改变。

❹ 可见,你的外在形象深深影响着周围人对你的看法。你的形象越精致,别人越重视你,因为从中可以看出你是个精益求精的人。从衣服到配饰,你如何选择和搭配,都能看出你对生活的态度,所以说,形象的品质非常重要。你选择任何一件衣服和配饰的时候,都要考虑这些问题:是否符合自己的身份?是否符合大众审美观?是否与身边环境有出入?服装和配饰是否搭配?穿衣服不是你简单地拿起一件就好了,人的外在形象是存在意义的。你考虑得越周全,别人对你的印象越好。

❺ 所以说,想要通过外在形象赢得对方的尊重,必须先确定自己在细节上没有出现问题。上班前,不妨仔细观察自己的衣着,不应放过任何细节,这才是达到高品质外形的重要环节。

❻ 今天就谈到这里,希望你能听取妈妈的忠告。

妈妈

NEW WORDS

职务	zhíwù	position		态度	tàidù	attitude (towards life)
正装	zhèngzhuāng	formal dress code		考虑	kǎolǜ	consider
随便	suíbiàn	casual		审美观	shěnměi guān	aesthetic
适应	shìyìng	get used to		尊重	zūnzhòng	respect
外在形象	wàizài xíngxiàng	appearance		细节	xìjié	details
客户	kèhù	customer				

语言点 LANGUAGE FOCUS

1. 在……方面 zài...fāngmiàn in the area of ...
   The 在...方面 construction is used to emphasize a certain area or aspect.
   例：在如何教育孩子方面，我们都应该听你的。

2. 越……越…… yuè...yuè... more...
   越...越 is used to express increasing intensity as time goes by.
   例：现代社会的节奏变得越来越快。

句型练习

1. 平时花的工夫 ▭ 多，考试成绩就会 ▭ 好。
2. ▭ 节制孩子消费 ▭ ，爸爸和妈妈的想法是一致的。

课堂活动 CLASSROOM ACTIVITIES

小组讨论：分组讨论以下问题。

1. 中国有句古话说，"人靠衣着马靠鞍"。你觉得对吗？
2. 你会不会根据一个人的衣着来判断他的行为？

看视频讨论：观看微电影《裸归》，谈谈你对以下问题的看法。

1. 这个老总为什么要扮成乞丐？
2. 在饭店里，给他吃的喝的人是什么样的人？
3. 为什么把妈妈送到养老院？他为什么吃惊？
4. 那个兄弟/好朋友给他钱让他做什么？为什么要给他钱？
5. 吃饭的时候为什么友人走了？
6. 你最喜欢哪个人？为什么？
7. 他为什么要推荐姜浩？姜浩是谁？
8. 他最后说的那句话是什么意思？
9. 如果你是这个村里的村民，你会怎么对待他？

角色扮演：学生分组，根据《裸归》的故事进行角色扮演，并发挥创意自编结局。

THEME 1 Identities 身份认同

阅读理解 READING COMPREHENSION

根据❶，填写下面的表格。

名字	王明	李宏
担任的职位	1.	3.
穿着特点	2.	4.

根据❷，回答下面的问题。

5. 什么事让李宏感到郁闷？
   _____

6. 王明哪方面让客户信服？
   _____

7. 为什么高总愿意问王明问题？
   _____

根据❸，从下面提供的词汇中，选出合适的词填空。

> 既然　几乎　还　也　机会　对　应该　之后　就

例：【−例−】　应该　　　　　　10.【−10−】_____
8.【−8−】_____　　　　　11.【−11−】_____
9.【−9−】_____　　　　　12.【−12−】_____

根据❹，选出最适合左边句子的结尾。把答案写在方框里。

13. 你的外在形象…… ☐
14. 你的形象越精致，…… ☐
15. 从你的形象中…… ☐
16. 选择衣服和配饰时，…… ☐
17. 你考虑得越周全，…… ☐

Ⓐ 左右着周围人对你的看法。
Ⓑ 别人对你的印象越好。
Ⓒ 别人越重视你。
Ⓓ 可以看出一个人对生活的态度。
Ⓔ 可以看出你的工作态度。
Ⓕ 可以让人喜欢你。
Ⓖ 要符合大众审美观。
Ⓗ 很简单。

Unit 1 Lifestyle 生活方式

根据❺，回答下面的问题。

18. 怎么才可以得到对方的尊重？

_____

19. 高品质外形的重要环节有哪些？

_____

课后练习 POST-LESSON ACTIVITIES

好词好句 从课文中找出好词好句，并写出对应的英文释义。

中文	英文
1. 令自己很快地进入工作状态	
2. 你的形象越精致，别人越重视你。	
3. 你考虑得越周全，别人对你的印象越好。	
4.	

校园采访 采访三位同学，搜集他们对于学校校服的意见。比如，中学生是不是应该穿校服？如果是，他们对于目前的校服有什么意见和建议？

课文二 TEXT 2

Outlook信箱

mail.outlook.com

寄件人：xiaoding@outlook.com

收件人：chen@outlook.com

标题：单身或丁克努力的意义

小丁：

你好！你上次来信问，"作为一个单身主义者，注定没有孩子。那么我们努力的意义是为了什么？"我用这个问题在网上做了一个调查，今天让我来告诉你这些人的看法。希望对你有所帮助。

① 自由的小鸟

我的答案比较自私。我努力的最大动力就是让我能有更多的选择。可以自由地选择穷游还是富游；拥有更大的自由，选择自己的交际圈；可以选择去吃路边摊还是米其林饭店；可以选择高富帅或白富美；可以选择独身还是丁克；可以选择出门开豪车还是挤公车；我希望自己能光明磊落、清清白白、安安心心度过此生。

独立

我要生活得很酷，自由自在。世界上有那么多知识，我不可能全部掌握，但我要学会一些。有那么多人，我不可能全部认识，可是我要熟知几个。有那么多食材，我不可能全部吃完，可是我每顿都要吃得开心。我当然也要做蠢事，所有人生该经历的都是追求，都是体验。我有那么长的一辈子，我一个人时间更多，我可以慢慢做别人急着做的事。我要花时间发呆，花时间无聊，花时间走神，花时间给我的挚友。既然我不用关心我的儿子，我要让我的父母觉得他们有最值得他们骄傲的唯一的宝贝女儿。我得尝这个世界的善，也得尝这个世界的恶。我要做尽世界上刺激的事。

❷ 小布

努力的意义？没有啊，我并没有觉得自己在"努力"地生活/工作/活着……我只是在按照自己喜欢的方式——或者说，在现有条件下最不坏的方式——度过我的人生而已。至少在我的经验里，很多时候，认真地、全力以赴地去做一件事，所享受到的快感，往往远远超过了不劳而获、投机取巧的状态。现在我已经长大了，也懂事了。人的潜力是靠开发的，如果我能够学习更多的知识，能很好地运用到生活中去，那不是很酷的一件事吗？

❸ 文佳

马斯洛有需求金字塔，把人的需求从低到高划分为六个阶段：生存需要、安全需要、情感归属需要、尊重需要、自我实现需要和自我超越需要。努力的意义就是逐层满足自己的需要，直至最高的自我超越需要（我想绝大部分人，可能包括我自己，都无法达到这一层面，能达到自我实现就很了不起了）。跟孩子相关的基本上是生存需要和安全需要。丁克就是相当于放弃了一部分的生存和安全需求，转而把时间和精力用于追求更高层次的需求而已。

克丁是我

努力让自己变成更好的人，也可以带给所爱的人快乐而不是负担。单身无所谓啊，因为我一个人可以过得不错，可以自己吃饭，自己看电影，自己去医院，自己去旅行，自己应付很多难题，并不觉得委屈。但是在宠物医院要一个人抱着有我一半重的狗打针的时候，还是会无助、会哭，除了抱不动和害怕，也会羡慕别人有人陪伴。没人会单身一辈子，起码大部分人不会，时间问题罢了。

❹ 艾法

我是单身，很可能一辈子单身。因为生活成本太高。我以前有个目标：走遍全国，走遍世界，吃遍全国，吃遍世界。努力是为了让自己过得舒服愉快，不为别人而活。我认为活着或者人生的意义是：体验。做没有做过的事情，看没有看过的风景，吃没有吃过的食物，经历没有经历过的一切，然后以一颗平和、宽容的心态看待世间的一切。

> 看了网友的这些留言，希望你自己可以找到答案。最后引用罗曼罗兰的一句名言作为结尾，"不管你是单身者还是已婚的人，希望我们都能热爱生活。"
>
> 　　祝
> 天天开心
>
> 　　　　　　　　　　　　　　　　　　　　　　　陈老师

生词 NEW WORDS

单身	dānshēn	being single
自私	zìsī	selfish
动力	dònglì	motivation
交际圈	jiāojì quān	social circle
丁克	dīngkè	childless
光明磊落	guāngmíng lěiluò	open and straightforward
体验	tǐyàn	experience
刺激	cìjī	exciting; excitement
全力以赴	quánlì yǐfù	try one's best
潜力	qiánlì	potential
自我实现	zìwǒ shíxiàn	self-actualization
自我超越	zìwǒ chāoyuè	self-transcendence
委屈	wěiqū	feel wronged
羡慕	xiànmù	envy
生活成本	shēnghuó chéngběn	living cost
热爱生活	rè'ài shēnghuó	love one's life

语言点 LANGUAGE FOCUS

1. **当然** dāngrán　of course
   当然 is used as an adverb to express certainty.
   例：大部分的男生都喜欢足球，我当然也不例外。

2. **既然** jìrán　since
   The conjunction 既然 is used in the first part of a sentence to introduce a fact, followed by a logical conclusion in the second part of the sentence with 就.
   例：既然选择了选修这门课，就应该好好去读。

句型练习

1. 为了减肥而不吃饭，＿＿＿＿＿是不可以的。
2. ＿＿＿＿＿你们都不来参加这个聚会，那我也回去了。

课堂活动 CLASSROOM ACTIVITIES

🗣 **表达想法：**

1. 让同学们根据他们长大后希望所生孩子数量的多少，按顺序排成一队。老师抽选学生来解释他们的想法。
2. 给每个学生一张彩色的小纸，以"我的人生目标"为题，每个学生写一个小段落，然后将写好的纸片贴在大的海报上。

❓ **问卷调查：** 访问三位同学长大后会是否考虑单身或丁克？然后简单地在表格中写出原因。

名字	选择单身/丁克	原因
1.		
2.		
3.		

🎭 **角色扮演：** 学生两人一组，一位是<u>十年后</u>的"你"，另一位是<u>五十年后</u>的"你"，以"单身和丁克"为主题，做一个对话形式的角色扮演。

🗣 **小组讨论：** 分组讨论以下问题。

1. 什么是单身主义？
2. 什么是丁克族？
3. 单身有什么好处？
4. 单身对家庭和社会有什么坏处？
5. 丁克有什么好处？
6. 丁克对家庭和社会有什么坏处？
7. 你觉得为什么现在选择单身或者丁克的人越来越多？
8. 以前中国人很少选择单身或丁克，现在却有很多人接受这种想法。为什么？

阅读理解 READING COMPREHENSION

根据 ❶，选出合适的答案。把答案写在方框里。

1. 网友"自由的小鸟"的看法：_____
2. 网友"独立"的看法：_____

- Ⓐ 为了可以选择自己喜欢做的事。
- Ⓑ 学会一些知识，虽然不可能全部都掌握。
- Ⓒ 要开开心心地吃好每一顿饭。
- Ⓓ 希望自己的父母为自己骄傲。
- Ⓔ 可以慢慢地做事，而别人需要急着做。
- Ⓕ 自己想怎么花时间就怎么花。
- Ⓖ 不管去挤车还是自己开车，都是自己想做的事。
- Ⓗ 做完世界上所有刺激的事。
- Ⓘ 可以毫无遗憾、安心度过自己的一生。

根据❷，判断下面叙述的对错，在方框里打勾[✓]，并以文章内容说明理由。两个部分都答对才能得分。

                                                                                 对　　错

3. "小布"觉得自己现在没有努力，只是按着自己喜欢的方式生活。　□　□

    理由：_____

4. "小布"觉得努力做事以后的感觉跟不努力做事没有区别。　□　□

    理由：_____

5. "小布"觉得把学到的知识用到生活上是一件很酷的事。　□　□

    理由：_____

根据❸，回答下面的问题。

6. "文佳"对马斯洛需求是怎么看的？

    _____

7. "文佳"对丁克的看法是什么？

    _____

8. "克丁是我"觉得单身无所谓，原因是：

    _____

9. "克丁是我"带狗去宠物医院打针时会无助、会哭，因为：

    (i)_____ (ii)_____

10. "克丁是我"对单身一辈子是怎么看的？

    _____

根据❹，回答下面的问题。

11. "艾法"单身的原因是什么？　　　　　_____

12. "艾法"努力的目标是什么？　　　　　_____

13. "艾法"认为人生的意义是什么？　　　_____

14. "艾法"希望自己怎么看待世界的一切？_____

Unit 1 Lifestyle 生活方式

课后练习 POST-LESSON ACTIVITIES

好词好句 从课文中找出好词好句，并写出对应的英文释义。

中文	英文
1. 我努力的最大动力就是让我能有更多的选择。	
2. 可以带给所爱的人快乐而不是负担	
3. 我认为活着或者人生的意义是：体验。	
4.	

课堂简报 每位学生根据自己国家的真实情况，做一个PPT，向全班同学介绍在你的国家的单身族和丁克族，并谈谈你的想法和看法。

课文三 TEXT 3

孩子，最近身体好吗？

明华：

❶ 今天我写信给你，想谈谈健康的问题，因为健康也是一种生活方式。你的健康是你最宝贵的财富，但人们似乎对健康的重要性还停留在口头上而已。当然，从现在开始也不算晚。

❷ 科学家此前一直认为，人的脑袋就像是一棵卷心菜。一个20岁左右的头脑，将不会在未来的时间里继续成长。从20岁开始，人的头脑就开始不可避免地衰退：决断力下降、记忆力减退等等。在80岁左右的时候，人的脑袋就和泡菜差不多了。在上个世纪60年代以前，科学家还坚持认为，成年人的大脑不会再有新的神经原长出来。但是在1988年之后，科学家已经掌握了具体的证据，证明成年人的大脑经过锻炼之后还能生长出新的神经元。成年人脑袋的这种继续成长源自娱乐。比如玩《纽约时报》的字谜、打高尔夫、打台球等等。所以，加强使用你的大脑，如果你不使用它的话，它就会僵化、甚至生锈。

❸ 专家建议，如果你没有固定的大量时间去锻炼身体的话，那就改变一些日常生活习惯。比如，走楼梯不要坐电梯，把车停在距离目的地较远的地方然后步行前往，遛狗等等。大多数人每天步行不到3000步，而如果你每天能够步行一公里的话，你会发现你的身体真的在慢慢发生变化。所以专家表示，锻炼并不是一件难事，只要你稍微改变生活方式，就能够从中达到锻炼的目的。

❹ 最新的研究发现，良好的睡眠将给第二天的工作生活提供充沛的体力，甚至还能够起到减肥的作用。所以每天晚上，你需要早点放下手机上床睡觉。

❺ 吸烟的确不是什么好习惯。调查显示，美国每年有43万人因为吸烟而患上疾病最终死亡。另外，吸烟还容易导致糖尿病、哮喘症等。也许你曾经试图戒烟，但失败了。今年就下定决心戒烟吧！网络上有不少帮

助吸烟者戒烟的网站，而且还提供在线或者电话服务。当然，你不要认为一两天就能够戒除烟瘾，要按步骤去做，例如把烟灰缸放得远一些，身上不要带太多的香烟，和那些不吸烟的朋友呆在一起等等。

好吧，先写到这里，希望你有所醒悟，开始注意自己的身体。

爸爸
2018年4月29日

生词 NEW WORDS

生活方式	shēnghuó fāngshì	lifestyle
财富	cáifù	wealth
不可避免	bùkě bìmiǎn	unavoidably
记忆力	jìyìlì	memory
坚持	jiānchí	insist
锻炼	duànliàn	exercise
研究	yánjiū	research
好习惯	hǎo xíguàn	good habit
疾病	jíbìng	illness
试图	shìtú	attempt
戒烟	jièyān	quit smoking
醒悟	xǐngwù	realize (truth)

语言点 LANGUAGE FOCUS

1. 似乎 sìhū seems like
   Use 似乎 to indicate that someone or something gives an impression of having a certain quality.
   例：现在的天气很奇怪，明明是六月却似乎是秋天。

2. 的确 díquè indeed
   The adverb 的确 is used to confirm or agree with something that has just been said.
   例：你的化学成绩越来越差，的确需要花点工夫在这门课上了。

句型练习

1. 学中文 _____ 是需要花时间和精力的。
2. 当生活的压力减少了以后，她看上去 _____ 年轻了不少。

课堂活动 CLASSROOM ACTIVITIES

列点讨论：学生先列出以下三项，然后分组讨论。

1. 列出健康的生活方式
2. 列出不健康的生活方式
3. 列出一个高中生保证身体健康的作息表

课堂辩论：以"中学生应该把重点放在学习上，而不是运动上。"为题，组织学生进行辩论。

看视频讨论：看一个关于健康与不健康生活方式的视频，然后进行讨论：视频中提到了哪些健康的生活方式？为什么有些人的生活方式是不健康的？

阅读理解 READING COMPREHENSION

根据❶，回答下面的问题。

1. "似乎"是什么意思？ _____
2. "停留在口头"是什么意思？ _____

根据❷，完成下面的句子。

3. 科学家认为20岁以前，人的脑袋像_____。到了_____以后，人的脑袋就像泡菜一样。
4. 根据科学家的研究，人的大脑经过锻炼之后还能生长出新的神经元。锻炼的方法有：_____，_____，_____等。
5. 如果你不使用你的大脑，它会_____。

根据❸，判断下面叙述的对错，在方框里打勾[✓]，并以文章内容说明理由。两个部分都答对才能得分。

　　　　　　　　　　　　　　　　　　　　　　　　　　　　　　　　　对　错

6. 改变日常生活习惯可以达到锻炼身体的效果。　　　　　　　　　　□　□

　　理由：_____

7. 只有少数人每天走路超过三千步。　　　　　　　　　　　　　　　□　□

　　理由：_____

8. 若你能每天行走超过一万步，你会看到你身体的变化。　　　　　　□　□

　　理由：_____

Unit 1 Lifestyle 生活方式

9. 锻炼不是一件难事，但需要大力改变生活方式。　□ □

理由：_____

根据 ④，回答下面的问题。

10. 睡眠的好处有：(i) _____ (ii) _____

11. 每天晚上应该做的事有：_____

根据 ⑤，选出正确的答案。把答案写在方框里。

12. 吸烟是…… □
    Ⓐ 好习惯　　Ⓑ 坏习惯　　Ⓒ 爱好　　Ⓓ 健康的需要

13. 美国每年因为吸烟而死掉的人数为…… □
    Ⓐ 四万　　Ⓑ 三万　　Ⓒ 四十三万　　Ⓓ 四万三千

14. 吸烟的后果包括…… □
    Ⓐ 减肥　　Ⓑ 精神好　　Ⓒ 开心　　Ⓓ 得糖尿病

15. 关于戒烟…… □
    Ⓐ 一两天就成功　　Ⓑ 非常难　　Ⓒ 需要打电话得到建议　　Ⓓ 必须上网

16. 戒除烟瘾的方法有很多步骤，课文提到几个步骤？ □
    Ⓐ 四个　　Ⓑ 两个　　Ⓒ 三个　　Ⓓ 一个

课后练习　POST-LESSON ACTIVITIES

好词好句　从课文中找出好词好句，并写出对应的英文释义。

中文	英文
1. 从现在开始也不算晚。	
2. 你的健康是你最宝贵的财富	
3. 良好的睡眠将给第二天的工作生活提供充沛的体力	
4.	

写信　从下面的情景中任选一个，写一封简短的回信。

1. 你的好朋友邀请你在周末跟他一起去酒吧喝酒。
2. 你的笔友告诉你他最近忙着学习国际文凭课程，身体越来越差。

高级课程 High Level

课文 TEXT 生命的意义和价值   沈从文

❶ 一切存在严格地说都需要"时间"。时间证实一切,因为它改变一切。气候寒暑,草木荣枯,人从生到死,都不能缺少时间,都从时间上发生作用。

常说到"生命的意义"或"生命的价值"。其实一个人活下去真正的意义和价值,不过占有几十个年头的时间罢了。生前世界没有他,他无意义和价值可言的;活到不能再活死掉了,他没有生命,他自然更无意义和价值可言。

❷ 正仿佛多数人的愚昧与少数人的聪明,对生命下的结论差不多都以为是"生命的意义同价值是活个几十年",因此都肯定生活,那么吃,喝,睡觉,吵架,恋爱,……活下去等待死,死后让棺木来装殓他,黄土来掩埋他,蛆虫来收拾他。生命的意义解释的即如此单纯,"活下去,活着,倒下,死了",未免太可怕了。因此次一等的聪明人,同次一等的愚人,对生命的意义同价值找出第二种结论,就是"怎么样来耗费这几十个年头"。虽更肯定生活,那么吃,喝,睡觉,吵架,恋爱,……然而生活得失取舍之间,到底也就有了分歧。

❸ 这分歧一看就明白的。大别言之,聪明人要理解生活,愚蠢人要习惯生活。聪明人以为目前并不完全好,一切应比目前更好,且竭力追求那个理想。愚蠢人对习惯完全满意,安于现状,保证习惯。(在世俗观察上,这两种人称呼常常相反,安于习惯的被呼为聪明人,怀抱理想的人却成愚蠢家伙。)两种人即同样有个"怎么来耗费这几十个年头"的打算,要从人与人之间寻找生存的意义和价值,即或择业相同,成就却不相同。同样想征服颜色线条作画家,同样想征服乐器音声作音乐家,同样想征服木石铜牙及其他材料作雕刻家,甚至于同样想征服人身行为作帝王,同样想征服人心信仰作思想家或教主,一切结果都不会相同。因此世界上有大诗人,同时也就有蹩脚诗人,有伟大革命家,同时也有虚伪革命家。至于两种人目的不同,择业不同,那就更容易一目了然了。

Unit 1 Lifestyle 生活方式

看出生命的意义同价值，原来如此如此，却想在生前死后使生命发生一点特殊意义和永久价值，心性绝顶聪明，为人却好像傻头傻脑，历史上的释迦、孔子、耶稣，就是这种人。这种人或出世，或入世，或革命，或复古，活下来都显得很愚蠢，死过后却显得很伟大。屈原算是这种人另外一格，历史上这种人可并不多。可是每一时代间或产生一个两个，就很象样子了。这种人自然也只能活个几十年，可是他的观念，他的意见，他的风度，他的文章，却可以活在人类的记忆中几千年。一切人生命都有时间的限制，这种人的生命又似乎不大受这种限制。

❹ 话说回来，事事物物要时时证明，可是时间本身却又像是个极其**抽象**的东西，从无一个人说得明白时间是个什么样子。时间并不单独存在。时间无形，无声，无色，无臭。要说明时间的存在，还得回过头来从事事物物去取证。从日月来去，从草木荣枯，从生命存亡找证据。正因为事事物物都可为时间作注解，时间本身反而被人疏忽了。所以多数人提问到生命的意义同价值时，没有一个人敢说"生命意义同价值，只是一堆时间"。

❺ "前不见古人，后不见来者"，这是一个真正明白生命意义同价值的人所说的话。老先生说这话时心中的**寂寞**可知！能说这话的是个伟人，能理解这话的也不是个凡人。目前的活人，大家都记得这两句话，却只有那些从日光下牵入牢狱，或从**牢狱**中牵上**刑场**的倾心理想的人，最了解这两句话的意义。

因为说这话的人生命的耗费，同懂这话的人生命的耗费，异途同归，完全是为事实皱眉，却胆敢对理想倾心。

他们的方法不同，他们的时代不同，他们的环境不同，他们的遭遇也不相同；相同的是他们的心，同样为人类向上向前而跳跃。

生词 NEW WORDS

草木荣枯	cǎomù róngkū	flourishing and withering of vegetation
价值	jiàzhí	value
仿佛	fǎngfú	seems
耗费	hàofèi	waste
愚蠢	yúchǔn	stupid
竭力	jiélì	try one's best
理想	lǐxiǎng	ambition

安于现状	ān yú xiànzhuàng	be contented with the current status
蹩脚	biéjiǎo	inferior
虚伪	xūwěi	fake
抽象	chōuxiàng	abstract
寂寞	jìmò	lonely
牢狱	láoyù	prison
刑场	xíngchǎng	execution ground

语言点 LANGUAGE FOCUS

排比句

排比句是把三个或以上意义相关或相近、结构相同或相似、语气相同的词组或句子并排在一起组成的句子。有时候两个句子或以上的并列句子也可以称为排比句。

作用：用排比来说理，可收到条理分明的效果；用排比来抒情，节奏和谐，显得感情洋溢、气势更为强烈；用排比来叙事写景，能使层次清楚、描写细腻、形象生动。

练习：请写出三个排比句，可以是描写景色、表达感情或增强气势。

1. _____
2. _____
3. _____

阅读理解 READING COMPREHENSION

根据❶，回答下面的问题。

1. 作者认为时间有什么作用？ _____
2. 作者认为生命的价值有多长时间？ _____

根据❷，回答下面的问题。

3. 简单地解释"生命的意义"。 _____
4. "蛆虫来收拾他"是什么意思？ _____

根据❸，填写下面的表格。

聪明人对待生活的态度	愚蠢人对待生活的态度
5.	8.
6.	9.
7.	10.

活着显得愚蠢，死后伟大的人
11.
12.
13.

根据❹，完成下面的句子。

14. 时间很_____，没有人可以_____时间是什么样子。

15. 要想证明时间_____，需要从_____找到证据。

16. 人们往往忽视了时间_____。

根据❺，判断下面叙述的对错，在方框里打勾[✓]，并以文章内容说明理由。两个部分都答对才能得分。

                                                                        对   错

17. 说出"前不见古人，后不见来者"的人和明白这句话含义的人都不是一般的人。

    理由：_____

18. 现在的人，有很多都记得"前不见古人，后不见来者"这句话，但是大多数人都不了解这句话的意义。

    理由：_____

听力 LISTENING

标准课程 Standard Level

你即将听到一个听力片段。请先阅读题目。你可以自由重复听力片段,在听力播放的过程中,可以随时回答问题或记下讯息。请用中文回答问题。注意自己掌握时间,听力练习时间总共有20分钟。

新简单主义

根据第一段的内容,选出正确的答案。把答案写在方框里。

1. 新简单主义起源于……
   Ⓐ 中国　　Ⓑ 法国　　Ⓒ 英国　　Ⓓ 美国

2. 下面哪一个<u>不包括</u>在简单生活里?
   Ⓐ 不看电视　　Ⓑ 不看电影　　Ⓒ 不上网　　Ⓓ 不开车

3. 有的人到山区里<u>不做</u>什么?
   Ⓐ 吃饭　　Ⓑ 睡觉　　Ⓒ 拍照　　Ⓓ 看风景

根据第二段的内容,完成下面的句子。

4. 把类似的东西都放在一起的好处是＿＿＿＿＿＿＿＿＿＿＿＿＿＿＿＿＿。

5. 每个星期有几天晚上应该＿＿＿＿＿＿＿＿＿＿＿＿＿＿＿＿＿＿＿＿＿。

6. 每个星期＿＿＿＿＿＿＿＿＿＿＿＿＿＿＿＿＿＿＿,是你身心所需要的。

根据第三段的内容,选出最适合左边句子的结尾。把答案写在方框里。

7. 简化娱乐过程,应该……
8. 简单生活是……
9. 真实的自我,……
10. 人的需求越多,……

Ⓐ 得到的自由就越少。
Ⓑ 没有时间去娱乐。
Ⓒ 可以让人神采奕奕。
Ⓓ 追求完美的生活。
Ⓔ 一种从容,可以有时间做自己事情的生活。
Ⓕ 不需要别人的生活。
Ⓖ 不要把周末娱乐时间表安排得太满。

你即将听到一个听力片段。请先阅读题目。你可以自由重复听力片段,在听力播放的过程中,可以随时回答问题或记下讯息。请用中文回答问题。注意自己掌握时间,听力练习时间总共有20分钟。

大人们就爱操之过急

根据听力片段的内容,回答下面的问题。

1. 美国得克萨斯州加尔维斯顿岛的长和宽各是多少公里?

    (i) _____ (ii) _____

2. 麦迪逊·罗宾逊为什么要在人字拖上安装LED灯?
    Ⓐ 为了更好看。
    Ⓑ 因为运动鞋有。
    Ⓒ 因为晚上去沙滩就不会找不到人字拖。
    Ⓓ 因为可以画海洋生物的图案在上面。

3. 人字拖是由谁设计的?
    Ⓐ 麦迪逊·罗宾逊 Ⓑ 亲友 Ⓒ 父亲 Ⓓ 零售商

4. FishFlops品牌<u>不卖</u>什么?
    Ⓐ 儿童读物 Ⓑ 帽子 Ⓒ T恤 Ⓓ 画画

5. 麦迪逊未来想要学习什么专业?

    _____

6. 这个故事的主题是什么?
    Ⓐ 要学会设计。
    Ⓑ 创新能力很重要。
    Ⓒ 大人们爱操之过急。
    Ⓓ 做自己喜欢做的事很重要。

根据听力片段的内容,选出最适合左边句子的结尾。把答案写在方框里。

7. 父亲和亲友…… ☐
8. 麦迪逊·罗宾逊…… ☐
9. 零售商们…… ☐

Ⓐ 支付自己的学习费用。
Ⓑ 登上福布斯美国400富豪榜。
Ⓒ 订购了很多人字拖。
Ⓓ 拿出资金资助她。
Ⓔ 设计人字拖游戏。

口语 SPEAKING

标准课程 Standard Level

从下面的两张图片中任选一张，进行口语测试(Internal Assessment)练习。具体步骤如下：

准备时间	从两张图中任选一张，准备你的个人陈述。只能做简单的笔记。	15分钟
第一部分：个人陈述	描述所选图片，并谈谈与之相关的主题和文化。	3-4分钟
第二部分：讨论图片	老师和学生针对学生的个人陈述进行讨论。	4-5分钟
第三部分：总体讨论	老师从其它的主题里选择至少一个主题，和学生进行讨论。	5-6分钟

[身份认同] 我的简单生活

[身份认同] 简单的生活从停止疯狂购物开始

1.

2.

高级课程 High Level

请阅读沈从文的《边城》，从中选出不超过360字的段落，和你的老师讨论。

准备时间	从两段文学作品的摘要中选出一篇，准备个人陈述，可以做简单的笔记。	20分钟
第一部分：个人陈述	描述所选摘要所包含的事件、想法和信息等等。	3-4分钟
第二部分：讨论作品	老师和学生针对学生的个人陈述进行讨论。	4-5分钟
第三部分：总体讨论	老师从其它的主题里选择至少一个主题，和学生进行讨论。	5-6分钟

Unit 1 Lifestyle 生活方式

阅读 READING

整容后过关的那些囧事

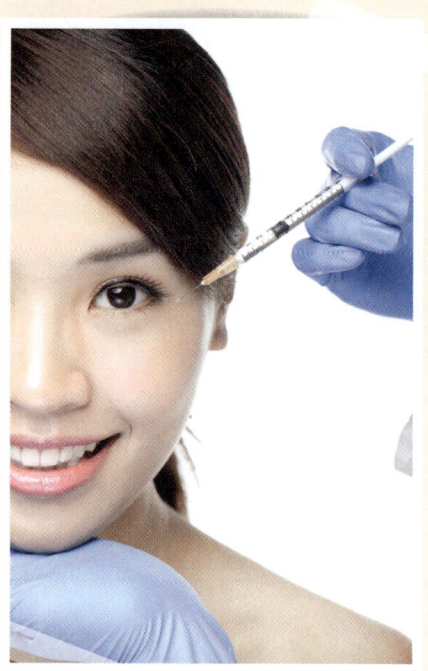

❶ "快看快看,范爷来了!"9月2日上午,在珠海拱北口岸,一名过关的女生兴奋地招呼她的同伴,因为她惊喜地发现了"范爷——范冰冰",且与她们只有十米不到的距离。这两名女生兴奋不已,快步走上前去,怯怯地问对方:"你真是范冰冰吗?"在得到附近警察否定的回答后,两位女生方才怏怏地走开了。

❷ 据拱北口岸边检民警介绍,目前通过整容手术变靓的女性在过关旅客中越来越多。有意思的是,在过关的旅客当中,不乏"追星一族"。据该口岸出境部门某工作人员透露,有少数女性旅客在整形时特意以某明星脸为蓝本,其中,范冰冰脸最受这些整形女性欢迎。

❸ 之前,一位长相靓丽的女孩因与护照相片不符,被进一步问话和检查。在问话中,她神情紧张,多次暗示民警在问话时轻声点,原来她怕被站在后面等她的男友听到。她向民警承认自己做过整容,但这一切都在认识现男友之前。"要是被他知道我整过容,我就惨了。"

❹ 一位身材高挑的湖北女孩,因面相与护照出入较大而受阻。其在随后的检查中,为了证明脸形变化是由整容而起,她把存在手机里的相片给民警看。那里有她在韩国整容前的照片。吃惊的是有一张照片,是两块长约三公分的骨头,上面还沾着鲜血!原来,为了过关时顺利点,她在医生建议下拍下了这张血淋淋的照片。

❺ 靓女整容后过关受阻的现象时有发生。针对整容热现象,民警特别提醒,为避免被阻止出入境或耽误行程,最好不要在办好出入境证件后再对头部五官进行较大改动的整容;若做过脸部及头部五官整形美容手术,脸形、眼、耳、口、鼻、眉、额等特征发生变化,可能影响警方检查的,最好第一时间办理新的证件。

根据❶，回答下面的问题。

1. "范爷"是大家对＿＿＿＿＿＿＿＿＿＿的称呼。

2. 为什么两名女生兴奋不已？＿＿＿＿＿＿＿＿＿＿

3. 文中哪个词是"闷闷不乐"的意思？＿＿＿＿＿＿＿＿＿＿

根据❷，回答下面的问题。

4. 目前在过关的旅客中，不少女性进行了＿＿＿＿＿＿手术。

5. 解释下面两个字的意思。

　(i) 据（第12行）：＿＿＿＿＿＿＿＿　(ii) 某（第12行）：＿＿＿＿＿＿＿＿

根据❸，填写下面的表格。

女孩的五官	例：靓丽
接受检查的原因	6.
女孩的表情	7.
女孩让民警轻声问话的原因	8.
女孩整容的时间	9.

根据❹，回答下面的问题。

10. 解释"其"（第19行）和"那里"（第21行）分别指的是什么？

＿＿＿＿＿＿＿＿＿＿＿＿＿＿＿＿＿＿＿＿＿＿

11. 文中哪个词语是"非常不同"的意思？

＿＿＿＿＿＿＿＿＿＿＿＿＿＿＿＿＿＿＿＿＿＿

根据❺，判断下面叙述的对错，在方框里打勾[✓]，并以文章内容说明理由。两个部分都答对才能得分。

　　　　　　　　　　　　　　　　　　　　　　　　　　　　　　　　对　错

12. 妇女在过关时，因整容变得相貌不符而受阻的现象极少发生。　□　□

　理由：＿＿＿＿＿＿＿＿＿＿＿＿＿＿＿＿＿＿＿＿＿＿

13. 警察建议最好在办好出入境证件前进行五官整形美容。　□　□

　理由：＿＿＿＿＿＿＿＿＿＿＿＿＿＿＿＿＿＿＿＿＿＿

14. 如果进行了五官整形，最好的办法是尽快办新证件。　□　□

　理由：＿＿＿＿＿＿＿＿＿＿＿＿＿＿＿＿＿＿＿＿＿＿

法国人和法国的生活方式

❶ 法国人大概是世界上最会享受生活的人了。他们把生活中所做的每一件事都当做享受。所以，他们的生活节奏是很慢的。有人做过统计，美国人花一个小时就能完成的事，法国人要用六个小时甚至更长的时间来完成。我的丈夫恰恰就是这样一个典型的法国人。他如果心血来潮想要做一顿法国菜给我吃，我是很焦虑的。我这个急性子的人看他做饭的样子是很上火的。别人花半个小时就做好的饭，他就有本事花两个小时来做完。每次都把我饿得半死了，他还在一边慢悠悠地做着他的饭——眼睛在看电视，耳朵在听音乐，嘴里在哼着歌，手里在摆弄着他的"艺术饭"，一副其乐无穷的样子。

❷ 哪怕是有着诱人的加班费，法国人也不愿意加班，不愿意拼命工作，他们更愿意和家人在一起享受假日。我的丈夫又是这方面的典型。我们在中国的时候，他看到他的一个美国朋友为了多赚钱而四处兼课教英语，他总是不屑地说，"虽然他赚的钱比我多，可是，当我在享受生命的时候他却在消耗生命"。面对加班，法国人总是说，"我不在乎多赚那几个钱，请让我回家去，我只想和我的老婆呆在一起"——这大概就是法国人真正的浪漫吧！

❸ 法国人和中国人一样，都是个好吃的民族。不同的是，法国的用餐时间要比中国人的用餐时间长得多了，而且还必须等待！上馆子吃饭前得预约，否则很可能就会因为满座而被拒之门外。有一件事让我觉得很不可思议，法国的老板经常会以"营业时间将要结束了"来拒绝前来吃饭的客人，哪怕来客是一大群人。在中国，开门做生意的人哪有这样拒绝客人的呢？

❹ 如果去走亲访友的话，这顿饭一吃就非得用五六个小时才能完成，有时甚至更长的时间。客人来了以后，主客间先是逐个地行亲吻礼，无论男女老少都得相互亲对方的脸。通常是左右各亲一次，但是如果感情较深、关系较近又长时间没见的话，那就会左右反复地多亲几次。等彼此间行过贴面礼后，差不多半个小时过去了。想想吧，50张脸贴两次就是100次，而且一边贴还得一边打招呼。

行过贴面礼后，大家就在一起先拉家常。法国人是很能"侃"的，而且他们把能"侃大山"看成一种本事和个人魅力。等离吃饭的时间"差不多"了（这差不多，却是一个小时以后的事了），主人就会拿出各种酒来给大家品尝，这就是餐前开胃酒，通常会是威士忌或马塞茴香酒等。喝酒的时候会吃些薯片或花生等小吃，通常是在客厅里进行，大家一边品酒一边继续"侃大山"，而这开胃酒一开喝不要半个小时是不可能结束的。开胃酒喝过了以后，主人就会邀请客人到饭厅里用餐，这时你会看到桌上给每位客人都准备了各种不同的餐具和不同的玻璃杯——刀叉大小形状不同，用途也是不同的。食用肉类的餐具和食用海鲜类的食具是不一样的，而杯子的使用也是很讲究。各种杯子的使用是根据葡萄酒的颜色来定，葡萄酒的颜色不一样，杯子也会不一样，在这点上马虎不得。还有，喝水的杯子和喝葡萄酒的杯子也不能混在一起用。

餐具的摆放很讲究，通常主人是根据他所准备的饭菜来摆放餐具。餐具的使用是从最外面开始的——主人上菜也是根据餐具的摆放来上菜，如果最外面的餐具是用来吃海鲜的话，那么第一道菜一定是海鲜了。在比较正规的场合吃饭，真是让我欢喜让我忧，喜的自然是因为法国的美食，忧的是法国的用餐礼节太多，且用餐时间漫长。在法国吃饭的顺序通常是：色拉凉菜——主菜——干奶酪——甜点——咖啡或茶。而每吃完一道菜，主人就得把旧盘子撤了，换上新的盘子。咖啡喝完后，还有一小杯比较烈性的酒——法国人说那是为了把前面喝的咖啡"推"进胃里面去。总之，在法国吃饭就是不断地换盘子和餐具。

❺ 刚刚到法国，我一时很难适应法国人如此"浪慢"的生活，后来有一个英国朋友"安慰"我，"你其实算是很幸运的了，如果在西班牙更惨，他们通常会告诉你，明天吧！——就连约会也要等到'明天'！"据说这是拉丁区人的典型性格，他们喜欢慢悠悠地"享受"生活。在法国生活了两年后，法国人的生活态度已经把我的火性子磨得很平和了。实在受不了时，我就告诉自己，还好我是在法国而不是在西班牙，我不用等到"明天"，我只要等上区区几个月罢了。

根据❶，找出和下面的词语意思相近的词。

1. 可能：_____ 3. 着急：_____
2. 正好：_____ 4. 能力：_____

根据❷，回答下面的问题。

5. 法国人不愿意加班的原因是什么？
_____

6. 作者的丈夫对加班挣钱的看法是什么？
_____

7. 法国人的浪漫体现在哪里？
_____

根据 ❸，回答下面的问题。

8. 法国人和中国人对待饮食的态度有哪些不同？
   _____

9. 在法国去饭馆可能吃不到饭的原因是什么？
   _____

根据 ❹，判断下面叙述的对错，在方框里打勾[✓]，并以文章内容说明理由。两个部分都答对才能得分。

	对	错

10. 法国人每顿饭都少于五个小时。　　　　　　　　　　☐　☐
    理由：_____

11. 法国人吃饭时候餐具也非常讲究，排列顺序代表了上菜的顺序。　☐　☐
    理由：_____

12. 作者讨厌法国菜，因为法国的用餐礼节太多，而且用餐时间漫长。　☐　☐
    理由：_____

根据 ❺，回答下面的问题。

13. 作者在法国生活有什么收获？
    _____

14. 最后一句话"我不用等到'明天'"，"明天"加引号有什么作用？
    _____

写作 WRITING

标准课程 Standard Level
从下面的题目中任选一题作答。字数为300-480之间。

1. 假设你是报社的实习记者，你打算做一个关于现代年轻人生活方式的专栏，讨论社会上丁克的年轻人越来越多这个问题。你就此采访了几位年轻人。请从下面的文本类型中选择一个，向广大读者介绍丁克现象，以及有小孩的利弊。

   ◆ 采访　◆ 调查报告　◆ 日记

2. 你在一所国际学校读中学，你的学校规定学生们每天都要穿校服，而你也支持这种观点。但你的笔友在一所本地学校上学，她特别不喜欢校服，常常向你抱怨她的校服很难看。请从下面的文本类型中选择一个，和你的笔友谈谈你的看法，并给出建议。

   ◆ 演讲　◆ 信　◆ 邮件

3. 你受邀参加一位同学的16岁生日聚会。在聚会上你看到你的好朋友躲在角落里抽烟。他旁边的两位女生觉得他特别酷，也想尝试抽烟。当时你不好意思马上去阻止他。请从下面的文本类型中选择一个，告诉他吸烟的坏处，并谈谈你对吸烟的看法。

   ◆ 博客　◆ 邮件　◆ 信

高级课程 High Level
从下面的题目中任选一题作答。字数为540-720之间。

1. 暑假你去了一个报社做实习记者。因为目前社会上有越来越多的年轻人提倡"简单生活"，你打算做一个关于现代年轻人生活方式的专栏，来讨论这个问题。请从下面的文本类型中选择一个，向读者介绍简单生活的方式和利弊。

   ◆ 博客　◆ 邮件　◆ 专栏

2. 你在地铁站看到匆匆忙忙的人们，感慨现代人的生活节奏之快。碰巧当天你的朋友在脸书的帖子中也谈到了"慢生活"。你开始思考应该选择什么样的生活方式。请从下面的文本类型中选择一个，给你的朋友回帖，谈谈你对现代人生活方式的理解和看法。

   ◆ 日记　◆ 帖子　◆ 博客

3. 你的好朋友告诉你，自从读大学之后她的朋友们对外貌越来越关注。因为朋辈压力，她从上个月开始吃素减肥，目前又正在筹钱打算暑假去做微整形，来提高自己的人气。请从下面的文本类型中选择一个，和你的好朋友谈谈你的看法，并给出建议。

   ◆ 辩论　◆ 邮件　◆ 信

健康和幸福
HEALTH AND WELL-BEING

课文一　TEXT 1

关于素食

我是《现代生活杂志》的记者小包，现在越来越多人为了各种原因选择吃素。今天，我采访了几位名人，听听他们对吃素有什么想法和看法。

① 明星小薇

记者：你好，小薇。
小薇：你好。
记者：听说你最近开始吃素了。你为什么这样做呢？
小薇：从我在电视上看到地震的画面那一刻开始，我就对自己说：我从这一天开始吃纯素，希望这个世界不再有灾难来临，希望那些受伤受苦的人们能看到希望。虽然这只是我自己的事，但是我相信这样做会有意义。所有的祈福，都是从自己的心灵开始，从约束自身开始。我们应该节制自己过多的欲望，当然也是为了健康、身体和心灵上的需要。
记者：真棒，你是吃纯素的。我们都希望世界和平。谢谢你！
小薇：不客气，希望越来越多的人可以吃素。

② 著名主持人 S 小姐

记者：S，你也是一个素食主义者，对吗？
S小姐：是的，食物多以素食为主。我洗完衣服后也会尽量自然晾干；出行选择排放量小些的车子，尽量选择步行。
记者：你这样做也非常环保啊。
S小姐：保护环境，要从小事做起。

记者：你的这件礼服真漂亮！
S小姐：谢谢。我从不丢弃穿过的礼服，自己动手稍作改动，下次走红地毯，照样大大方方华丽出场。
记者：真的吗？我们一直以为你每次走红地毯都会挑新的礼服。
S小姐：那样太浪费资源了，非常没必要。
记者：是的，谢谢你接受我的采访。
S小姐：不客气。希望我的粉丝们都可以开始环保。

❸ 时尚女王王晓梅

记者：你好，你坚持吃素多久了？
王晓梅：你好，我已经坚持素食十余年了，并且在十余年里获得了极大的收益。
记者：感觉如何？
王晓梅：只有当你真正成为素食者时，才能深刻地感受素食带给你身体完全不同的变化，以及精神、心灵、性情、情绪全新的升华。
记者：吃素有什么好处？
王晓梅：素食可以激发女人在内心深处的能量和潜质。

❹ 搜狐首席执行官张朝阳

记者：张朝阳，你好。你现在是搜狐首席执行官，能不能用一个词概括一下你自己。
张朝阳：很难用一个词来概括我自己，我以22.5万美元起步创业，经历了搜狐2001年股价只有1美元、公司市值只有3000万美元的低谷，也经历了搜狐市值冲破10亿美元的高潮。
记者：这几年都学到了什么？
张朝阳：已经学会"心存敬畏"：敬畏他人，敬畏任何事物。不要以为你什么都懂，要有倾听和学习的态度。不要骄傲大意而想当然。
记者：你目前的生活怎样？
张朝阳：很满意，我坚持吃素和运动。这才是我想要的生活态度。

通过这次采访，我们对吃素有了更深刻的了解，同时也希望我们的读者也可以健康快乐地生活。

生词 NEW WORDS

吃素	chīsù	vegetarian
祈福	qífú	pray for
欲望	yùwàng	desire
排放量	páifàngliàng	emissions
步行	bùxíng	walk
环保	huánbǎo	environmental protection
浪费资源	làngfèi zīyuán	waste resources
粉丝	fěnsī	fans
如何	rúhé	how
升华	shēnghuá	sublimation
潜质	qiánzhì	potential
概括	gàikuò	summarize; sum up
创业	chuàngyè	start a business
敬畏	jìngwèi	respect
想当然	xiǎngdāngrán	take something for granted

语言点 LANGUAGE FOCUS

1. 以……为主　yǐ...wéi zhǔ　give priority to
   The 以…为主 construction is used to place emphasis on a specific item.
   例：她吃得特别健康，以蔬菜为主。

2. 从……开始　cóng...kāishǐ　starting from, since
   从…开始 states a time or event in the past and indicates that a situation has continued from then until now.
   例：不知道从什么时候开始，我和兰兰不像以前那么亲密了。

句型练习

1. 这个城市的经济，是 ▢ 服务业 ▢ 。
2. 乔治给自己定了一个新目标，▢ 明天 ▢ ，每天晚上必须在11点前睡觉。

课堂活动 CLASSROOM ACTIVITIES

看视频讨论：看一个关于名人吃素的视频，然后进行讨论：吃素到底是为了什么？

采访：采访你们学校的五位老师，看看有哪些老师吃素，然后用PPT进行报告。

列表讨论：学生列出吃素的各种原因和好处，然后分组讨论。

阅读理解 READING COMPREHENSION

根据 ❶，回答下面的问题。

1. 小薇最近有了什么变化？
   _____

2. 小薇的两个希望是什么？
   _____

3. 小薇觉得祈福需要从哪里开始？
   (i) _____ (ii) _____

根据 ❷，填写下面的表格。

S小姐的环保行为	
食物	4.
洗衣服	5.
出行	6.
穿过的礼服	7.

根据 ❸，回答下面的问题。

8. 素食除了带给王晓梅身体完全不同的变化，还具有什么效果？
   _____

9. 对女人来说，素食有什么好处？
   _____

根据 ❹，判断下面叙述的对错，在方框里打勾[✓]，并以文章内容说明理由。两个部分都答对才能得分。

　　　　　　　　　　　　　　　　　　　　　　　　　　　　　　　　　　　对　错

10. 张朝阳学会了心存敬畏：敬畏他人，敬畏任何事物。　　　　　　　□　□

    理由：_____

11. 张朝阳认为，不要骄傲大意，因为这样可能会想当然。　　　　　　□　□

    理由：_____

12. 张朝阳不太满足现在的生活，他认为这不是他所想要追求的生活。　□　□

    理由：_____

Unit 2 Health and Well-being 健康和幸福

课后练习 POST-LESSON ACTIVITIES

好词好句 从课文中找出好词好句，并写出对应的英文释义。

中文	英文
1. 保护环境，要从小事做起。	
2. 我们对吃素有了更深刻的了解	
3.	

写短文 用好词好句写一段小短文，你可以加一些内容。

写信 给学校食堂写一封信，建议给学生们提供更健康的食物，包括素食。

课文二 TEXT 2

最佳的减肥速度是什么？

❶ 在这个快节奏的时代，不管是减肥还是学习，我们都想速成。

❷ 脂肪不是一天累积的，减肥也不可能一蹴而就。减肥期间，最佳的体重下降速度是0.5-1斤/周。特别肥胖的人群在减肥初期可能略快，但对于大多数人来说，过了初始几周后，比较理想的减肥进度是体重降低0.5-1斤/周。对于很多本来不是很胖的女生来说，这个进度可能更接近0.5斤/周。体重下降太快，多数情况下减掉的不仅是脂肪，还减掉了很多肌肉。这对于保持基础代谢率和长期的减肥进度不利。因此，减肥需要有耐心，至少给自己两三个月的时间才能看到明显的效果。

❸ 什么是最好的减肥方法？有氧运动？无氧运动？这个问题很难有统一的答案，正确的回答是：因人而异。对于大多数人来说，最好的减脂运动方式是无氧加有氧。有氧训练时，大部分的能量供应来自于脂肪，

THEME 1 Identities 身份认同

对减脂有利。无氧训练，比如举重或者力量训练，能够刺激肌肉，从而加大发动机的功率，提高基础代谢率，让你在训练后继续消耗热量。因此，无氧加有氧的训练方式对减脂效果最好。多数想减脂的人都有塑型的目的。所谓的塑型，其实就是在减掉脂肪的同时让肌肉更有型，线条更好看。如果你追求的是塑型，而不是简单的瘦的话，在有氧训练的基础上增加一点力量训练尤为重要。

❹ 最佳的有氧训练时间是在胃接近排空的状态，一般是早起空腹的时候或者在进食后约三四小时。在进食后力量训练有助于减少肌肉流失，有利塑型。在胃接近排空的状态下有氧运动有助于提高燃脂效率。如果你每天只训练一次的话，上面提到的把有氧训练安排在无氧训练之后进行是个不错的选择。训练安排最需要考虑的因素，是训练跟饮食的时间关系。至于是早晨训练还是晚上训练，其实差别不是很大。对于有些人来说，早晨训练觉得精力更充足，有些人晚上训练更容易兴奋。对于晚上训练，建议避免运动前喝含有咖啡因的饮料，以免太兴奋影响睡眠。大可不必太纠结训练时间安排，在你犹豫是否该运动的时候，往往应该选择去！

 **生词** NEW WORDS

一蹴而就	yícù'érjiù	accomplish something in one move; expect results overnight
明显的效果	míngxiǎn de xiàoguǒ	obvious effect
有氧运动	yǒuyǎng yùndòng	aerobic exercise
无氧运动	wúyǎng yùndòng	anaerobic exercise
因人而异	yīn rén ér yì	vary from person to person
力量训练	lìliàng xùnliàn	strength training
肌肉	jīròu	muscle
有型	yǒu xíng	have a nice (body) shape; stylish
燃脂	ránzhī	burn fat
因素	yīnsù	factor
纠结	jiūjié	be entangled with
犹豫	yóuyù	hesitate

语言点 LANGUAGE FOCUS

1. 对于……来说 duìyú...lái shuō as for ...
   To express your personal or someone's opinion, use the expression 对于…来说.
   例：他一门心思想赚钱。对于他来说，没有什么比钱更重要的了。

2. 以免 yǐmiǎn in order to avoid
   以免 is a conjunction that connects two clauses. The first clause is a piece of advice to do something. The second clause begins with 以免 to explain the purpose of the advice is to prevent something undesirable from happening.
   例：小强喝醉了，还是先送他回家比较好，以免他做出一些傻事。

句型练习

1. 我们最好还是把电话号码记下来，_____ 忘记了。
2. _____ 我 _____，中文是最有用的科目之一。

课堂活动 CLASSROOM ACTIVITIES

上网调查：搜集两种热门的减肥方法，向同学们做一个简要的介绍。

课堂辩论：以"中学生应不应该减肥"为题，组织学生进行辩论。

列表讨论：学生列出肥胖的弊端以及常见的减肥方法，然后分组讨论。

阅读理解 READING COMPREHENSION

根据❶和❷，选出正确的答案。把答案写在方框里。

1. "速成"（第2行）的意思是……
   Ⓐ 速度成功　Ⓑ 快乐地成功　Ⓒ 短时间内完成　Ⓓ 快点形成

2. 最佳减肥速度是……
   Ⓐ 每个星期0.5-1公斤　　Ⓒ 每个月1公斤
   Ⓑ 每周0.5-1公斤　　　　Ⓓ 每天0.5-1斤

3. 体重下降太快会减掉什么？
   Ⓐ 皱纹　Ⓑ 肌肉　Ⓒ 水分　Ⓓ 健康

4. 一般需要多久才能看到明显的减肥效果？
   Ⓐ 半年　Ⓑ 一年　Ⓒ 二至三个月　Ⓓ 一个月

根据❸，填写下面的表格。

运动方式	特点
有氧运动	5.
无氧运动	6.
塑型	7.

THEME 1 Identities 身份认同

根据❹，判断下面叙述的对错，在方框里打勾[✓]，并以文章内容说明理由。两个部分都答对才能得分。

　　　　　　　　　　　　　　　　　　　　　　　　　　　　　　　　　　　对　　错

8. 在肚子觉得饿的时候进行有氧训练是最佳的选择。　　　　　　　□　　□

　　理由：_____

9. 做完有氧训练再做无氧训练，对于每天只训练一次的人来说是　□　　□
　　很好的安排。

　　理由：_____

10. 晚上训练前，为了提高兴奋度，最好多喝一些咖啡。　　　　　□　　□

　　理由：_____

根据全文，给下面各段选出段落大意。把答案写在方框里。

11. 第一段：□　　Ⓐ 时代不同，速成成为时尚。
12. 第二段：□　　Ⓑ 在训练时间方面需要考虑的因素。
13. 第三段：□　　Ⓒ 最好的减脂运动方式。
14. 第四段：□　　Ⓓ 减肥的时间不同，效果不同。
　　　　　　　　　Ⓔ 减肥的最佳速度。

课后练习　POST-LESSON ACTIVITIES

好词好句　从课文中找出好词好句，并写出对应的英文释义。

中文	英文
1. 在这个快节奏的时代	
2. 减肥不可能一蹴而就	
3.	

制作小册子　根据课文，写一个推广健康减肥的小册子。

写学习心得　写一小段笔记，谈谈你在学了这篇课文后的感想。

课文三　TEXT 3

WIKIHOW
http://zh.wikihow.com/

应对生活的改变所带来的压力

生活不是那么简单的。家庭关系不和谐、职场不顺心、财政困难、健康问题等等都会给你带来压力。你需要积极面对生活中的压力，首先要找到压力的根源。最重要的是，不要孤身奋战，和朋友说话解闷，如果必要的话，找心理医生帮助你。

❶ 保持运动的习惯。经常运动能够调节荷尔蒙，还能提高内啡肽的水平——一种能让我们感到快乐的激素。每天挤出一点时间运动，不但有助于身体健康，还能减轻压力。

- 试着每天运动至少30分钟。
- 如果你实在没时间，那就每天走20-30分钟。40岁以上的成年人，如果能够每周有150分钟的快走时间，他们的寿命会延长3.4-4.5年。
- 游泳和骑自行车都可以有效地缓解压力。游泳与慢跑相比，对关节的伤害更小。

❷ 充足的睡眠。充足的睡眠会起到修复和储存能量的作用，能极大地缓解压力。

- 一般上，成年人需要每天7-8小时的睡眠。小孩和老人则需要更多，每天约9-10小时。
- 培养按时睡觉的习惯。每天按时睡觉，按时起床是最好不过的了。这能提高睡眠质量，缓解缺乏睡眠的症状。
- 49%的美国人认为压力是导致失眠的罪魁祸首。如果你长期缺乏睡眠，那么请尽早就医，问问专业的意见。

❸ 健康饮食。我们的身体需要足够的能量才能应对压力。压力是身体的正常运行受到打扰的表现，你需要善待它，才能让身体学会应对压力。

- 每天饮用足够的水能够缓解压力。身体在缺水的状态下会分泌导致压力的荷尔蒙,这是身体表现出缺水的信号。
- 减少咖啡因和酒精的摄入。如果你总是喝酒,那就证明你的身体缺乏某种物质,这本身就是压力的表现。咖啡因也会导致压力,特别是为了工作而摄入过量的咖啡对身体无益。最健康的饮料还是水。
- 保证吃早饭,如果想吃零食,就吃健康的零食。尽量少食多餐。
- 为了缓解压力,尽量摄入全麦谷物、富含维生素A的食物(如橘子)和富含镁的食物(如菠菜、豆类或是三文鱼等)。红茶和绿茶中含有的抗氧化成分也有助于减压。

❹ **学着放松**。学着用各种方法放松自己,但是不要指望自己的压力会立即消失。在放松时,不要把注意力放在压力上,尽量让自己的心情安静下来,什么都不想,并告诉自己一切都没问题。你可以考虑以下一些活动:

- 听安静柔美的音乐。音乐能让你感到快乐和放松。可以尝试聆听那些没有歌词的纯音乐,并选择长笛、钢琴、小提琴这样的乐器。古典、爵士和乡村音乐是比较放松的音乐流派。但是如果你不喜欢那样的音乐,按照自己的口味选择音乐也可以。

- 写日记。写下那些让你难过或是繁忙的事,再写下你的感觉。这个方法能够帮你克服负面情绪。
- 练习瑜伽,进行冥想。冥想能够放松你的大脑,和瑜伽一起练习更能起到双倍的效果。

❺ **做你想做的事**。通常,压力是因为你没有充足的时间做你想做的事。所以看看你每天的日程表,抽出时间来做自己喜欢的活动——画画、写作、读书、运动或是烹饪都可以。

- 学习新的爱好。学习会让你集中在新的事情上,并让你享受到新的乐趣。
- 每天给自己至少10分钟的时间,让自己做想做的事。但理想情况下,你应该花30分钟至1小时,让自己从繁忙的生活中解脱出来。

生词 NEW WORDS

和谐	héxié	harmonious
职场	zhíchǎng	workplace
孤身奋战	gūshēn fènzhàn	fight bravely alone
荷尔蒙	hé'ěrméng	hormones
激素	jīsù	hormone
寿命	shòumìng	life span
缓解压力	huǎnjiě yālì	relieve stress
关节	guānjié	joint
充足的睡眠	chōngzú de shuìmián	sufficient sleep
能量	néngliàng	energy
失眠	shīmián	insomnia
罪魁祸首	zuìkuí huòshǒu	culprit
打扰	dǎrǎo	disturb
信号	xìnhào	signal
摄入	shèrù	(food) intake
缺乏	quēfá	lack; be short of
少食多餐	shǎo shí duō cān	less food more meals
乐器	yuèqì	musical instrument
口味	kǒuwèi	taste
负面情绪	fùmiàn qíngxù	negative emotion
冥想	míngxiǎng	meditation
日程表	rìchéng biǎo	schedule

语言点 LANGUAGE FOCUS

1. **最重要的是** zuì zhòngyào de shì — most importantly
   This expression is used to emphasize a point.
   例：虽然你和妹妹常常吵架，但最重要的是你们都爱对方。

2. **与……相比** yǔ...xiǎng bǐ — compared with
   This is a useful structure for making comparisons.
   例：与新加坡相比，这个国家大多了。

句型练习：

1. _____ 北京 _____，这里的天气好多了。
2. _____ 要明白这样做的目的是什么。

课堂活动 CLASSROOM ACTIVITIES

 访问调查：访问五位同学以下的问题：

1. 同学们遇到哪些压力？
2. 当他们有压力的时候，都会做些什么？

THEME 1 Identities 身份认同

✏️ **写作接龙**：学生分组，以"如果生活中没有任何压力……"为开头，每组接着写五句话。

🎭 **角色扮演**：学生三人一组，一位是孩子，一位是父母，一位是心理医生，以家长带孩子去看心理医生为背景，做一个对话形式的角色扮演。

💬 **列表讨论**：学生列出五种常见的减压方法、各方法的好处和坏处，然后分组讨论。

阅读理解 READING COMPREHENSION

根据 ❶，填写下面的表格。

让人觉得快乐的激素是：	1.
2.	有助于健康，可以减压。
每天运动的时间至少要有：	3.
4.	会让40岁以上的成年人的寿命延长3.4–4.5年。
自行车和慢跑的坏处：	5.

根据 ❷，回答下面的问题。

6. 充足睡眠的好处有：

   (i) _____ (ii) _____

7. 良好的睡眠习惯需要：

   (i) _____ (ii) _____

8. 有长期睡眠问题的人应该：

   _____

根据 ❸，填写下面的句子。

9. 身体缺水就会_____。

10. 证明你身体缺乏了某种物质的信号是_____。

11. _____是最健康的饮料。

12. 三文鱼富含_____元素。

13. 茶有助于减压的原因是含有_____。

根据 ❹，判断下面叙述的对错，在方框里打勾[✓]，并以文章内容说明理由。两个部分都答对才能得分。

                                          对   错

14. 学会放松可以立即让你的压力消失。 ☐ ☐

    理由：＿＿＿＿＿＿＿＿＿＿＿＿＿＿＿＿＿＿＿＿＿＿＿＿＿＿＿＿＿＿

15. 只有聆听那些没有歌词的纯音乐才能让人放松。 ☐ ☐

    理由：＿＿＿＿＿＿＿＿＿＿＿＿＿＿＿＿＿＿＿＿＿＿＿＿＿＿＿＿＿＿

16. 写日记是很好的减压方法，因为可以帮助你克服负面情绪。 ☐ ☐

    理由：＿＿＿＿＿＿＿＿＿＿＿＿＿＿＿＿＿＿＿＿＿＿＿＿＿＿＿＿＿＿

17. 做瑜伽的时候冥想，放松的效果会更好。 ☐ ☐

    理由：＿＿＿＿＿＿＿＿＿＿＿＿＿＿＿＿＿＿＿＿＿＿＿＿＿＿＿＿＿＿

根据 ❺，回答下面的问题。

18. 通常在什么情况下，人会感到有压力？

＿＿＿＿＿＿＿＿＿＿＿＿＿＿＿＿＿＿＿＿＿＿＿＿＿＿＿＿＿＿＿＿＿＿＿＿

19. 为什么学习新的爱好可以减压？

＿＿＿＿＿＿＿＿＿＿＿＿＿＿＿＿＿＿＿＿＿＿＿＿＿＿＿＿＿＿＿＿＿＿＿＿

20. 每天最少应该给自己多少时间做自己喜欢的事？

＿＿＿＿＿＿＿＿＿＿＿＿＿＿＿＿＿＿＿＿＿＿＿＿＿＿＿＿＿＿＿＿＿＿＿＿

课后练习 POST-LESSON ACTIVITIES

好词好句　从课文中找出好词好句，并写出对应的英文释义。

中文	英文
1. 充足的睡眠能极大地缓解压力。	
2. 游泳与慢跑相比，对关节的伤害更小。	
3. 写日记能够帮你克服负面情绪	
4.	

自我评估　做一个自我检查，列出目前你需要面对的压力，以及有效的解决方式。

42　THEME 1 Identities 身份认同

高级课程 High Level

课文 TEXT 失眠 叶兆言

❶ 严重的失眠困扰着我，整夜睡不着，吃了安眠药也只能是打一个盹。我不知道自己为什么会这样，漫漫长夜，常常一点困意都没有。我不相信自己有病，不相信是得了医生所说的那种抑郁症，然而晓芙却当了真。医生和她私下谈过一次话，显然是把话说得严重了一些。她吓得连班都不敢去上，她说"你这是怎么了，不要这么想不开好不好"。她说"我们现在这样不是挺好，干吗非要去得到那些我们并不是真的需要的东西"。说老实话，我并不太明白晓芙在说什么。她说"自己的工作实在是太忙了，顾不上家，这个家全靠我这个男人在支撑"。她还说"你千万不要去钻牛角尖，什么教授呀职称呀，根本别往心上去"。

❷ 所有人都觉得我的心病是因为评不上教授，人们跟我谈话的时候，总是有意无意地在劝慰。人心不足蛇吞象，大家都说我现在的处境，如果换了别人，不知道应该如何满意。人必须知足，没必要硬去追求那些不属于你的东西。有什么不痛快你就说出来，千万不要硬憋在心里。晓芙的公司正在酝酿上市，这事一旦操作成功，经济效益将有质的飞跃。作为财务总监，作为公司的高管人员，晓芙有太多的事要去做。我的健康状况已让她没办法安心工作，结果由她公司出面，出资雇了一个全职保姆，还专门为我找了个心理医生进行辅导治疗。她公司的领导更是亲自出面，宴请了我们学校的有关领导，希望在评定职称的关键时刻，能够有所照顾。

❸ 在医生看来，我的病很严重。晓芙惊恐万分，看着我一天天消瘦，整夜地不能睡觉，她甚至一度想到了辞职。我不愿意她为我的事操心，我说"情况没那么严重，你们的破领导还跑到我学校，跟我的领导一起喝酒，说好话开后门，这叫什么事"。说着说着，我的情绪开始变坏，我说"你们考虑过我的感受没有，你们想没想过我其实根本不在乎那什么教授头衔，你们的脑子是不是有问题"。

❹ 我突然**暴跳如雷**，把手中的茶杯扔向了电视屏幕。这是我结婚以后的第一次**失态**，我也不知道自己怎么就把茶杯扔了出去。我说"我立刻就去跟我们学校的领导谈话，我要告诉他们，我不要当什么教授，我根本就**不稀罕**"。说完这话，我竟然像孩子一样地大哭起来。我的反常把晓芙和儿子吓得够呛，他们打电话到急救中心，用救护车把我送到医院。医生给我又是打针又是吃药，最后又强迫住院接受治疗。

❺ 出院不久，正好赶上如烟回国探亲。她感兴趣的是我的抑郁症，每天见面的第一句话，都是问今天吃没吃药。当时我正在吃一种进口药，这是晓芙托人搞来的，她非要我吃，坚持认为服了那药病情就不会加重。如烟说"你知道不知道，在日本有很多人也吃这药。因为日本人容易得抑郁症。"我说"我根本就没有什么抑郁症。如果我真得了抑郁症，就跑到日本去，爬到高高的富士山上，从上面往下跳。"和晓芙一样，如烟被我这话吓得够呛，她睁大了眼睛看着我说"你不要**胡说八道**好不好，你活得好好的，从哪冒出来这些怪念头。

生词 NEW WORDS

困扰	kùnrǎo	disturbed
漫漫长夜	mànmàn chángyè	a long night
抑郁症	yìyù zhèng	depression
支撑	zhīchēng	support
钻牛角尖	zuān niújiǎojiān	to waste time on an insignificant problem
有意无意	yǒuyì wúyì	with or without intention
劝慰	quànwèi	comfort
人心不足蛇吞象	rénxīn bùzú shétūnxiàng	a man who is never contented is like a snake trying to swallow an elephant
酝酿	yùnniàng	to prepare for
经济效益	jīngjì xiàoyì	economic benefits
财务总监	cáiwù zǒngjiān	Chief Financial Officer (CFO)
辅导	fǔdǎo	counsel
治疗	zhìliáo	treatment
关键时刻	guānjiàn shíkè	crucial moment
惊恐万分	jīngkǒng wànfēn	extremely scared
消瘦	xiāoshòu	lose weight
暴跳如雷	bàotiào rúléi	fly into a rage
失态	shītài	forget one's manners
不稀罕	bù xīhàn	do not care
胡说八道	húshuō bādào	talk nonsense

语言点 LANGUAGE FOCUS

成语

成语就是用言简意赅的字词表达丰富的意思。通常成语都是从古代相承沿用下来的，有一定的典故（故事），因为成语的比喻和引申意思而广为流传。

练习：说说下面的成语的典故和用法。

1. 掩耳盗铃
2. 七上八下
3. 车水马龙
4. 对牛弹琴
5. 比比皆是

阅读理解 READING COMPREHENSION

根据 ，回答下面的问题。

1. 晓芙和作者是什么关系？
   _____

2. 晓芙得知作者患病以后的反应是什么？
   _____

3. 晓芙对于作者评不上教授一事有什么看法？
   _____

根据 ❷，完成下面的句子。

4. 劝慰作者的人认为他_____，应该对他现在的处境感到满意。
5. 晓芙作为公司的_____，有很多事要做。但是作者的_____，让她无法安心工作。
6. 晓芙的公司帮作者雇佣了_____和_____。

Unit 2 Health and Well-being 健康和幸福

根据 ❸，填写下面的表格。

	针对作者的病情
医生的看法	7.
晓芙的行为	8.
作者的看法	9.

根据 ❹，回答下面的问题。

10. 作者失态的时候做了什么？

_____

11. 作者做了什么使得他老婆和儿子给急救中心打电话？

_____

12. 医院做了什么？

_____

根据 ❺，选出最适合左边句子的结尾。把答案写在方框里。

13. 如烟回国探亲的时候，…… ☐
14. 如烟比较关注…… ☐
15. 如烟告诉作者…… ☐
16. 如烟非常害怕…… ☐
17. 如烟劝作者…… ☐

Ⓐ 作者的抑郁症。
Ⓑ 作者会从富士山上跳下去。
Ⓒ 晓芙托人弄来的进口药。
Ⓓ 坚持吃进口药。
Ⓔ 不要有那么多的怪念头。
Ⓕ 在日本患忧郁症的人很多。
Ⓖ 正好作者刚从医院回家。
Ⓗ 作者想去日本看看。

THEME 1 Identities 身份认同

听力 LISTENING

标准课程 Standard Level

你即将听到一个听力片段。请先阅读题目。你可以自由重复听力片段,在听力播放的过程中,可以随时回答问题或记下讯息。请用中文回答问题。注意自己掌握时间,听力练习时间总共有20分钟。

健康生活指南

根据第一段的内容,选出正确的答案。把答案写在方框里。

1. 成年人每天应该喝多少水?
   Ⓐ 一升　　Ⓑ 二升　　Ⓒ 三升　　Ⓓ 四升　　☐

2. 喝水的作用<u>不包括</u>……
   Ⓐ 维持体温　　Ⓑ 排除毒素　　Ⓒ 对皮肤好　　Ⓓ 让你开心　　☐

3. 如果喝水想味道好一点,可以加……
   Ⓐ 糖　　Ⓑ 果汁　　Ⓒ 蜂蜜　　Ⓓ 苏打　　☐

根据第二段的内容,从右栏选出最适合的叙述。把答案写在方框里。

4. 早餐　　☐
5. 不吃早饭的人　　☐
6. 健康的早餐　　☐

Ⓐ 应该是两块巧克力和一杯咖啡。
Ⓑ 对健康非常重要。
Ⓒ 让午饭吃的少一点。
Ⓓ 你就会越有精力。
Ⓔ 往往会吃更多的午餐。
Ⓕ 应该有煮鸡蛋、水果和牛奶或鲜橙汁。
Ⓖ 随意吃一些。

根据第三段的内容,判断下面叙述的对错,并在方框里打勾[✓]。　　对　错

7. 如果饮食中有超过一半的蔬菜水果是不健康的。　　☐　☐
8. 如果你有一个固定的饮食习惯,你身体的感觉就会更好。　　☐　☐
9. 所有的快餐都是有害的。　　☐　☐

根据第四段的内容,完成下面的句子。

10. 易于消化的晚饭应该在_____吃。

11. 最好不要吃_____,因为会影响你睡眠。

12. 想吃零食的话,需要尽量避免_____。

Unit 2 Health and Well-being 健康和幸福

你即将听到一个听力片段。请先阅读题目。你可以自由重复听力片段,在听力播放的过程中,可以随时回答问题或记下讯息。请用中文回答问题。注意自己掌握时间,听力练习时间总共有20分钟。

影响男人健康的生活方式

根据听力片段的内容,选出正确的答案。把答案写在方框里。

1. 作者认为大多数男人下班后会做什么?
   Ⓐ 去超市买菜　　Ⓑ 加班　　Ⓒ 接孩子　　Ⓓ 去酒吧

2. "人体是一架极精密的机器","机器"指代的是什么?
   Ⓐ 生物钟　　Ⓑ 机器人　　Ⓒ 人的身体　　Ⓓ 一种工具

3. 以下哪一项不会导致骨质疏松?
   Ⓐ 久坐式工作　　Ⓑ 久站式体操　　Ⓒ 久卧式生活　　Ⓓ 按钮式生产

4. 作者认为以下哪一项不是很多人吸烟的原因?
   Ⓐ 有助于消除疲劳　　Ⓒ 有助于思考
   Ⓑ 有助于交朋友　　Ⓓ 有助于让大脑放松

5. 作者没有提倡以下哪一项?
   Ⓐ 均衡的膳食结构　　Ⓑ 摄入各种营养　　Ⓒ 多吃天然食物　　Ⓓ 吃素食

根据听力片段的内容,回答下面问题。

6. "无酒不成宴"是什么意思?
   _____

7. 为什么作者不提倡偶尔的体育锻炼?
   _____

8. 作者对于男士饮酒的态度是什么?
   _____

9. 作者认为什么时候要向医生求救?
   _____

口语 SPEAKING

标准课程 Standard Level

从下面的两张图片中任选一张，进行口语测试(Internal Assessment)练习。具体准备步骤可参考第23页。

［身份认同］想健康，就一定要付出。　　　　［身份认同］吃什么像什么？

1. 　　2.

高级课程 High Level

请从以下二选一作答，具体准备步骤可参考第23页。

1. 请阅读老师准备的、你所学过的两篇文学作品摘抄，每篇不超过360字的段落。从中选出一篇，和你的老师讨论。
2. 阅读第43页篇章《失眠》（节选自叶兆言《我们去找一盏灯》），从中选出不超过360字的段落，和你的老师讨论。

Unit 2 Health and Well-being 健康和幸福

新加坡女生减肥患厌食症

❶ 在知名女校就读的珍（化名），学习成绩一直名列前茅，16岁的时候因男友无心的一句话开始疯狂减肥，结果罹患厌食症。她强迫自己每天只吃一块巧克力，如果禁不住诱惑进食就会抠喉咙呕吐，直到喉咙流血。

❷ 珍向网络媒体讲述患病经历时透露，男友当时说她好像胖了，让她感到非常难受。"周围的同学都很瘦，让我更急于减肥。"于是珍买了一个体重器，每天检查体重。她越是发觉节食有效，越是进一步减少自己的食量，最终每天只吃一块巧克力。"我在学校拼命学习，休息也不离开教室，以免看到同学进食。我只允许自己喝水。"珍透露，她如果破了"禁食令"就会变得极度沮丧，甚至抠喉咙逼自己把吃下去的东西吐出来，直到喉咙流血。"我觉得进食是恶心的，我要把这种感觉吐掉。"珍并不知道自己患了厌食症，导致她的体重剩30公斤，不仅经常生病，也面对脱发、头晕、月经失调等问题。

❸ 珍的母亲年少时也曾罹患厌食症，她偶然发现女儿半夜在厕所逼自己呕吐，便立刻将她送院治疗。治疗过程漫长而艰难，珍在医院住了一个月，接受精神科医生、心理医生、饮食专家、辅导员等多方面专家的帮助。出院后她每周都需要复诊，确保病情受到控制。珍如今已20岁，是新加坡南洋理工大学的大二生。她坦言，自己厌食的情况虽然好转，但还没有痊愈。

❹ 新加坡厌食症患者有增加趋势，当地中央医院每年平均有120名新病患，而从1994至2002年，心理卫生学院只治疗了126起病例。病患以女性为主，约90%，尤其是年轻女性，有约70%病患都是21岁以下年轻人。厌食症病因多元化，涉及心理、环境、生理等多方面因素。中央医院饮食失调组处长李慧媛医生指出，厌食症会严重影响身体免疫系统，轻则导致营养失调、消化功能退化、呕泻、贫血等，重则危及生命。

根据❶，回答下面的问题。

1. 这个女孩子在_____的时候，开始_____，原因是因为_____。

2. 如果她_____进食，她就会_____，直到喉咙流血。

根据❷，回答下面的问题。

3. 珍听到男友说她胖了以后，她有什么感觉？ _____

4. 珍急于减肥的原因是什么？ _____

5. 珍多长时间检查一次自己的体重？ _____

6. 珍为什么拼命学习？ _____

7. 珍减肥一段时间以后，发生了什么现象？ _____

根据❸，判断下面叙述的对错，在方框里打勾[✓]，并以文章内容说明理由。两个部分都答对才能得分。

　　　　　　　　　　　　　　　　　　　　　　　　　　　　　　　　　　对　　错

8. 珍在医院里住了一个月，所以她治疗的过程不太难。　　　　　　　　□　　□

　理由：_____

9. 珍出院以后，就再也不用去医院了，因为她病情得到了控制。　　　　□　　□

　理由：_____

10. 珍现在已经痊愈，是一个大二的学生了。　　　　　　　　　　　　　□　　□

　理由：_____

根据❹，选出符合左边数字代表的答案，把答案写在方框里。

11. 120　　□
12. 126　　□
13. 21　　□
14. 90%　　□

Ⓐ 新加坡大多数患厌食症女性的年龄都在这个数字以下
Ⓑ 每年新患者的数量
Ⓒ 心里卫生学院几年来治疗厌食症患者的数量
Ⓓ 女性占厌食症的比例

改变生活方式，调整生命轨迹

❶ 最近经常有令人郁郁不乐的消息。生老病死，天道轮回，不可抗拒。但有人要在临终前受到很多痛苦煎熬，一同受罪的还有他们的至亲。一位朋友的母亲被疾病折磨一段时间后去世了。后来我对朋友说，如果我得了不治之症，与其痛苦地熬着，还不如尽快了断。朋友说，他感觉他妈妈并不是怕自己死，而是舍不得她的孩子和小孙子。我的眼睛有些潮，因为到了那一天，我也一样会舍不得。

❷ 我早已过了而立不惑之年，就快要知天命了，但父母还是我的定海神针。有他们在，我心里就安稳。也许到了多年以后，我们的存在，对我们的孩子也同样重要。由于医学的进步，总的趋势是人的寿命会越来越长。但不幸的是我们这代可能例外——研究显示，不健康的生活方式，如吃垃圾食品、只看电视不运动等，可能会使我们的寿命短于我们的父辈。

❸ 怎样能健康地多活几年呢？我相信没有灵丹妙药，秦始皇找不到，我更没有可能。有的只是健康的生活方式。生活方式的改变会让你拥有更多有质量的日子，给你的孩子，也给你自己。

❹ 大家一定听过安吉利娜•朱丽(Angelina Jolie)割乳防癌的故事吧。一些疾病与基因的关系很大。即使你有健康的生活方式也无法避免疾病来袭，必须采取医学措施。但一些常见的疾病，比如二型糖尿病、脂肪肝、高血压和心血管疾病等，是可以通过健康的生活方式来避免、减轻、甚至消除的。周福满(Joel Fuhrman)的书里举了不少例子。问题是，你明明知道你可以有多些年的时间给你的孩子，你为什么不下点功夫做些改变？

乳房对一个女明星是多么重要，但为了降低87%的患乳腺癌危险，安吉利娜•朱丽便毅然割舍。她是为了孩子不失去妈妈，丈夫不失去妻子。肥胖几乎会100%增加你得糖尿病和心血管疾病的机会，降低你的生活质量和寿命,也减少你的魅力和他人对你的尊敬。想象一下吴征在杨澜身边是多么让人感到不舒服吧。你没有孩子、妻子或丈夫吗?丢掉几斤肥肉难道比割去乳房还难吗?

❺ 右图是我杜撰的,意在说明肥胖对生命质量和长度的影响,以及减肥的重要作用。在基因一样的情况下,保持正常的体重比肥胖要活得更长,享受更好的生命质量。健康饮食减肥可以使生命轨迹回归正常。

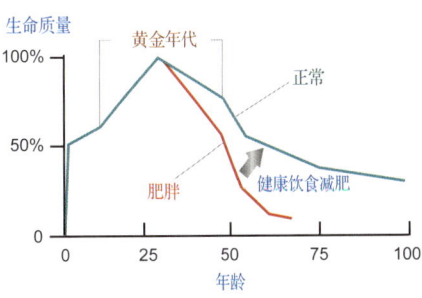

朋友,与其到不行了的时候说"如果能让我活着看到孩子上大学(或者大学毕业、结婚、孙子出生、上学、娶媳妇等等),我吃糠咽菜都愿意",还不如现在就吃糠咽菜!

根据❶,选出最接近左边词语的解释。把答案写在方框里。

1. 郁郁不乐(第1行) ☐
2. 抗拒(第3行) ☐
3. 临终(第3行) ☐
4. 煎熬(第4行) ☐
5. 不治之症(第7行) ☐
6. 了断(第8行) ☐

Ⓐ 了结
Ⓑ 受折磨
Ⓒ 快要死了的时候
Ⓓ 不合作
Ⓔ 不能治好的病
Ⓕ 不高兴
Ⓖ 不用医治就好了的病
Ⓗ 折断

根据❷,回答下面的问题。

7. 作者的年龄是多少?＿＿＿＿＿＿＿＿＿＿＿＿＿＿＿＿
8. 人类寿命的趋势是什么?＿＿＿＿＿＿＿＿＿＿＿＿＿＿
9. 为什么我们这一代的寿命可能会比父母的短?

＿＿＿＿＿＿＿＿＿＿＿＿＿＿＿＿＿＿＿＿＿＿＿＿＿＿

根据❸,完成下面的句子。

10. 我相信我不可能找到＿＿＿＿＿＿＿＿,因为连＿＿＿＿＿＿＿＿都不能。
11. 健康的生活方式可以让人们＿＿＿＿＿＿＿＿＿＿＿＿＿＿＿＿。
12. 健康的生活方式,可以给＿＿＿＿＿＿＿＿和＿＿＿＿＿＿＿＿带来好处。

根据❹，判断下面叙述的对错，在方框里打勾[✓]，并以文章内容说明理由。两个部分都答对才能得分。

　　　　　　　　　　　　　　　　　　　　　　　　　　　　　　　　　对　错

13. 基因决定了我们会不会生病。　□　□

　　理由：_____

14. 一位世界闻名的电影女明星为了降低患乳腺癌危险，最后割掉了自己的乳房。　□　□

　　理由：_____

15. 肥胖一定会带来糖尿病和心血管疾病。　□　□

　　理由：_____

根据❺，回答下面的问题。

16. 这个图表是真实的吗？
_____

17. 这个图表想表达什么？
_____

18. 使生命轨迹回归正常的方法有什么？
_____

19. 现在就开始吃糠咽菜的目的是什么？
_____

54 | THEME 1 Identities 身份认同

写作 WRITING

标准课程 Standard Level 从下面的题目中任选一题作答。字数为300-480之间。

1. 你在学校组织了一个倡导素食的社团，你是该团的团长。学校的校报想采访你。请从下面的文本类型中选择一个，来宣传你社团的理念以招收更多的团员。

   ◆ 博客　◆ 日记　◆ 采访

2. 今天你在中文课学习了关于减肥的话题。你的一位同学提倡有氧减肥，另一位同学偏向于无氧减肥。请从下面的文本类型中选择一个，谈谈你的看法。

   ◆ 博客　◆ 社论　◆ 文章

3. 最近你的好朋友因为临近考试压力增大，开始沉迷于网络游戏。他的父母劝了很久也不听。请从下面的文本类型中选择一个，和你的好朋友说说你的看法，并给出建议。

   ◆ 演讲　◆ 邮件　◆ 信

高级课程 High Level 从下面的题目中任选一题作答。字数为540-720之间。

1. 今年暑假，你在一个健身房打工。在此期间，你经常碰到希望减肥的人向你询问如何健康地减肥。该健身房希望由你负责对此做出一个回应。请从下面的文本类型中选择一个，向大家做相关的介绍。

   ◆ 文章　◆ 海报　◆ 专栏

2. 随着社会的发展，人们对美的追求也变得越来越苛刻。最近一段时间，你在电视、广播、报纸中看到五花八门的减肥广告。与此同时，很多人为了减肥而绝食、断食。请从下面的文本类型中选择一个，谈谈你对此的看法。

   ◆ 专栏　◆ 演讲　◆ 博客

3. 你正面临高中最紧张的备考阶段，你和同学们都觉得压力越来越大。因此，有的人尝试抽烟，有的人开始喝大量的咖啡，你的好友甚至以过量饮酒来减压。请从下面的文本类型中选择一个，告诉你的好友青少年喝酒的坏处，并提出你对如何正确减轻学习压力的建议。

   ◆ 信　◆ 邮件　◆ 博客

信念和价值观
BELIEFS AND VALUES

THEME 1 UNIT 3

标准课程 Standard Level

课文一 TEXT 1

西方人进教堂与东方人进庙

❶ 我在美国时曾在教堂外坐了一整天，我之后发现了一个有趣的情景：人们往往是愁眉苦脸地进去，神情轻松地出来。后来我才渐渐了解了其中的奥秘。因为人是有欲望的，但人必须克制自己的欲望。只有心中永远有信仰，有对永恒的神的信仰，才能如此。

❷ 1986年我刚到美国的时候，深夜出去，红灯亮了，没有任何车，所有汽车到路口都自动停下来。我不理解，觉得美国人怎么这么傻呀。后来我才明白，他这是一种对自己的控制。控制自己就是对心灵的拯救。小节如是，大节更如是。西方国家不是没有接受贿赂的事，但总体上讲要比我们少。当他接受贿赂时，良心和精神会约束他。

❸ 西方人进教堂是为了忏悔。我们进庙是为了贿赂。对吗？我们因为要办成某件事，向神祈祷，用钱买了香点上，或放上瓜果之类的供品，默默许愿。这不是贿赂是什么？西方人进教堂是为了解脱精神上的苦难。我们进庙宇是为了解决实际生活中的苦难。这在我看来就是东西方宗教最大的区别。

56　THEME 1 Identities 身份认同

④ 有人曾说过中国人基本都是无神论者，是一个没有信仰的民族。
25 没有信仰，不是指没有信仰的形式。恰恰相反，中国人信的东西最杂，包括气功大师都信。什么都信，恰恰就是什么都不信。中国人心中没有永恒的神，也就是说，没有高级的文化精神追求！这样人是很难把自己的关心范围扩大到家庭、甚至个人以外。

生词　NEW WORDS

情景	qíngjǐng	scene; situation
愁眉苦脸	chóuméi kǔliǎn	have a sad face with knitted eyebrows
信仰	xìnyǎng	faith
拯救	zhěngjiù	rescue
贿赂	huìlù	bribe
约束	yuēshù	restrain
忏悔	chànhuǐ	confess
祈祷	qídǎo	pray
精神上	jīngshén shàng	mentally; spiritually
区别	qūbié	difference
无神论者	wúshénlùn zhě	atheist
形式	xíngshì	form
范围	fànwéi	range; extent

语言点　LANGUAGE FOCUS

1. 渐渐　jiànjiàn　gradually
   渐渐 expresses a change made in small stages over a period of time.
   例：天气渐渐变冷了。

2. 也就是说　yě jiù shì shuō　that is to say
   This expression helps to further explain an earlier point.
   例：事在人为，也就是说，如果你不努力，就肯定不能成功。

句型练习

1. 美没有一个固定的标准，＿＿＿＿＿＿不同的文化对于美的认识是不一样的。
2. 秋天来了，白天＿＿＿＿＿＿变短了。

课堂活动 CLASSROOM ACTIVITIES

看视频讨论： 观看一个关于香港人插头柱香的视频，组织学生们讨论香港人这么做的原因。

访问调查： 访问三位好朋友关于他/她们的宗教信仰，信仰这个宗教的原因和收获。

自我介绍： 用PPT向同学介绍你的宗教信仰，可以包括你信仰什么、为什么信仰这个宗教、你都参加什么活动、参加这些活动后有哪些收获、你的信仰和别的信仰有什么区别或者相似之处等等。

小组讨论： 分组讨论以下问题。

1. 人需不需要有宗教信仰？为什么？
2. 信仰应该是天生有的还是后天形成的？
3. 你觉得宗教信仰有好坏之分吗？为什么？
4. 本文作者的观点很鲜明。你是否同意课文作者的观点，为什么？

阅读理解 READING COMPREHENSION

根据❶，选出最接近左边词语的解释。把答案写在方框里。

1. 愁眉苦脸（第3行）☐
2. 神情轻松（第4行）☐
3. 奥秘（第5行）☐
4. 欲望（第6行）☐

Ⓐ 尽力去做
Ⓑ 身体健康，心理健康
Ⓒ 一种强烈的愿望、冲动
Ⓓ 非常有意思
Ⓔ 觉得放松了很多的表情
Ⓕ 别人一般看不出的秘密
Ⓖ 很不高兴的样子
Ⓗ 尽力不去做

根据❷，回答下面的问题。

5. 作者在美国的时候为什么觉得那里的人傻？

_____

6. 作者认为控制自己有什么效果？

_____

7. 作者认为西方国家为什么总体上接受贿赂的事比中国少很多？

_____

根据❸，填写下面的表格。

	西方宗教	东方宗教
信仰的目的	8.	11.
人们进行宗教活动的地点	9.	12.
人们进行的宗教活动	10.	13.

根据❹，判断下面叙述的对错，在方框里打勾[✓]，并以文章内容说明理由。两个部分都答对才能得分。

　　　　　　　　　　　　　　　　　　　　　　　　　　　　　　　　对　错

14. 中国是一个没有宗教仪式的国家。　　　　　　　　　　　　　　　□　□

　　理由：_____

15. 中国人心中有永恒的神的位置，但是没有终极性的文化精神追求。　□　□

　　理由：_____

16. 中国人信的东西非常多。　　　　　　　　　　　　　　　　　　　□　□

　　理由：_____

课后练习　POST-LESSON ACTIVITIES

好词好句　从课文中找出好词好句，并写出对应的英文释义。

中文	英文
1. 控制自己就是对心灵的拯救。	
2. 小节如是，大节更如是。	
3. 很难把自己的关心范围扩到家庭、甚至个人以外。	
4.	

写对比 用下面的表格记录你对不同国家宗教的认识。

	最常见的宗教	重要活动	禁忌
在你的国家： _____ (country name)			
在其他国家： _____ (country name)			

写博客 在学习了本课之后，你对宗教信仰的看法有了一些变化。写一篇博客，谈谈你的看法，例如发生了什么变化，以及为什么会发生这些变化。

课文二 TEXT 2

国外的教会学校

1 现在越来越多的中学生家长把孩子送到国外读书，但是很多人在为孩子筛选学校的时候不知所措。特别是关于教会学校的问题，他们更是了解甚少。今天，记者采访了资深的澳大利亚留学顾问王大中先生。

5 记者：你好，王先生。
　王：你好。
　记者：你是一位有经验的留学顾问，现在很多家长都考虑送孩子去国外读书，他们首先
10 　　　会留意什么？
　王：很多家长都会留意到有一些学校名字有"天主教"、"基督教"等字眼。
　记者：那么，在国外这样的学校有多少？
　王：澳大利亚有三分之二的私立中学都是天主教教会开办的，而美
15 　　国高中约85%都是教会学校，教会学校在国外非常普遍。

THEME 1 Identities 身份认同

❷ 记者：现在选择去教会学校留学的学生多不多？
　　王：据某教育咨询公司的数据显示，相较2011年，在2012年选择美国教会学校的学生增幅约为35%，而选择加拿大教会中学的学生近年来也有轻微上升。尽管中国家长对教会学校已经逐渐理解和接受，但仍有一些家长和学生在选择的时候会有疑虑。
　　记者：他们都有什么疑虑呢？
　　王：最常见的疑虑是：教会学校会不会强制学生信仰宗教？入学后，学生需要注意什么问题？

❸ 记者：外国教会学校招生有什么特殊的条件吗？
　　王：国外教会学校的招生条件跟其他的普通学校一样，**主要**看重学生的平时成绩、英语能力、适应能力，而不是宗教信仰。即使学生没有宗教信仰，进入教会学校学习后，也不会被强迫入教，或者被强迫参加任何教会活动。学校开设的这些教会课程更相当于一个历史课和人文地理课的综合，帮学生从一个侧面了解这个国家的历史。例如学生去美国教会学校读书，学校需要学生上教堂或者上宗教课。
　　记者：关于上教堂和宗教课，你有什么建议？
　　王：建议学生不要抵触，对于想融入美国文化生活的学生，宗教本身就是文化的起源，学习这样的课程，对于学生了解美国，可以起到事半功倍的作用。

❹ 记者：不少中国家长和学生选择教会学校，原因是什么？
　　王：一是看重教会中学的中国学生较少，学生能拥有很好的英语语言环境；二是教会中学教育质量高，升学率有保证，较易获得教会大学招生官的青睐。如美国排名第19名的圣母大学，就非常愿意接受教会中学的学生。而教会中学学生有意申请教会大学，也可以通过提供推荐信申请，增加自己的申请成功率；三是教会中学校风严谨、管理严格。**尤其**是留学低龄化的出现，不少家长希望通过教会学校的良好氛围，培养学生的品格，以免学生学坏。如澳大利亚教会学校就继承了传统教会学校的教学方式，除了对学生学业方面的教育，还对学生的行为举止等方面进行专门的训练，非常重视学生的素养和品德。
　　记者：谢谢你，通过和你谈话，我对中学留学生选择教会学校有了清楚的了解。
　　王：不客气。

生词 NEW WORDS

筛选	shāixuǎn	screen; filter
不知所措	bùzhī suǒcuò	be at a loss
了解甚少	liǎojiě shèn shǎo	know very little
资深	zīshēn	senior; experienced
普遍	pǔbiàn	common
增幅	zēngfú	increase
疑虑	yílǜ	doubt
强制	qiángzhì	compel; force
特殊	tèshū	special
宗教信仰	zōngjiào xìnyǎng	religious belief
侧面	cèmiàn	side; aspect
抵触	dǐchù	contradict
融入	róngrù	assimilate into; integrate into
起源	qǐyuán	origin
事半功倍	shìbàn gōngbèi	get twice the result with half the effort
质量	zhìliàng	quality
青睐	qīnglài	favour (in one's sight)
推荐信	tuījiàn xìn	reference letter
校风严谨	xiàofēng yánjǐn	strict school rules
低龄化	dīlínghuà	younger age (trend)
品德	pǐndé	moral character

语言点 LANGUAGE FOCUS

1. 主要 zhǔyào mainly
   主要 is used to state the primary or main factor.
   例：中学生应该把精力主要放在学习上。

2. 尤其 yóuqí especially
   尤其 is used to emphasize that what was said earlier applies more to one person, thing, or area than to any others.
   例：甜甜特别喜欢吃甜点，尤其巧克力和冰淇凌。

句型练习

1. 中学生的心理素质，_____ 抗压的能力，是非常重要的。
2. 一个人的成功不靠运气，_____ 靠自己。

课堂活动 CLASSROOM ACTIVITIES

📖 **建构理想学校**：用思维导图(Mind Map)，构思你理想的学校。

💻 **看视频讨论**：观看一个关于寄宿家庭的视频，组织学生们讨论学生和寄宿家庭之间可能产生的矛盾。

🎭 **角色扮演**：学生两人一组角色扮演，一人是参加国外学校教育展览的中国家长，一人是教育机构的留学顾问，呈现一个2-3分钟的对话。

📗 **制作宣传单**：分组为一所教会学校制作招生宣传单，吸引外国留学生来就读。

THEME 1 Identities 身份认同

阅读理解 READING COMPREHENSION

根据❶，选出最接近左边词语的解释。把答案写在方框里。

1. 筛选（第2行）　　　　Ⓐ 筛出　　Ⓑ 申请　　Ⓒ 选择　　Ⓓ 抉择
2. 考虑（第8行）　　　　Ⓐ 思考　　Ⓑ 打算　　Ⓒ 顾虑　　Ⓓ 考试
3. 留意（第11行）　　　 Ⓐ 留学　　Ⓑ 意思　　Ⓒ 保留　　Ⓓ 看到
4. 普遍（第15行）　　　 Ⓐ 普通　　Ⓑ 几遍　　Ⓒ 普及　　Ⓓ 流行

根据❷，回答下面的问题。

5. 2012年选择美国教会学校的学生增加了几成？

_____

6. 中国家长对教会学校的态度是什么？

_____

7. 中国家长的忧虑是什么？

_____

根据❸，填写下面的表格。

8. 教会学校招生条件：

学校<u>考虑</u>的条件：	学校<u>不考虑</u>的条件：
(i)	(iv)
(ii)	
(iii)	

9. 没有信仰的学生，在教会学校：

<u>不会</u>面对的情况：	<u>会</u>面对的情况：
(i)	(iii)
(ii)	(iv)
	(v)

Unit 3 Beliefs and Values 信念和价值观

根据 ❹，回答下面的问题。

10. 中国家长和学生选择教会学校的理由有：

(i) _____ (ii) _____

(iii) _____

11. 中国家长希望通过教会学校：

(i) _____ (ii) _____

12. 澳洲的教会学校除了学业教育，还有对哪方面进行教育？

(i) _____

(ii) _____

 课后练习 POST-LESSON ACTIVITIES

好词好句 从课文中找出好词好句，并写出对应的英文释义。

中文	英文
1. 宗教本身就是文化的起源	
2. 对于学生了解美国，可以起到事半功倍的作用。	
3.	

列表总结 总结你对教会学校和公立学校的看法。

	好处	坏处
教会学校	1. 2.	1. 2.
公立学校	1. 2.	1. 2.

写日记 你父母告诉你，他们打算下个学期把你送到国外的一所教会学校求学。写一篇日记，记录你的心情和想法。

TEXT 3

清明节，谁来扫墓？

❶ 清明节是中国的一个传统节日。它是人们祭祖和扫墓的日子，已有2500多年的历史。然而，当今中国已步入老龄化社会。在一个年轻人越来越少，老人越来越多的时代，等到这些扫墓的老者离去，谁又能为他们扫墓？如果越来越少的人继承清明的传统，清明会不会变成一个普通的小长假？

❷ 过了六年，小李终于在这个清明假期回到老家。自从大学毕业，她已经六次没参加清明扫墓活动了。因为各种各样的理由：机票太贵、加班、装修新房等等。今年，促使小李回乡的动机却带有些神秘色彩——她在梦中见到了逝去10年的祖父，那位永远慈祥的老人，在梦里却板着脸，埋怨她对自己太过疏远。小李醒后心里满是愧疚，便预定了清明回乡的车票。

❸ 小李的祖父，曾是当地一个小有名气的泥瓦匠。2005年7月，他死于心脏病，是正在喝酒庆祝小李大学申请成功时，突然猝死，所以小李对于祖父离世这件事情一直颇为自责。小李一直不愿清明回乡，也是害怕旧事重提。

❹ 这次回家，是临时的决定。回家后，小李惊讶地发现，父母早已为自己和祖母准备好身后事。这让本就心情沉重的小李更加不安。小李在微博上写道，"我觉得现在的长辈挺可怜的，生前就要早早准备后事。即便准备了身后事，也未必能完全达到他们的目的：中国传统当中对于祖先的纪念仪式和感情联系只会越来越淡。比如我没回来的这几个清明节，为我祖父扫墓的就只有我奶奶和我父母，而我父母也已经是50多岁的老人；等到几十年后，谁又来为他们扫墓呢？"

生词 NEW WORDS

清明节	Qīngmíng Jié	tomb sweeping festival	埋怨	mányuàn	blame
祭祖	jìzǔ	worship the ancestor	愧疚	kuìjiù	guilty
扫墓	sǎomù	tomb sweeping	预定	yùdìng	book
老龄化社会	lǎolínghuà shèhuì	ageing society	自责	zìzé	blame oneself
继承	jìchéng	inherit; succeed	临时	línshí	temporary
动机	dòngjī	motivation	祖先	zǔxiān	ancestors
			纪念仪式	jìniàn yíshì	memorial ceremony

语言点 LANGUAGE FOCUS

1. 即便 jíbiàn even if
   即便 is used with 也 or 都 to express concession.
   例：你那么坚强，即便碰到再大的困难，也不会有问题。

2. 未必 wèibì not necessarily
   未必 indicates that a situation may not be true or applicable.
   例：父母亲认为理所当然的事情，我们未必也这么认为。

句型练习：

1. 贵的东西 _____ 是好的。
2. _____ 生活再困苦，他也会坚持下去。

课堂活动 CLASSROOM ACTIVITIES

🖥 **看视频讨论**：观看一个关于清明节扫墓的视频，组织学生们讨论他们所知道的中国清明节的由来和习俗。

🖥 **上网调研**：学生分组上网调查研究以下问题：

1. 清明节的由来。
2. 为什么清明节对中国人很重要？
3. 清明节的习俗有哪些？
4. 除了中国，哪些国家也过清明节？

👥 **小组讨论**：分组讨论在自己的国家有没有祭祖扫墓的节日，以及有什么特别的习俗。

THEME 1 Identities 身份认同

阅读理解 READING COMPREHENSION

根据❶和❷，选出四个正确的句子。把答案写在方框里。

1. ☐
2. ☐
3. ☐
4. ☐

Ⓐ 中国马上就要步入老龄化社会，老年人越来越多。
Ⓑ 等这些扫墓的老人死了以后，可能没有人会为他们扫墓。
Ⓒ 清明节变成了一个小长假。
Ⓓ 小李从大学毕业以后，已经六年没有扫墓了。
Ⓔ 小李不想回去扫墓的理由是不想见到祖父。
Ⓕ 小李梦见了死去的爷爷，所以她决定一定要回去扫墓。
Ⓖ 小李没有去车站买票，是预定了车票。

根据❸，选出正确的答案。把答案写在方框里。

5. 小李的祖父生前做什么工作？ ☐
   Ⓐ 农民 Ⓑ 工程师 Ⓒ 建筑师 Ⓓ 泥瓦匠

6. 小李的祖父是怎么死的？ ☐
   Ⓐ 喝酒太多 Ⓑ 心脏病 Ⓒ 看到大学录取通知书 Ⓓ 害怕

根据❹，选出最适合左边句子的结尾。把答案写在方框里。

7. 这次小李回家…… ☐
8. 扫墓的目的是…… ☐
9. 小李回到家后发现…… ☐
10. 小李的父母…… ☐

Ⓐ 是临时决定的。
Ⓑ 已经是五十几岁的老人了。
Ⓒ 心情更加不安。
Ⓓ 纪念祖先，联系感情。
Ⓔ 家里的老人已经事先准备身后事了。
Ⓕ 因为现在的长辈挺可怜的。

课后练习 POST-LESSON ACTIVITIES

好词好句　从课文中找出好词好句，并写出对应的英文释义。

中文	英文
1. 它是人们祭祖和扫墓的日子	
2. 当今中国已步入老龄化社会	
3.	

课堂简报　用PPT向同学介绍中国的清明节，以及说明清明节对中国人的重大意义。

Unit 3 Beliefs and Values 信念和价值观

高级课程 High Level

课文 TEXT 我的母亲   老舍

❶ 母亲生在农家，所以勤俭诚实，身体也好。这一点事实却极重要，因为假若我没有这样的一位母亲，我恐怕也就要大大的打个折扣了。

可是，我，我给家庭带来了不幸：我生下来，母亲晕过去，半夜才睁眼看见她的老儿子——感谢大姐，把我揣在怀里，致未冻死。

一岁半，我的父亲被"克"死了。兄不到十岁，三姐十二三岁，我才一岁半，全仗母亲独立抚养了。父亲的寡姐跟我们一块儿住，她吸鸦片，她喜欢摸纸牌，她的脾气极坏。

为我们的衣食，母亲要给人家洗衣服、缝补或裁缝衣裳。在我的记忆中，她的手终年是嫩红微肿的。白天，她洗衣服，洗一两大绿瓦盆。她做事永远丝毫也不敷衍，就是屠户们送来的黑如铁的布袜，她也给洗得雪白。晚间，她与三姐抱着一盏油灯，还要缝补衣服，一直到半夜。

她终年没有休息，可是在忙碌中她还把院子屋中收拾得清清爽爽。桌椅都是旧的，柜门的铜活早已残缺不全，可是她的手老使破桌面上没有尘土，残破的铜活发着光。院中，父亲遗留下的几盆石榴与夹竹桃，永远会得到应有的浇灌与爱护，年年夏天开许多花。

❷ 与母亲相依为命的是我与三姐。【-4-】，他们做事，我老在后面跟着。他们浇花，我【-5-】张罗着取水；他们扫地，我【-6-】撮土……【-7-】这里，我学得了爱花，爱清洁，守秩序。这些习惯至今【-8-】被我保存【-9-】。

❸　　有客人来，无论手中怎么窘，母亲也要设法弄一点东西去款待。舅父与表哥们往往是自己掏钱买食物，这使她脸上羞得飞红，可是殷勤地给他们温酒做面，又给她一些喜悦。遇上亲友家中有喜丧事，母亲必把大褂洗得干干净净，亲自去贺吊——份礼也许只是两吊小钱。到如今，我好客的习性还未全改，尽管生活是这么清苦，因为自幼看惯了的事情是不易于改掉的。

　　姑母常闹脾气。她单在鸡蛋里找骨头。她是我家中的阎王。直到我入了中学，她才死去，我可是没有看见母亲反抗过。"没受过婆婆的气，还不受大姑子的吗？命当如此！"母亲在非解释一下不足以平服别人的时候，才这样说。是的，命当如此。母亲活到老，穷到老，辛苦到老，全是命当如此。

　　她最会吃亏。给亲友邻居帮忙，她总跑在前面：她会给婴儿洗三——穷朋友们可以因此少花一笔"请姥姥"钱——她会刮痧，她会给孩子们剃头，她会给少妇们绞脸……凡是她能做的，都有求必应。

　　但是吵嘴打架，永远没有她。她宁吃亏，不斗气。当姑母死去的时候，母亲似乎把一世的委屈都哭了出来，一直哭到坟地。不知道哪里来的一位侄子，声称有继承权，母亲便一声不响，教他搬走那些破桌子烂板凳，而且把姑母养的一只肥母鸡也送给他。

　　可是，母亲并不软弱。母亲死在庚子闹"拳"的那一年。联军入城，挨家搜索财物鸡鸭，我们被搜过两次。母亲拉着哥哥与三姐坐在墙根，等着"鬼子"进门，街门是开着的。"鬼子"进门，一刺刀先把老黄狗刺死，而后入室搜索。他们走后，母亲把破衣箱搬起，才发现了我。假若箱子不空，我早就被压死了。皇上跑了，丈夫死了，鬼子来了，满城是血光火焰，可是母亲不怕，她要在刺刀下，饥荒中，保护着儿女。

　　北平有多少变乱啊，有时候兵变了，街市整条的烧起，火团落在我们的院中。有时候内战了，城门紧闭，铺店关门，昼夜响着枪炮。这惊恐，这紧张，再加上一家饮食的筹划，儿女安全的顾虑，岂是一个软弱的老寡妇所能受得起的？

可是，在这种时候，母亲的心横起来，她不慌不哭，要从无办法中想出办法来。她的泪会往心中落！

这点软而硬的个性，也传给了我。我对一切人与事，都取和平的态度，把吃亏看作当然的。但是，在做人上，我有一定的宗旨与基本的法则，什么事都可以将就，而不能超过自己画好的界限。

我怕见生人，怕办杂事，怕出头露面；但是到了非我去不可的时候，我便不敢不去，正像我的母亲。从私塾到小学，到中学，我经历过起码有二十位教师吧，其中有给我很大影响的，也有毫无影响的，但是我的真正的教师，把性格传给我的，是我的母亲。母亲并不识字，她给我的是生命的教育。

❹ 人，即使活到八九十岁，有母亲便可以多少还有点孩子气。失了慈母便像花插在瓶子里，虽然还有色有香，却失去了根。有母亲的人，心里是安定的。我怕，怕，怕家信中带来不好的消息，告诉我已是失了根的花草。

去年一年，我在家信中找不到关于母亲的起居情况。我疑虑，害怕。我想象得到，若不是不幸，家中念我流亡孤苦，或不忍相告。母亲的生日是在九月，我在八月半写去祝寿的信，算计着会在寿日之前到达。信中嘱咐千万把寿日的详情写来，使我不再疑虑。十二月二十六日，由文化劳军的大会上回来，我接到家信。我不敢拆读。就寝前，我拆开信，母亲已去世一年了！

生命是母亲给我的。我之能长大成人，是母亲的血汗灌养的。我之能成为一个不十分坏的人，是母亲感化的。我的性格、习惯，是母亲传给的。她一世未曾享过一天福，临死还吃的是粗粮。唉！还说什么呢？心痛！心痛！

节选自老舍《我的母亲》

(作者简介：原名舒庆春，1899年生于北京一个旗人家庭，中国现代小说家、著名作家，杰出的语言大师、人民艺术家，新中国第一位获得"人民艺术家"称号的作家。老舍的作品很多，代表作有《骆驼祥子》、《赵子曰》、《老张的哲学》、《四世同堂》、《春华秋实》、《茶馆》等等。)

生词 NEW WORDS

勤俭诚实	qínjiǎn chéngshí	thrifty and honest
敷衍	fūyǎn	perfunctory
浇灌	jiāoguàn	water; irrigate
相依为命	xiāngyī wéimìng	depend on each other
守秩序	shǒu zhìxù	follow rules
款待	kuǎndài	entertain with hospitality
好客	hàokè	hospitable
鸡蛋里找骨头	jīdàn li zhǎo gǔtou	being captious
吃亏	chīkuī	in an unfavourable situation
有求必应	yǒuqiú bìyìng	grant whatever is asked
继承权	jìchéngquán	inheritance
昼夜	zhòuyè	day and night
筹划	chóuhuà	plan
宗旨	zōngzhǐ	purpose
将就	jiāngjiu	put up with
界限	jièxiàn	boundary
出头露面	chūtóu lòumiàn	be in the limelight

语言点 LANGUAGE FOCUS

反复

反复是为了强调某个意思或突出某种情感而重复使用某些词语或句子的一种修辞手法。所要表达的侧重点在于重复的词语或句子上。

例：沉默呵，沉默呵！不在沉默中爆发，就在沉默中灭亡。（鲁迅《记念刘和珍君》）

作用：
1. 强调，增强语气或语势。
2. 起到反复咏叹，表达强烈情感的作用。
3. 充满语言美。

练习：用反复的修辞手法，扩写下面两句话：

1. 如果我拥有超能力，_____。

2. 老师给我们说的故事，_____。

阅读理解 READING COMPREHENSION

根据 ，回答下面的问题。

1. 老舍为什么认为对于自己的家庭来说，他是不幸运的象征？

　　(i) _____

　　(ii) _____

2. 老舍的母亲是靠什么来养家糊口的？

   (i) _____ (ii) _____

3. 老舍用了什么做例子，来说明自己的母亲是一个非常勤快的人？

   (i) _____

   (ii) _____

根据❷，从下面提供的词汇中，选出合适的词填空。

也　为　还　了　就　因此　从　然而　着

4. 【-4-】 _____　　7. 【-7-】 _____

5. 【-5-】 _____　　8. 【-8-】 _____

6. 【-6-】 _____　　9. 【-9-】 _____

根据❸，判断下面叙述的对错，在方框里打勾[✓]，并以文章内容说明理由。两个部分都答对才能得分。

　　　　　　　　　　　　　　　　　　　　　　　　　　　　　　　对　错

10. 表哥们来访时，基本上都是自己买食物来的。　□　□

    理由：_____

11. 因为家里穷，母亲往往不能参加亲友家的喜丧事。　□　□

    理由：_____

12. 姑母常闹脾气，母亲因此常常为此和她吵架。　□　□

    理由：_____

13. 虽然母亲平时常吃亏，但当鬼子来了的时候，她就会为了儿女变得无比坚强。　□　□

    理由：_____

14. 我继承了母亲的性格，她才是我真正意义上的老师。　□　□

    理由：_____

根据❹，选出最接近左边词语的答案。把答案写在方框里。

15. 安定（第68行） ☐　Ⓐ 想不通
16. 疑虑（第70行） ☐　Ⓑ 天真幼稚
17. 算计（第72行） ☐　Ⓒ 安稳
18. 嘱咐（第73行） ☐　Ⓓ 寝室
19. 就寝（第74行） ☐　Ⓔ 猜测
　　　　　　　　　　Ⓕ 估计
　　　　　　　　　　Ⓖ 吩咐
　　　　　　　　　　Ⓗ 睡觉

根据全文，选出最合适的答案。把答案写在方框里。

20. 作者一直对母亲念念不忘是因为…… ☐
　Ⓐ 母亲已经去世了。
　Ⓑ 母亲对他很疼爱。
　Ⓒ 母亲对他的影响。
　Ⓓ 母亲常年和他相依为命。

听力 LISTENING

标准课程 Standard Level

你即将听到一个听力片段。请先阅读题目。你可以自由重复听力片段，在听力播放的过程中，可以随时回答问题或记下讯息。请用中文回答问题。注意自己掌握时间，听力练习时间总共有20分钟。

新加坡的种族和谐日

根据第一段的内容，选出正确的答案。把答案写在方框里。

1. 新加坡人口由几个种族组成？
   Ⓐ 3 Ⓑ 4 Ⓒ 2 Ⓓ 5 ☐

2. 新加坡的公共场所，比如地铁的报站广播，有几种语言的标识？
   Ⓐ 3 Ⓑ 2 Ⓒ 1 Ⓓ 4 ☐

3. 新加坡的种族和谐日是在哪一个月举行？
   Ⓐ 六月 Ⓑ 七月 Ⓒ 八月 Ⓓ 九月 ☐

根据第二段的内容，判断下面叙述的对错，并在方框里打勾[✓]。　　　对　错

4. 新加坡的种族和谐教育在幼儿园或托儿所就开始了。 ☐ ☐

5. 每个学校都在同一天庆祝种族和谐日。 ☐ ☐

6. 种族和谐日当天，学生都要穿上种族传统服装去上学，体现新加坡多元的种族社会文化。 ☐ ☐

7. 兰心和孩子们都喜欢绿色的马来装。 ☐ ☐

根据第三段的内容，完成下面句子。

8. 在种族和谐日，学校的活动有：＿＿＿＿＿＿＿＿＿＿，＿＿＿＿＿＿＿＿＿＿，以及＿＿＿＿＿＿＿＿＿＿。

9. 姐姐放学回来，她的手背上有＿＿＿＿＿＿＿＿＿＿。

THEME 1 Identities 身份认同

你即将听到一个听力片段。请先阅读题目。你可以自由重复听力片段,在听力播放的过程中,可以随时回答问题或记下讯息。请用中文回答问题。注意自己掌握时间,听力练习时间总共有20分钟。

人为什么要有信仰?

根据听力片段的内容,给左边的叙述选择正确的答案。把答案写在方框里。

1. 可以通过修行升华成神。 ☐
2. 相信有更高的存在,但不是全能。 ☐
3. 有一个高高在上的真主。 ☐

Ⓐ 道教
Ⓑ 基督教
Ⓒ 佛教

根据听力片段的内容,选出三个正确的叙述。把答案写在方框里。

4. ☐
5. ☐
6. ☐

Ⓐ 个人的宗教性体验是一种宗教的洗脑。
Ⓑ 所有的信徒都得承认相比而言,自己是比较低阶的。
Ⓒ 无神论其实也是信仰的一种。
Ⓓ 佛徒认为世间只有一个佛。
Ⓔ 佛并不是万能的。

根据听力片段的内容,回答下面的问题。

7. 对于宗教信仰者来说,最珍贵的是什么?

_____

口语 SPEAKING

标准课程 Standard Level

从下面的两张图片中任选一张，进行口语测试(Internal Assessment)练习。具体准备步骤可参考第23页。

1. ［身份认同］寺庙真热闹！

2. ［身份认同］想法因人而异

高级课程 High Level

请从以下二选一作答，具体准备步骤可参考第23页。

1. 请阅读老师准备的你所学过的两篇文学作品摘抄，每篇不超过360字的段落。从中选出一篇，和你的老师讨论。

2. 阅读第68页老舍的《我的母亲》，从中选出不超过360字的段落，和你的老师讨论。

阅读 READING

标准课程 Standard Level

http://www.360doc.com 个人图书馆

扫墓的意义

① 中国独生子女所组成的家庭，是一个倒金字塔的结构。一个家庭上面有6对，也就是说12个老人。老人终归要离去。一个清明节，显然无法让两个年轻人为所有的老人们扫墓。

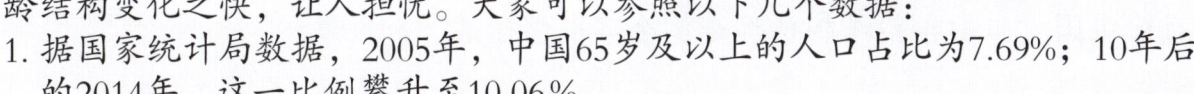

② 有人认为，扫墓的困难，其实是老龄化的一种表现形式。中国人口的年龄结构变化之快，让人担忧。大家可以参照以下几个数据：

1. 据国家统计局数据，2005年，中国65岁及以上的人口占比为7.69%；10年后的2014年，这一比例攀升至10.06%。
2. 有统计数据显示，中国65岁以上人口的占比，从7%升到14%只需要用23年的时间（2001年~2023年），从14%升高到21%预计只需要11年的时间（2024年~2035年）。
3. 如今，中国的人口年龄结构早就不是应当有的金字塔结构，它已经是橄榄形；到了2050年，它将变成倒金字塔型。
4. 2014年，中国65岁以上的老人超过日本总人口（1.27亿人）。到2050年，中国65岁以上的老人总数量（3.49亿人）将超过日本、埃及、德国、澳大利亚的人口总和（3.46亿人）。
5. 老人越来越多，年轻人却越来越少。中国的人口出生率，已经从1995年的17.12%，大幅下降至2014年的12.37%。接受年轻人的祭拜，可能将成为逝去老者们的"奢侈享受"。

③ 让逝去先辈们的坟墓因无人问津而荒芜的原因，除了人口老龄化的问题，也因为清明节扫墓这个仪式正渐渐被人们所淡忘。在外地打工的年轻人们，远离家乡，清明节三天的小长假尚不足以构成回乡的充分理由。即便那些离乡较近者，清明似乎也已变成了和元旦、五一一样的节日——只是一个放松身心的小长假而已，并无其他特殊的意义。

④ 其实，清明节是我国重要的传统民俗节日之一，对于中国来说，清明节扫墓是祭祖的一项重要活动。祭祖十分重要，祭祖和中国人所推崇的孝道是息息相关的。在扫墓这个传统活动中，小孩们的行为往往能体现出他们是否懂得孝道。扫墓这个活动也正是教孩子懂得孝顺，懂得尊敬长辈的好时机。

根据❶，回答下面的问题。

1. 为什么在独生子女的家庭，年轻人无法为所有的老人们扫墓？

   _____

2. 这句话"老人终归要离去"，"离去"是什么意思？

   _____

根据❷，判断下面叙述的对错，在方框里打勾[✓]，并以文章内容说明理由。两个部分都答对才能得分。

	对	错

3. 扫墓越来越困难是因为年轻人的工作越来越忙。　□　□

   理由：_____

4. 从2005年到2014年，中国65岁以上人口比例增长了3%左右。　□　□

   理由：_____

5. 目前中国人口的年龄结构已经是倒金字塔型了。　□　□

   理由：_____

6. 到2050年，中国65岁以上的老人总数量将比日本、埃及、德国、澳大利亚的人口总和还要多。　□　□

   理由：_____

7. 今后，逝去的老人们将可能很难接受到年轻人的祭拜。　□　□

   理由：_____

根据❸，回答下面的问题。

8. 让逝去先辈坟墓荒芜的原因有：

   (i) _____

   (ii) _____

9. 为什么作者认为清明节对现在的年轻人来说也无其他特殊意义？

   _____

78　THEME 1 Identities 身份认同

根据❹，选出最适合左边句子的结尾。把答案写在方框里。

10. 清明节是中国重要的……　☐
11. 清明节扫墓是为了……　☐
12. 扫墓非常重要，因为祭祖和孝顺……　☐
13. 在扫墓中，从孩子们的言行能体现出他们……　☐
14. 扫墓活动是教育孩子懂得尊重长辈的……　☐

Ⓐ 放小长假的好机会。
Ⓑ 对孝道的了解。
Ⓒ 息息相关。
Ⓓ 是小孩最喜欢的活动之一。
Ⓔ 祭祀先辈。
Ⓕ 民俗节日。
Ⓖ 减轻老龄化的问题。
Ⓗ 给外地打工的年轻人回家乡的机会。
Ⓘ 绝好机会。

高级课程
High Level

你的第二身份是什么？

❶ 张君从英国留学回来，我们几个好友为他设宴洗尘。席间，一个朋友不雅的口头禅使他很不快，几次露出厌恶的表情。席散送张君回家的路上，我替那位朋友解释说，那句口头禅不过是一个语言习惯罢了。张君沉默了一会儿，说："我给你讲一下我刚到英国的经历吧！"

"和在英国留学的大多数中国留学生一样，我也是借住在当地一户居民家中，这样既省钱，生活条件又好。房东姓坎贝尔，是一对老年夫妇。坎贝尔夫妇待人热情大方，他们只是象征性地收了我一些房租。因为有一位外国留学生住在家里，对他们来说是一件很自豪的事情。他们不仅让整个社区的人都知道了这件事，还打电话告诉了他们远在曼彻斯特和伦敦的儿女。

❷ 为了实现我出国留学的梦想，父母欠下了十几万元的债。我自然非常珍惜这得来不易的学习机会，晚上在图书馆一直待到闭馆才离开是常有的事。好在我遇到了好东家，可以一门心思学习，一点儿也不用为生活操心。每天我回到"家"里，可口的饭菜都在等着我。每隔四五天，坎贝儿太太就会逼着我换衣服，然后把换下的脏衣服拿去洗净熨好。可以说，他们就像对待亲儿子一样待我。可是，没过多久，我就感到坎贝儿先生对我的态度有些冷淡，看我的眼神有点异样。好几次吃饭的时候，坎贝儿先生都好像有什么话要对我说，但是看看太太，又把话咽了

回去。我开始猜测,他们是不是嫌我的房租太少,想加租又不好意思说?

❸　那天晚上11点多,我从学校回来,洗漱完毕刚想去睡觉,坎贝儿先生蹑手蹑脚地走进我的房间。寒暄两句后,坎贝儿先生坐到椅子上,一副谈话的架势。看来他终于要说出憋在心里的话。我心里早有准备,只要在我承受能力之内,他加多少房租我都答应,毕竟这样的东家不是到哪都能找到的。

"孩子,"坎贝儿先生开口道,"在你自己中国的家里,你半夜回家时,不管你父母睡没睡,你都使劲关门,噼里啪啦地走路和大声咳嗽吗?"

我愣住了:难道这就是憋在他心里的话?

我说:"我说不清,也许……"真的,长这么大还从没有人问过我类似的问题,我自己也根本没有注意过这些"细节"。

"我相信你是无心的。"坎贝儿先生微笑着说,"我太太有失眠症,你每次晚上回来后都会吵醒她,而她一旦醒来就很难再睡着。因此,以后你晚上回来如果能够安静些,我将会非常高兴。"坎贝儿先生停顿了一下,接着说:"其实我早就想提醒你,只是我太太怕伤你的自尊心,一直不让我说。你是一个懂事的孩子,你不会把我善意地提醒视为伤害你的自尊吧?"我很勉强地点头。我并不是觉得坎贝儿先生说的不对,或者有伤自尊,而是觉得他有些斤斤计较。我和父母一起生活了二十几年,他们从没有跟我计较过这种事情。如果我也因此打扰过他们的话,他们肯定会容忍我的。我心里感叹:到底不是自己的家呀!当然,尽管我心里有牢骚,但我还是接受了坎贝儿先生的提醒,以后晚上回屋尽量轻手轻脚。

❹　然而,不久后的一个下午,我从学校回来,刚在屋里坐定,坎贝儿先生就跟了进来。我注意到,他的脸阴沉着,这可是少有的。

"孩子,也许你不高兴,但是我还得问。你小便的时候是不是不掀马桶垫子?"他问。

我心里"咯噔"一声。我承认,有时我尿急,或者偷懒,小便的时候没有掀开马桶的垫子。

"偶尔……"我嗫嚅。

"这怎么行?"坎贝儿先生大声说,"难道你不知道那样会把尿液溅到垫子上吗?这不仅仅是不卫生,还是对别人的不尊重,尤其是对女性的不尊重!"

我辩解："我完全没有不尊重别人的意思，只是没注意……"

"我当然相信你是无心的，可是，这不应当成为你这样做的理由！"

看着坎贝儿先生涨红的脸，我嘟囔："这么点小事，不至于让你这么生气吧？"

坎贝儿先生越发激动："替别人着想、顾及和尊重别人，这是一个人最起码的修养，而修养正是体现在小事上。孩子，考取学位和谋得好职位固然重要，但与人相处时的良好习惯和修养同样重要。如果说学位、职位代表一个人的身份地位的话，那么习惯和修养，就是人的'第二身份'，人们同样会以此去判断一个人。"

我不耐烦地听着，并随手拿起一本书胡乱翻起来。我觉得坎贝儿先生过于苛刻，这种事如果是在国内，还算是事吗？

❺ 晚上我躺在床上考虑良久，决定离开坎贝儿家。既然他们对我看不上眼，那我就找一户比较"宽容"的人家居住。

第二天，我就向坎贝儿夫妇辞别，全然不顾他们极力挽留。然而，接下来的事情却令我始料不及。

我一连走了五六户人家，他们竟然都以同样的问话接待我："听说你小便时不掀马桶垫子？"那口气、那神情，让我意识到，这在他们任何一个人看来都是一件不可思议又严重的事情。可想而知，面对这样的问话，我只有满面羞惭地返身逃走。

至此，我才明白了坎贝儿先生说的"习惯和修养是人的第二身份"这句话。在人们眼里，即使我是一个正在接受高等教育的中国留学生，也是一个浅陋、缺乏修养的人。

❻ 从那时起，我一点也不怨坎贝儿夫妇把我的"不良习惯"到处传播。相反，陷入了如此困境，我对他们的怨气反而消失了，甚至还非常感激他们。如果没有他们，没有那段尴尬的经历，我不知道是否还是那样令人生厌地"不拘小节"，嘴上同样挂着难听的口头禅也未可知呢！"

张君的故事讲完了，我却陷入了沉思。培养良好的生活习惯和修养，这些本应在我们少年时代就该完成的课程，我们为什么要等到长大成人后，来到异国他乡才能学会？我们的教育中，到底有什么缺失？

根据❶，回答下面的问题。

1. 张君因为什么而感到不快？
   _____

2. 张君在英国的房东性格怎么样？
   _____

3. 从什么地方可以看出房东感到非常自豪？
   _____

根据❷，判断下面叙述的对错，在方框里打勾[✓]，并以文章内容说明理由。两个部分都答对才能得分。

                                                                           对   错

4. 张君知道出国留学的不易，所以他非常刻苦努力地学习。 ☐ ☐
   理由：_____

5. 张君觉得很不高兴，因为房东对他要求太多，比方要他去换衣服。 ☐ ☐
   理由：_____

6. 张君觉得过了一段日子，房东就不像以前那么喜欢他了。 ☐ ☐
   理由：_____

根据❸，完成下面的句子。

7. 房东对张君不满的地方是：
   _____，_____，_____。

8. 房东太太不让房东说，因为_____。

9. 张君觉得房东他们有些_____。

根据❹，填写下面的表格。

10. 关于小便时不掀起马桶的垫子，房东和张君的看法是：

房东的观点：	张君的观点：
(i)	(iii)
(ii)	(iv)

THEME 1 Identities 身份认同

11. 关于"第二身份",房东先生的看法是:

第二身份包括：	第二身份等同于：
(i)	(iii)
(ii)	

根据❺，选出最适合左边句子的结尾。把答案写在方框里。

12. 经过很长时间的考虑，张君…… ☐
13. 张君需要找一个新住所，…… ☐
14. 张君没有找到合适的房东，…… ☐
15. 张君终于意识到了…… ☐
16. 在人们的眼里，…… ☐

Ⓐ 他是一个没有教养的人。
Ⓑ 第二身份的重要性。
Ⓒ 跟房东好好相处的重要性。
Ⓓ 因为他觉得房东不够宽容。
Ⓔ 他是一个刻苦努力学习的好学生。
Ⓕ 因为大家都知道了他的"糗事"。
Ⓖ 决定要重新寻找一个住所。
Ⓗ 都觉得他付不起房租。

根据❻，回答下面的问题。

17. 张君什么时候开始不再埋怨房东？
_____

18. 张君对房东到处传播他的"不良习惯"有什么反应？
_____

19. 张君为什么要给"不拘小节"加上引号？
_____

20. 作者认为少年时代必须学习什么？
_____

写作 WRITING

标准课程 Standard Level — 从下面的题目中任选一题作答。字数为300-480之间。

1. 你是一位中学生，因为你父母的工作原因，明年全家要搬到另外一个城市。你的父母希望你能上当地的教会学校。请从下面的文本类型中选择一个，询问该教会学校的校长，不是基督徒能否申请该校，以及在生活中可能碰到的问题。

   ◆ 采访　◆ 信　◆ 电邮

2. 你是无神论者。最近，你在你的学校组织了一个倡导无神论的社团。为了推广你的社团，你接受了学校广播电台的邀请。请从下面的文本类型中选择一个，向大家介绍你的社团，以及你的社团在这个月的活动。

   ◆ 演讲　◆ 采访　◆ 信

3. 你在一所国际学校读中学，你是学校的中国文化使者。为了向同学们传播中国的传统节日——清明节，你打算在学校的例会上向同学们做一个介绍。请从下面的文本类型中选择一个，告诉同学们清明节的由来和习俗。

   ◆ 海报　◆ 辩论　◆ 演讲

高级课程 High Level — 从下面的题目中任选一题作答。字数为540-720之间。

1. 你在暑假跟学校去了中国旅行。期间你参观了不少有名的寺庙，寺庙里总是烟雾缭绕，你也看到了很多人在那里烧香拜佛。请从下面的文本类型中选择一个，谈谈你的所见所闻所感。

   ◆ 博客　◆ 专栏　◆ 演讲

2. 你的学校有公民课。最近你在课上学习了有关价值观的内容，同学们意见不一。有的认为人生的价值在于让自己的能力发挥到极致，从而获得优越的生活条件；有的认为人生的价值在于帮助别人和造福于社会；有的人认为人生的价值在于让爱自己的人生活得幸福。请从下面的文本类型中选择一个，谈谈你的看法。

   ◆ 信　◆ 博客　◆ 日记

3. 最近在你的班里谈到了人是否应该有信仰这个话题，你对这个话题特别感兴趣。因此上周你去采访了学校的几位老师，征求了他们的观点。请从下面的文本类型中选择一个，记录你和老师们对该话题而展开的谈话。

   ◆ 邮件　◆ 采访　◆ 专栏

THEME 1 UNIT 4

次文化
SUBCULTURES

标准课程 / Standard Level

课文一 TEXT 1

请别给广场舞贴标签

❶ 前阵子在路上看到一对夫妇吵架，那位男士指着女孩的鼻子说："你看看你，一点形象也没有，快和跳广场舞的大妈一样了！"当时我就在心里想：跳广场舞的大妈怎么了？广场舞爱好者怎么就低人一等了？

❷ 回家后我上网搜索了一下，"广场舞因多在广场聚集而得名，它以集体舞为主要表演形式，既有娱乐性又有表演性"。其实我们平时在好莱坞的娱乐片和歌舞剧里都能见到它的身影。然而，在生活中还有不少人对它有偏见，认为它是上不了台面的次文化。

❸ 中国有很多广场舞爱好者一直在做着各种宣传工作，力图改变人们对广场舞的偏见，以及一些人给广场舞大妈贴上难看标签的现状。经过他们的努力，广场舞上过《中国梦想秀》，参加过湖南卫视跨年演唱会，以及《开讲啦》、《天天向上》等电视节目，越来越受欢迎。他们的心愿是想大力推广广场舞，让广场舞受到应有的尊敬。

❹ 在国外，也有爱好者一直在努力推广广场舞。有位生活在美国的广场舞教练带领众多舞蹈者跳《最炫民族风》的视频，在网络上迅速走红。那位教练说："我觉得广场舞和芭蕾舞、拉丁舞一样可以国际化，一样也可以'高大上'。美国有街舞，韩国有骑马舞，中国也应

```
 ○ ○ ○    网易博客  ✕
 ← → C   blog.163.com                                    ☆
```

20 该有带有自己特色的中国广场舞。我希望让世界感受到中国广场舞的魅力；更希望有一天，只要有华人的地方就有广场舞。"

❺ 现在，尽管有些观念守旧的人仍然会看不起广场舞，但这根本挡不住广场舞的魅力。法国著名影星，苏菲·玛索(Sophie Marceau)，就曾兴奋地来到广州市民中间，与他们一起快乐地跳广场舞。澳大利亚
25 悉尼市长，克劳馥·摩尔(Clover Moore)，在参观广州花城广场时，也和随行人员探讨怎样将"广场文化"带回悉尼，引入社区。所以，我要在此奉劝那些喜欢乱贴标签的人，收起你那所谓的清高，以宽容和开明的心态接受广场舞吧！

生词 NEW WORDS

贴标签	tiē biāoqiān	give a (bad) label	国际化	guójìhuà	internationalize
形象	xíngxiàng	image	特色	tèsè	feature; characteristic
低人一等	dīrén yìděng	inferior to other people	魅力	mèilì	charm
搜索	sōusuǒ	search	观念守旧	guānniàn shǒujiù	conservative
聚集	jùjí	gather	挡不住	dǎng bú zhù	cannot stop
娱乐性	yúlè xìng	entertaining	探讨	tàntǎo	inquire into; explore
偏见	piānjiàn	bias	社区	shèqū	community
宣传	xuānchuán	publicize	所谓	suǒwèi	so-called
推广	tuīguǎng	promote	清高	qīnggāo	to think highly of oneself
尊敬	zūnjìng	respect	宽容	kuānróng	be tolerant
迅速	xùnsù	quickly	开明	kāimíng	open-minded

语言点 LANGUAGE FOCUS

1. 和……一样   hé...yíyàng   the same as
   Use the 和...一样 construction to state that two persons or things are the same.
   例：和爸爸一样，乔治也对足球特别着迷。

2. 尽管   jǐnguǎn   even though
   As a conjunction, 尽管 is placed in the first clause to acknowledge a situation that has happened. 还 is put in the second clause to state a result that contrasts with the situation in the first clause.
   例：尽管他已经七十多岁了，他还在不断地学习新知识。

句型练习

1. ☐☐☐☐☐ 上午有雾，飞机照样起飞。
2. 真巧，你今天穿的衣服 ☐☐☐☐☐ 他的 ☐☐☐☐☐ 。

课堂活动 CLASSROOM ACTIVITIES

📖 **阅读课文**：学会生词后，选择以下任何一种方式来阅读课文。

1. 和老师一起阅读
2. 和一位同学一起阅读
3. 自己阅读

📝 **复述课文**：学生分组，每人写出课文中你认为最重要的五个词汇。综合组内大家所写的关键词，用自己的话来复述课文。

💬 **小组讨论**：分组讨论以下问题。

1. 你知道哪些类型的舞蹈？
2. 广场舞和其它的舞蹈有什么不同？
3. 广场舞和其它的集体体育活动有什么不同？
4. 你觉得为什么有些人对广场舞有偏见？
5. 你对广场舞有什么看法？
6. 为什么很多人对广场舞大妈评价不高？

💻 **看视频讨论**：观看一个关于中国广场舞的视频，谈谈你对以下问题的看法。

1. 中国广场舞有什么特点？
2. 跳广场舞有哪些好处？
3. 如果你在中国，你会不会去跳广场舞？为什么？

阅读理解 READING COMPREHENSION

根据 ，回答下面的问题。

1. "前阵子"（第1行）是什么意思？　＿＿＿＿＿＿＿＿＿＿＿＿
2. "当时"（第4行）指的是什么时候？　＿＿＿＿＿＿＿＿＿＿＿＿
3. 哪个词语的意思是"不够档次"？　＿＿＿＿＿＿＿＿＿＿＿＿

根据❷，选出最适合左边句子的结尾。把答案写在方框里。

4. 广场舞的名字⋯⋯ ☐
5. 广场舞不仅在中国流行，⋯⋯ ☐
6. 广场舞以集体舞为表演形式，⋯⋯ ☐
7. 有的人把广场舞看成是低级无聊的表演，⋯⋯ ☐

Ⓐ 这是一种误解，一种偏见。
Ⓑ 是跳广场舞的大妈们取的。
Ⓒ 既有娱乐性，又有表演性。
Ⓓ 而且在好莱坞的电影里也可以看到。
Ⓔ 连小孩都不喜欢。
Ⓕ 是因为人们聚集在广场跳舞而得来。

根据❸，回答下面的问题。

8. 中国的广场舞爱好者们在做着什么？ _____

9. 他们力图改变什么？
   (i) _____
   (ii) _____

10. 他们的心愿是什么？
    (i) _____ (ii) _____

11. 广场舞参加过什么节目？
    (i) _____ (ii) _____
    (iii) _____ (iv) _____

根据❹，回答下面的问题。

12. 在美国，哪个广场舞视频在网络上走红？
    _____

13. 教练认为广场舞可以和哪些舞一样国际化？
    _____

14. 教练认为哪些舞有自己的特色？
    _____

15. 教练的两个希望：
    (i) _____
    (ii) _____

根据❺，判断下面叙述的对错，在方框里打勾[✓]，并以文章内容说明理由。两个部分都答对才能得分。

　　　　　　　　　　　　　　　　　　　　　　　　　　　　　　　　　　　　对　　错

16. 广场舞现在非常流行，充满魅力，虽然还是有些人看不起广场舞。　□　□

　　理由：_____

17. 广场舞只有中国人才跳，因为这是中国文化的一部分。　　　　　　□　□

　　理由：_____

18. 有的人认为广场舞是一种活力四射的广场文化，是社区的活跃因子。□　□

　　理由：_____

19. 大家应该以宽容的心态接纳广场舞，而不是乱贴标签。　　　　　　□　□

　　理由：_____

课后练习 POST-LESSON ACTIVITIES

好词好句 从课文中找出好词好句，并写出对应的英文释义。

中文	英文
1. 广场舞既有娱乐性，又有表演性。	
2. 让世界感受到中国广场舞的魅力	
3. 以宽容和开明的心态接受广场舞	
4.	

角色作业 从下面的表格中任选一个角色完成作业。

角色	针对对象	形式	话题
成人	朋友	T-chart	广场舞和其他舞蹈的异同点
记者	观众	采访稿	对广场舞教练的采访
学生	社区的居民	演讲	推广社区广场舞

写日记 调查你所在的城市有没有人跳广场舞。如果有，请你参加他们的活动，并跟他们聊一聊。之后写一篇日记，记录你跳广场舞的经历。

课文二 TEXT 2

跑酷：21世纪的减压方式

❶ 现在在年轻人中，跑酷(Parkour)一族日趋流行。跑酷亦被称作"城市快走"。它是极限运动之一，诞生于八十年代的法国，是"到处
5 跑"的意思。跑酷把整个城市当作一个大训练场，一切围墙、屋顶都成为可以攀爬的对象。

❷ 然而，跑酷运动往往让人想起"危险"这个词。不了解的人会认为跑酷的年轻人是在浪费时间和生命，而了解的人则认为跑酷的
10 年轻人是次文化潮流的引导者。

❸ 事实上，跑酷运动和任何极限运动一样，有一定的风险性，并非适合任何人。但跑酷是减轻压力的一种方法。很多跑酷的人认为，跑酷可以激发身体能量。当你觉得压抑时，跑酷可以帮助你放松压抑的心情，从而减轻压力。此外，跑酷还可以教你在碰到困难
15 时要坚持和不放弃，并且让你在运动时认识更多的新朋友。

❹ 有的跑酷者参与这一活动只为乐趣或挑战，但只有经过长时间持续的训练，才能灵活地翻越各种障碍物。此外，跑酷对参与者的身体素质要求很高。参与者不仅要具备过人的力量，更重要的是要有过人的勇气。跑酷者每过一个障碍都是一个突破点，突破身体的
20 极限和心理的极限。跑酷者越紧张，身体就越容易受伤。

❺ 每个人都有追求个性和刺激的权利。但是，"酷"与"哭"之间只有微小的差距。如果极限运动没有底线，它就是一种自杀。跑酷并非提倡玩命，从高处跳下是十分危险的。然而，跑酷也代表着年轻人不怕困难和挑战，战胜自我的精神。这也许是跑酷能成为一种
25 新的时尚文化的原因。

 **生词** NEW WORDS

极限运动	jíxiàn yùndòng	extreme sport
攀爬	pānpá	climb up
对象	duìxiàng	target
潮流	cháoliú	trend
风险	fēngxiǎn	risk
压抑	yāyì	depressed
坚持	jiānchí	persistent
放弃	fàngqì	give up
挑战	tiǎozhàn	challenge
持续	chíxù	continuous

灵活	línghuó	flexible
身体素质	shēntǐ sùzhì	physical fitness
勇气	yǒngqì	courage
突破	tūpò	breakthrough
极限	jíxiàn	limit
追求	zhuīqiú	pursue
权利	quánlì	right
底线	dǐxiàn	bottom line
提倡	tíchàng	advocate
战胜自我	zhànshèng zìwǒ	self-conquest

 **语言点** LANGUAGE FOCUS

1. 之一 zhīyī one of …
   Use 之一 to indicate that someone or somthing is part of a bigger group.
   例：溜冰是我的爱好之一。

2. 把……当作 bǎ...dāngzuò consider something/someone as…
   This construction is used to express someone or something as having a particular quality.
   例：只有把每天当作人生新的一天，生命才更有动力。

句型练习

1. 他是这部影片的主演 ☐ 。

2. 她不仅歌唱得好，舞也跳得很棒，学生们都 ☐ 她 ☐ 偶像来崇拜。

 **课堂活动** CLASSROOM ACTIVITIES

🖥 **看视频讨论**：观看一段关于跑酷的视频，说一说你对这个极限活动的想法。

🎭 **角色扮演**：假设你是一个跑酷明星。有一些学生特别喜欢你，觉得你是新一代酷学生的代表，但也有一批学生觉得你不务正业。今天，一所高中的校报记者来采访你。请与一位同学一起进行一个采访形式的角色扮演。

Unit 4 Subcultures 次文化 | 91

💬 **小组讨论**：分组讨论以下问题。

1. 你现在有哪些压力？
2. 当你有压力的时候，你一般会做些什么来缓解压力？
3. 为什么跑酷可以缓解压力？
4. 如果有机会，你会选择酷跑吗？为什么？
5. 你觉得做极限运动，比如跑酷，能代表你独特的身份吗？为什么？

📋 **列表讨论**：你认为极限运动有哪些利与弊？用表格记录答案，再和另一位同学讨论。

阅读理解 READING COMPREHENSION

根据 ❶，选出最接近左边词语的解释。把答案写在方框里。

1. 日趋（第2行） ☐
2. 亦（第2行） ☐
3. 诞生（第3行） ☐
4. 攀爬（第7行） ☐

Ⓐ 也
Ⓑ 出生
Ⓒ 登
Ⓓ 开始
Ⓔ 十分
Ⓕ 越来越
Ⓖ 可以

根据 ❷，回答下面的问题。

5. 不了解跑酷的人对跑酷的看法是什么？
   _____

6. 了解跑酷的人是怎么评价跑酷的？
   _____

根据 ❸，回答下面的问题。

7. 跑酷有哪些作用？　(i) _____
   (ii) _____　(iii) _____

根据 ❹，判断下面叙述的对错，在方框里打勾[✓]，并以文章内容说明理由。两个部分都答对才能得分。　　　　　　　　　　　　　　　　　　　　　　　　　　对　　错

8. 只要有天分，跑酷者不用训练，也能做得很好。　　　　　　　　　　　　　　　　☐　　☐
   理由：_____

9. 跑酷运动的唯一要求是参与者要有良好的身体素质。　　　　　　　　　　　　　　☐　　☐
   理由：_____

92　THEME 1 Identities 身份认同

10. 跑酷者在跑酷时越放松越好。　　　　　　　　　　　　　☐ ☐

    理由：_____

根据 ❺，回答下面的问题。

11. 如果极限运动缺乏底线会有什么后果？　_____

12. 什么是跑酷精神？　_____

根据全文，回答下面的问题。

13. 本文主要是……　　　　　　　　　　　　　　　　　　　　　　☐

    Ⓐ 介绍跑酷的危险性。　　　　Ⓒ 阐述所有年轻人都在跑酷。
    Ⓑ 解释跑酷流行的原因。　　　Ⓓ 说明高中生压力大，需要减压。

课后练习 POST-LESSON ACTIVITIES

搜集同义词

口语	书面语	英文	口语	书面语	英文
也	亦				
不要	勿				
人	者				
不是	非				

好词好句
从课文中找出好词好句，并写出对应的英文释义。

中文	英文
1. 跑酷可以激发身体能量。	
2. 碰到困难时要坚持和不放弃	
3. 突破身体的极限和心理的极限	
4.	

写博客
最近跑酷作为一种新的次文化逐渐流行起来。上周末，你有幸去看朋友进行跑酷运动。请你写一篇博客，谈谈你的所见所闻和所感。

写信
上高中后，学生之间的朋辈压力增大，很多学生都想尽各种方法让自己更与众不同、更受欢迎。你一位好朋友因此加入了跑酷一族。请给你的好朋友写一封信，说说你的想法。

TEXT 3

周星驰与无厘头文化

❶ "坐低饮啖茶,食个包"(粤语/广东话,即"坐下来喝口茶,吃个包"),是"无厘头"始祖周星驰的成名金句。它是1989年周星驰刚当演员时,在香港电视剧《盖世豪侠》中常讲的一句口头禅。在剧中,每当周星驰说出这句话,都会让观众大笑,因而成为流行语。街头巷尾都能听到,不分阶层,成为社会共同语。

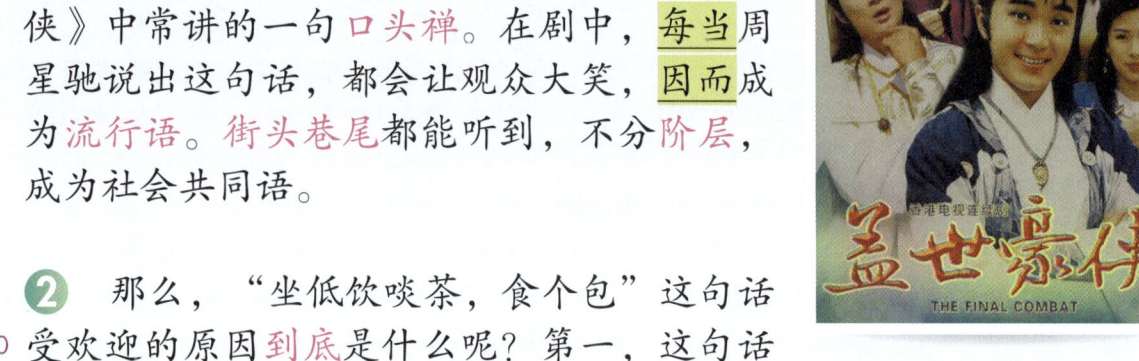

❷ 那么,"坐低饮啖茶,食个包"这句话受欢迎的原因到底是什么呢?第一,这句话够市井地道。香港大部分是广东人,习惯早上去茶楼饮茶。为省钱省时又填饱肚子,不少人只吃一个大包。作为一天的好开始,能坐下来喝口茶,吃个包是最大的享受,所以这句话能引起这么大的共鸣。第二,这句话只有八个字,人人都会讲,容易记。第三,这句话包括了动作、食物、饮料,画面齐全,接地气。第四,当年的剧集少有洗脑式金句,他却在一集中讲好几次,让观众听后难忘。

❸ "无厘头"这个词原本是广东南海一带的俚语,用来形容人或事毫无逻辑,意思等于普通话的"莫名其妙"。大众刚开始认识"无厘头"的说法时,曾一度引起争议,甚至香港有电台闹出禁讲风波。因为有香港学术界的资深人士指出,"无厘头"是粗俗的话,认为对青少年会构成不良影响,但这个词却很快受到大众欢迎。

❹ 无厘头不是人人都可以的。周星驰带动起无厘头文化,吸引不少艺人模仿,并被不断发扬光大,成为90年代的次文化代表。周星驰也因无厘头风格而出名,风靡一时。

生词 NEW WORDS

无厘头	wú lí tóu	silly humour
口头禅	kǒutóuchán	pet phrase
流行语	liúxíng yǔ	catch phrase
街头巷尾	jiētóu xiàngwěi	throughout the city
阶层	jiēcéng	social rank
到底	dàodǐ	what on earth
地道	dìdào	authentic
省钱	shěng qián	save money
享受	xiǎngshòu	enjoyment
共鸣	gòngmíng	strike a chord; resonate
齐全	qíquán	complete
接地气	jiē dìqì	down to earth
洗脑	xǐnǎo	brainwash
难忘	nánwàng	unforgettable
俚语	líyǔ	slang
毫无逻辑	háowú luóji	illogical
莫名其妙	mòmíng qímiào	baffling
引起争议	yǐnqǐ zhēngyì	arouse controversy
资深人士	zīshēn rénshì	senior figures
不良影响	bùliáng yǐngxiǎng	bad influence
吸引	xīyǐn	attract
模仿	mófǎng	imitate
发扬光大	fāyáng guāngdà	bring to a greater height of development
风格	fēnggé	style
风靡一时	fēngmǐ yìshí	become very popular at one time

语言点 LANGUAGE FOCUS

1. 即 jí namely
   Use 即 to introduce detailed information about the subject you are discussing.
   例：这个周六，即17号，有一个聚会。

2. 每当 měi dāng whenever
   每当 is used to refer to any time that something happens.
   例：每当过年过节的时候，远在异国读书的她，都会特别想念爸爸妈妈。

3. 因而 yīn'ér therefore
   As a conjunction, 因而 introduces a logical result or conclusion.
   例：他身体不太好，因而提早从学校退休了。

4. 甚至 shènzhì even
   甚至 is a conjunction that highlights a particular thing or aspect to emphasize a point.
   例：他第一次演讲时非常紧张，甚至连一句话都讲不出来。

句型练习：

1. 大考的结果马上就出来了，他坐立不安，_____ 吃不下饭。
2. 大卫经常熬夜，_____ 影响了健康。
3. _____ 听到这首歌，她就会想起她儿时的好朋友。
4. 我们约好在三天之后，_____ 周五下午碰面。

课堂活动 CLASSROOM ACTIVITIES

看视频讨论： 看周星驰和无厘头文化的短片（如《九品芝麻官》），谈一谈视频中哪些地方让你觉得不理解，或者觉得很吃惊。

角色扮演： 学生两人一组，一人扮演记者，一人扮演周星驰。以采访周星驰对于"无厘头文化"的想法，进行对话式的角色扮演。

小组讨论： 分组讨论以下问题。

1. 你对无厘头文化有什么看法？
2. 你觉得次文化的产生是不是一件好事？
3. 你觉得电影和电视对流行文化的产生有什么作用？

阅读理解 READING COMPREHENSION

根据❶，选出三个正确的叙述。把答案写在方框里。

1. ☐
2. ☐
3. ☐

Ⓐ 周星驰是无厘头文化的发起者。
Ⓑ 周星驰很小的时候就开始演戏、拍电影。
Ⓒ 周星驰在《盖世豪侠》的口头禅是"坐低饮啖茶，食个包"。
Ⓓ 周星驰的这句电影对白成了社会的共同语。
Ⓔ 周星驰的这句电影对白只在下层阶级很受欢迎。

根据❷，完成下面的句子。

4. "坐低饮啖茶，食个包"受欢迎的原因有：

   (i)_____ (ii)_____

   (iii)_____ (iv)_____

5. 作为广东人，坐下来_____和_____是最大的享受。

6. "坐低饮啖茶，食个包"让人容易想像，因为画面包括了_____、_____和_____。

根据❸，选出最接近左边词语的解释。把答案写在方框里。

7. 大众（第18行）   ☐
8. 一度（第19行）   ☐
9. 风波（第20行）   ☐
10. 粗俗（第20行）   ☐

Ⓐ 不文明
Ⓑ 风风雨雨
Ⓒ 争执
Ⓓ 每个人
Ⓔ 一段时间
Ⓕ 观众

THEME 1 Identities 身份认同

根据全文，判断下面叙述的对错，在方框里打勾[✓]，并以文章内容说明理由。两个部分都答对才能得分。

	对	错

11. 周星驰因一部电影中的一句对白而一举成名。　☐ ☐

　　理由：_____

12. "无厘头"是粤语的俚语。　☐ ☐

　　理由：_____

13. 无厘头文化一出现，娱乐界就接受了。　☐ ☐

　　理由：_____

14. 在周星驰之后，还有人扮无厘头。　☐ ☐

　　理由：_____

课后练习　POST-LESSON ACTIVITIES

好词好句　从课文中找出好词好句，并写出对应的英文释义。

中文	
1. 街头巷尾都能听到	
2. 当大众刚开始认识这种说法时，曾一度引起争议。	
3. 对青少年构成不良影响	
4.	

写影评　看一部周星驰的代表作，在你的博客发表一篇影评。

课堂简报　用PPT简要介绍你所知道的次文化，然后跟班上分享。

写博客　除了周星驰以外，你觉得哪个明星/导演的电影也有无厘头文化的成份？写一篇博客跟你的网友分享。

高级课程 High Level

课文 TEXT

上海人

余秋雨

❶ 近代以来，上海人一直是中国一个非常特殊的群落。上海的古迹没有多少好看的，到上海旅行，领受最深的便是熙熙攘攘的上海人。他们有许多心照不宣的生活秩序和内心规范，形成了一整套心理文化方式，说得响亮一点，可以称之为"上海文明"。一个外地人到上海，不管在公共汽车上，在商店里，还是在街道间，很快就会被辨认出来，主要不是由于外貌和语言，而是这种上海文明。

❷ 同样，几个上海人到外地去，往往也显得十分触目，即使他们并不一定讲上海话。一来二去，外地人恼怒了。几乎全国各地，对上海人都没有太好的评价。精明、骄傲、会盘算、能说会道、自由散漫、不厚道、排外、瞧不大起领导、缺少政治热情、没有集体观念、对人冷淡、吝啬、自私、赶时髦、浮滑、好标新立异、琐碎、世俗气……如此等等，加在一起，就是外地人心目中的上海人。

❸ 全国有点离不开上海人，【-6-】都讨厌着上海人。各地文化科研部门【-7-】缺不了上海人，上海的轻工业产品用起来【-8-】不错，上海向国家上缴的资金也【-9-】可观，【-10-】交朋友却千万不要去交上海人。上海人出手不大方，宴会桌上喝不了几杯酒，【-11-】他们洽谈点什么却要多动几分脑筋。到他们家去住【-12-】是要命，【-13-】拥挤不堪又处处讲究。这样的朋友如何交得？

❹ 这些年，外地人富起来了，上海人精明到头还是十分穷困。这很让人泄气。去年有一天，在上海的一辆电车上，一个外地人碰碰撞撞干扰了一位上海妇女。像平时每天发生的一样，上海妇女皱一下眉，轻轻嘟囔一句："外地人！"这位外地人一触即发，把历来在上海所受的怨气全都倾泄出来了："我外地人怎么了？要比钱吗？我估量你的存款抵不上我的一个零头；要比文化吗？我的两个儿子都是大学毕业生！"是啊，上海人还有什么可骄傲的呢？听他讲罢，全车的上海人都发出酸涩的笑声。

上海人可以被骂的由头比上面所说的还要多得多。比如，不止一个扰乱了全国的政治恶棍是从上海发迹的，你上海还有什么话说？不太关心政治的上海人便惶惶然不再言语，偶尔只在私底下嘀咕一声："他们哪是上海人？都是外地来的！"

❺ 但是，究竟有多少地地道道的上海人？真正地道的上海人就是上海郊区的农民，而上海人又瞧不起"乡下人"。

于是，上海人陷入了一种无法自拔的尴尬。这种尴尬远不是自今日起。依我看，上海人始终是中国近代史开始以来最尴尬的一群。

剖视上海人的尴尬，是当代中国文化研究的一个沉重课题。荣格说，文化赋予了一切社会命题与人格意义。透过上海人的文化心理人格，我们或许能看到一些属于全民族的历史课题。

（作者简介：余秋雨，1946年8月23日出生于中国浙江省余姚县，曾任上海戏剧学院院长。中国当代著名文化学者、作家，出版有《文化苦旅》、《山居笔记》、《霜冷长河》、《千年一叹》、《行者无疆》、《借我一生》、《我等不到了》等七部散文集。）

生词 NEW WORDS

熙熙攘攘	xīxī rǎngrǎng	bustling
心照不宣	xīnzhào bùxuān	tacit understanding
触目	chùmù	eye-catching; conspicuous
盘算	pánsuàn	calculating
能说会道	néngshuō huìdào	having a glib tongue
自由散漫	zìyóu sǎnmàn	lax in discipline
厚道	hòudào	honest and kind
吝啬	lìnsè	stingy
赶时髦	gǎn shímáo	following the fashion
浮滑	fúhuá	slick and frivolous

标新立异	biāoxīn lìyì	do something new just to be different
琐碎	suǒsuì	petty; trivial
洽谈	qiàtán	negotiate
拥挤不堪	yōngjǐ bùkān	over crowded
讲究	xièqì	be fastidious about
泄气	jiǎngjiu	disheartened
嘟囔	dūnang	mutter to oneself
一触即发	yí chù jí fā	on the verge of breaking out
尴尬	gāngà	an awkward situation
剖视	pōushì	analyze

语言点 LANGUAGE FOCUS

反问句

反问句就是用疑问的句式，表达肯定的观点。实际上说话者是在强调某种肯定或否定的答案，也就是明知故问。这类句式常和"难道"、"怎么"等反问词联接。通常答案就在句子当中。比一般的陈述句语气更强，更能引起人们的思考。

例：晚了也得去，怎么可以逃学呢？

设问句

设问句就是自问自答。故意先提出问题，接着自己回答。能吸引读者，启发思考，加强作者想表达的思想。

例：这个问题很难吗？挺简单的。

练习：下面的句子哪些是反问句？哪些是设问句？

1. 难道学汉语有这么难吗？
2. 学汉语难吗？不难。
3. 不认真学习怎么能考一百分？
4. 不知细叶谁裁出？二月春风似剪刀。
5. 这么安静的地方，怎么会没有人住呢？
6. 学好汉语一定要了解中国文化吗？一定要。
7. 这瓶饮料是谁买来的？原来是吴老师买来的。

阅读理解 READING COMPREHENSION

根据❶和❷，判断下面叙述的对错。在方框里打勾[✓]，并以文章内容说明理由。两个部分都答对才能得分。

	对	错

1. 外地人到上海不容易被辨认出来。

   理由：_____

2. 不管什么时候，上海人一直是一个特殊的群落。

   理由：_____

3. 到上海旅行，印象最深是上海的著名景点。

   理由：_____

THEME 1 Identities 身份认同

4. 上海人到外地去也很容易被认出来。　□ □

   理由：_____

5. 只有在上海，外地人对上海的评价不好。　□ □

   理由：_____

根据 ❸，从下面提供的词汇中，选出合适的词填空。

> 可是　如何　与　更　往往　极为　又　也　既

6. 【–6–】_____　10. 【–10–】_____

7. 【–7–】_____　11. 【–11–】_____

8. 【–8–】_____　12. 【–12–】_____

9. 【–9–】_____　13. 【–13–】_____

根据 ❹，回答下面的问题。

14. 这段采用了哪些写作手法？写出至少两个，并举例。

    (i) _____

    (ii) _____

根据 ❺，选出最接近左边词语的解释。把答案写在方框里。

15. 究竟（第35行）　□
16. 地地道道（第35行）　□
17. 无法自拔（第38行）　□
18. 尴尬（第39行）　□

Ⓐ 真正
Ⓑ 难为情
Ⓒ 不能理解
Ⓓ 埋在地下的道路
Ⓔ 陷入太深，无法解脱
Ⓕ 难道
Ⓖ 到底

找出与各个段落相应的分段大意。把答案写在方框里。

19. ❶ □
20. ❷ □
21. ❸ □
22. ❹ □
23. ❺ □

Ⓐ 上海人的尴尬。
Ⓑ 外地人心目中的上海人。
Ⓒ 介绍"上海文明"。
Ⓓ 上海人没什么可骄傲的。
Ⓔ 大家讨厌上海人却又离不开上海人。

听力 LISTENING

标准课程 Standard Level

你即将听到一个听力片段。请先阅读题目。你可以自由重复听力片段，在听力播放的过程中，可以随时回答问题或记下讯息。请用中文回答问题。注意自己掌握时间，听力练习时间总共有20分钟。

墨尔本的涂鸦文化

根据听力片段的内容，选出正确的答案。把答案写在方框里。

1. 邀请作者访问澳大利亚墨尔本的是什么公司？
   Ⓐ 家政　Ⓑ 旅游　Ⓒ 教育　Ⓓ 地产

2. 什么让作者突然产生写作的冲动？
   Ⓐ 美好的回忆　Ⓑ 有人邀请　Ⓒ 写作的习惯　Ⓓ 发大洪水

3. 作者在墨尔本街头最被什么所吸引？
   Ⓐ 古老建筑　Ⓑ 旧式有轨电车　Ⓒ 壮观的教堂　Ⓓ 墙上的涂鸦

4. 大部分的人对街头涂鸦有什么看法？
   Ⓐ 也想试一试　Ⓑ 很酷　Ⓒ 没想法　Ⓓ 不太认可

5. 墨尔本的一个文化符号是什么？
   Ⓐ 街头的建筑　Ⓑ 街头的电车　Ⓒ 街头的涂鸦　Ⓓ 街上的舞者

6. 作者花了半天的时间做什么？
   Ⓐ 写博客　Ⓑ 寻找新涂鸦　Ⓒ 去当地人家做客　Ⓓ 和导游吵架

7. 街头涂鸦<u>没有</u>以下哪种风格？
   Ⓐ 动漫　Ⓑ 唯美　Ⓒ 写实　Ⓓ 恶搞

8. 作者对街头画家们的态度是什么？
   Ⓐ 看不起　Ⓑ 傲慢　Ⓒ 仰慕　Ⓓ 有礼貌

THEME 1 Identities 身份认同

你即将听到一个听力片段。请先阅读题目。你可以自由重复听力片段,在听力播放的过程中,可以随时回答问题或记下讯息。请用中文回答问题。注意自己掌握时间,听力练习时间总共有20分钟。

严歌苓的人生故事

按时间顺序,对严歌苓的生平进行排列。把答案写在方框里。

1. ☐
2. ☐
3. ☐
4. ☐

Ⓐ 嫁给美国外交官。
Ⓑ 成为舞蹈演员。
Ⓒ 赴美进修。
Ⓓ 参加解放军。

根据听力片段的内容,完成下面的句子。

5. 严歌苓是当代最受欢迎的_____。

6. 严歌苓出生在_____,1989年去_____进修。

7. 对严歌苓来说,成熟的标志是_____。

根据听力片段的内容,选出正确的答案。把答案写在方框里。

8. 严歌苓的哪部作品被改编成电影? ☐
   Ⓐ《扶桑》 Ⓑ《天浴》 Ⓒ《白蛇》 Ⓓ《梅兰芳》

9. 在严歌苓看来,以下哪个<u>不</u>是决定了她的部分人生的因素? ☐
   Ⓐ 写小说 Ⓑ 从小生长在不安稳的社会 Ⓒ 命运 Ⓓ 基因

10. 以下哪个人物<u>不</u>是文学家? ☐
    Ⓐ 严歌苓的爷爷 Ⓑ 严歌苓的父亲 Ⓒ 严歌苓的母亲 Ⓓ 严歌苓

口语 SPEAKING

标准课程 Standard Level

从下面的两张图片中任选一张，进行口语测试(Internal Assessment)练习。具体准备步骤可参考第23页。

1. ［身份认同］跳嘻哈舞真酷！

2. ［身份认同］这是艺术还是涂鸦？

高级课程 High Level

请从以下二选一作答，具体准备步骤可参考第23页。

1. 请阅读老师准备的你所学过的两篇文学作品摘抄，每篇不超过360字的段落。从中选出一篇，和你的老师讨论。
2. 请阅读余秋雨的《漂泊者们》，从中选出不超过360字的段落，和你的老师讨论。

阅读 READING

标准课程 Standard Level

嘻哈之旅

① 纽约的自由女神像、时代广场、大都会博物馆等，都是世人耳熟能详的景点，经常游人如织。而同在纽约，如果说以脏、乱、差闻名的穷人区哈莱姆和布朗克斯也有观光项目，恐怕有点出人意料。但这却是真的，旅游项目的名称就叫"嘻哈之旅"。

② 嘻哈音乐，作为黑人音乐的一种，是城市贫民区的产物，诞生于纽约布鲁克林与南布朗克斯区。除了音乐，嘻哈文化还包括涂鸦和霹雳舞。要想了解这种独特的文化，嘻哈之旅无疑是一个很好的选择。游客可以坐在舒适的大巴上，听着嘻哈音乐，参观嘻哈音乐的发源地和表演场所，了解其历史和现状。当然，最诱人的还在于导游全部由著名嘻哈明星或当红主持人担任，游客可以面对面接触嘻哈艺术的"教父"级人物，如外号"卡兹"的科蒂斯·费舍尔等等，倾听他们对嘻哈艺术的见解。甚至，还可以与他们一起讨论呢！要知道，平时要想见到这些明星，都不是容易的事情！

③ 目前，嘻哈之旅共有三条路线。其中，第一条维持了创办以来的风格，也是最受欢迎的路线。游客们坐着大巴穿行哈莱姆、布朗克斯的著名嘻哈景点，参观涂鸦墙、著名的罗宾逊唱片店，以及重要的嘻哈演出场所拉克尔公园等。布朗克斯区应是嘻哈之旅必不可少的一站，因为嘻哈文化和涂鸦艺术都起源于此地。自上世纪60年代开始，布朗克斯就被黑人和来自中北美的拉丁裔居民占领。当时，整个布朗克斯随处可见涂写得歪歪扭扭的帮派符号。一些有绘画天赋的人出于对这些简陋标签的不满，开始自己设计新标签。

④ 后来，这些画家终于意识到，墙是最便宜、最实用的画布。于是，他们开始行动了，涂鸦也诞生了。听着嘻哈明星的解说，游客们对这种文化有了更深的了解。欣赏着嘻哈和涂鸦，享用着特色午餐，游客们常常感到流连忘返。第二、三条路线都集中在哈莱姆区，游客们主要在非洲裔人和拉美裔人的聚居地浏览教堂、剧院、酒吧等。

⑤ 嘻哈之旅最早是由一群颇有名气的嘻哈艺术家发起的，目的是让更多人了解嘻哈艺术。近年来嘻哈音乐颇受欢迎，嘻哈艺术家的生活状况有了很大的改善，因此也具备了宣传嘻哈音乐的经济实力。有趣的是，虽然是以嘻哈音乐一路伴随的嘻哈之旅，却被称为"无声行"。主办者希望游客"心静"，领略嘻哈艺术的妙处。

根据 ❶，回答下面的问题。

1. 哪一个词形容"非常熟悉"？ _____
2. 哪一个词形容"人很多"？ _____
3. 哪一个词形容"让人吃惊"？ _____

根据 ❷，回答下面的问题。

4. 嘻哈的发源地是哪里？ _____
5. 嘻哈文化都包括什么？ _____
6. 嘻哈之旅的活动包括哪些？
_____

7. 嘻哈之旅最诱人的是什么？
_____

根据 ❸ 和 ❹，回答下面的问题。

8. 填写下面的表格。

路线	浏览的地方
第一条路线	(i)
第二、三条路线	(ii)

9. 涂鸦是什么时候开始的？
_____

10. 游客怎样可以对嘻哈文化有更深的了解？
_____

根据 ❺，回答下面的问题。

11. 近年来嘻哈艺术家的生活状况有了很大的改善。为什么？
_____

12. 为什么嘻哈之旅被称为"无声行"？
_____

106　THEME 1 Identities 身份认同

高级课程
High Level

文化快餐不宜多吃

❶ 当你走上街头,麦当劳、肯德基类的高价快餐、经济小吃类的低价快餐会不时地映入你的眼帘。这些快餐着实给广大市民提供了便利,受到了普遍的欢迎。

时下,这股快餐之风也吹到了文化生活圈内,人们把此类"快餐"称为"文化快餐"。欣赏电视剧《红楼梦》、《三国演义》、《水浒》代替了对原著的阅读;大部头中外名著的缩写本就在身边;二十四史可以直接看现成的译文;学习古诗词,只需熟读其中的"名句";说,可以显文雅;写,可以彰文采;了解明清史实,去看看影视剧的戏说、演绎……诸类的"文化快餐"很有市场。书店里名著缩写本供不应求,影视VCD畅销不衰。

❷ 客观地说,眼前社会,时间就是金钱,人们想在极短的时间内浏览名篇佳作是可以理解的。但若以"文化快餐"的形式来代替必要的阅读,那就大可不必提倡。

翻开文化史,那些划时代的扛鼎之作,无不是艺术家们耗尽了毕生精力而著。试想:一部"字字看来皆是血,十年辛苦不寻常"的《红楼梦》,就能仅靠三十六集电视剧"一目了然"了吗?一套二十四史浩如烟海,富似金库,仅靠一家之言的译文就能"明志"吗?一首流传千古的诗歌,仅靠其中一两句诗句就能把握诗的"灵秀"吗?古人为了写诗著文,"吟安一个字,捻断数茎须","二句三年得,一吟泪双流",后人岂能浮光掠影,"快"速浏览,浅尝辄止?"文化快餐"如此"吃"下去,定是囫囵吞枣、食而不化、营养不良。

❸ 某著名女演员在《火烧阿房宫》中扮演了铸剑大师徐夫人,引起史学界一片哗然。殊不知,徐夫人是战国时期一位七尺须眉男儿。台湾某女歌星得知《满江红》的词作者是岳飞,喜不自禁,决定日后要找岳飞写歌词,令众多歌迷大失所望。某省电视台一女主持人听到一嘉宾回答"明月几时有,把酒问青天"的作者是"苏东坡"时,忙纠正道:"回答错误,正确答案应是'苏轼'。"

如此常识性错误的笑话，不一而足，这说明了什么呢？一言以蔽之，书读少了，就会捉襟见肘、贻笑大方。其实，读书"足以怡情，足以傅彩，足以长才"。不久前，台湾学者高希均提出了"新读书主义"：自己再累也要读书；工作再忙也要读书；收入再少也要买书；住处再挤也要藏书；交情再浅也要送书。这话应该是对我们每一个人说的。在知识经济发展突飞猛进的今天，文化素养要提高，必须靠读书来"充电"。要挤出时间与书结缘，精读深思，"探赜(zé)索隐，钩深致远"（《周易》），绝不能一味地凭借"文化快餐"去解"渴"充"饥"。"文化快餐"实在不宜多吃。

根据全文，选出正确的答案。把答案写在方框里。

1. 本文主要是……
   Ⓐ 理解很多人没时间读书。
   Ⓑ 反映很多人书读得少。
   Ⓒ 反对以文化快餐的形式来代替必要的阅读。
   Ⓓ 说明什么是文化快餐。

根据❷，回答下面的问题。

2. 这段采用什么写作手法？写出两个并举例。

   (i) _____

   (ii) _____

根据❸，回答下面的问题。

3. 这段采用什么论证手法，有什么作用？

   _____

根据❷和❸，回答下面的问题。

4. 写出两个"文化快餐"不宜多吃的理由。

   (i) _____

   (ii) _____

THEME 1 Identities 身份认同

写作 WRITING

标准课程 Standard Level 从下面的题目中任选一题作答。字数为300–480之间。

1. 新学年开始，你的学校迎来一批来自世界各地的新同学，其中包括第一次留学国外的学生。大家都对国际文凭课程充满期待。请从下面的文本类型中选择一个，向新同学们介绍你学校的校园文化，以及应付国际文凭课程的方法。

    ◆ 演讲　　◆ 文章　　◆ 日记

2. 你最近注意到在你居住的小区，小巷两旁的墙上出现了不少涂鸦。其中有图画，也有文字。这些涂鸦越来越多，渐渐形成一种风气。请从下面的文本类型中选择一个，向小区的居民说明这个情况，并谈谈你的看法。

    ◆ 专栏　　◆ 博客　　◆ 海报

3. 你的暑假作业是从上学期所学的内容里选择一个自己感兴趣的话题，向班里的同学做介绍。你觉得次文化特别有意思，特别是次文化和年轻人的关系。请从下面的文本类型中选择一个，谈谈你对这个话题的认识。

    ◆ 博客　　◆ 邮件　　◆ 演讲

高级课程 High Level 从下面的题目中任选一题作答。字数为540–720之间。

1. 暑假你去了一个青少年杂志社做实习记者。由于街头艺人越来越多，市区各广场总是聚集着不少展示才艺的街头艺人。你针对该现象采访了一些读者。请从下面的文本类型中选择一个，介绍你对街头艺人现象的采访结果，以及你本人的看法。

    ◆ 博客　　◆ 海报　　◆ 报告

2. 你是嘻哈文化的忠实拥护者，特别爱看嘻哈风的选秀节目。可是最近一个嘻哈歌手被发现涉嫌吸毒，所创作的歌词也因过于暴力而遭到封杀。该事件影响了整个嘻哈圈和华语乐坛。请从下面的文本类型中选择一个，谈谈你对这次事件的理解。

    ◆ 帖子　　◆ 博客　　◆ 日记

3. 随着科技的发展和网络的普及，网络语言发展迅速。青少年普遍觉得网络语言既省时又有个性，非常酷。然而你的父母对此很不赞同，叮嘱你要远离网络语言。请从下面的文本类型中选择一个，和你的父母谈谈你对网络语言，以及如何正确使用网络语言的看法。

    ◆ 邮件　　◆ 演讲　　◆ 信

THEME 1 UNIT 5 语言与身份认同
LANGUAGE AND IDENTITY

标准课程 Standard Level

课文一 TEXT 1

新加坡式英语

❶ Singlish特指新加坡式英文。然而在英文词典中，并没有"Singlish"这个单词。我曾经以为所有的英文都是一样的，到
5 了新加坡之后，才发现事实并非如此。语言，其实更是一种文化。即便同样是英文、同样是中文，使用的人不同、使用的地点不同，就会有很多细微而有趣的不同。这些不同，随着时间的流逝，
10 就会渐渐地变成一个地方的特色文化。

❷ 新加坡的英文体系沿自英国，因为新加坡曾经是英国的殖民地。然而，这么多年下来，在新加坡生活的人们，在日复一日的生活中，早已形成了一套属于自己的沟通方式。说英语，不是纯正的英语；说华语，不是标准的普通话；说福建话，跟中国福建的语调不同；说广
15 东话，也跟中国广东、香港的调调不同；说马来话、印度话，也少了些原滋原味。

❸ 新加坡有四种官方语言，马来语、英语、华语和淡米尔语(Tamil)。1973年，汉语拼音和简体中文被引入新加坡，1979年政府发起了说普通话运动。

20 Singlish有一些是从华语直接翻译过来的，最典型的用法是"…Can？"。新加坡人喜欢用"Can"，什么事情行不行、同不同

意，都是"Can"，而不是"Yes"、不是"No"，也不是"OK"。"帮我打包一份鸡饭，好吗？""Can loh。"

❹ 新加坡人说话也有很多尾音。"loh"和"lah"就是最常用的尾音之一。他们喜欢在一句话结束后，拖上一个或者半个"loh"或"lah"，跟北京人喜欢在句子后面加上一个儿化音一样。"可以帮个忙把这个文件带给Jamie吗？""Can loh"或者"Okay lah"是最常听到的回答。Singlish的英语发音并不如BBC的播音员那样标准。相反的，它已经形成了自己的发音，变成了当地语言的一种特色。

生词 NEW WORDS

以为	yǐwéi	think
事实	shìshí	fact
其实	qíshí	actually
使用	shǐyòng	use
随着	suízhe	along with
殖民地	zhímíndì	colony
日复一日	rìfù yīrì	day after day
纯正	chúnzhèng	pure; genuine
原滋原味	yuánzī yuánwèi	the original flavour; authentic
官方语言	guānfāng yǔyán	official language
简体中文	jiǎntǐ zhōngwén	simplified Chinese
政府	zhèngfǔ	government
典型	diǎnxíng	typical
打包	dǎbāo	take away (food); pack (leftovers)
形成	xíngchéng	to form
发音	fāyīn	pronunciation

语言点 LANGUAGE FOCUS

1. 曾经 céngjīng once
   曾经 is used as an adverb to indicate that an action or situation happened in the past.
   例：别看他现在身材完全走样，他曾经是学校的游泳健将。

2. 然而 rán'ér however
   然而 is used to add a comment which contrasts with what has just been said.
   例：很多同学都不喜欢校服，然而我觉得穿校服很方便。

句型练习

1. 他工作非常辛苦，☐☐☐☐☐从来不叫苦。
2. 妈妈告诉我，那位白发苍苍的老人☐☐☐☐☐是一位将军。

课堂活动 CLASSROOM ACTIVITIES

看视频讨论：观看一个关于新加坡英语的视频，组织学生们讨论并用 Venn diagram 列出新加坡英语和纯正英语的异同。

小组讨论：分组讨论以下问题。

1. 为什么新加坡英语会有这些特色？
2. 你觉得一种语言有这样的特色好不好？为什么？

上网调查：在新加坡，除了四种官方语言，常用的语言还有哪些？

角色扮演：学生三人一组，做一个采访节目的角色扮演。其中一人是学校广播站的记者，想了解不同地方语言的特色而邀请了两位同学（学生尽可能来自不同国家）。请采访这两位同学，让他们谈一谈在他们的国家，英语的发音和拼写与英国英语有什么不同。

阅读理解 READING COMPREHENSION

根据❶，选出最接近左边词语的解释。把答案写在方框里。

1. 曾经（第3行）　☐
2. 并非如此（第5行）　☐
3. 细微（第9行）　☐
4. 有趣（第9行）　☐
5. 流逝（第9行）　☐
6. 渐渐地（第10行）　☐

Ⓐ 很小
Ⓑ 一点一点地
Ⓒ 以前
Ⓓ 非常不一样
Ⓔ 过去了
Ⓕ 很远的地方
Ⓖ 有意思
Ⓗ 相同的

根据❷，填写下面的表格。

新加坡英语包括了很多不同的语言，这些语言和其他地区的相比又有自己的特色，请把这些特色写下来。

新加坡的语言	特色
例：英语	跟英国英语比较，不纯正
华语	7.
福建话	8.
广东话	9.
马来话／印度话	10.

根据 ③ 和 ④，回答下面的问题。

11. 新加坡英文最典型的用词是什么？

_____

12. 新加坡人跟哪里的人一样喜欢加尾音？

_____

13. 新加坡英文跟BBC英文相比有什么不同？

_____

 课后练习　POST-LESSON ACTIVITIES

好词好句　从课文中找出好词好句，并写出对应的英文释义。

中文	英文
1. 语言，其实更是一种文化。	
2. 这些不同，随着时间的流逝，渐渐地变成一个地方的特色文化。	
3.	

完成表格

在英文里，受中文影响而使用/改变的词语：	在中文里，受英文影响而使用/改变的词语：
1.	1.
2.	2.
3.	3.
4.	4.

写日记　这篇课文让你了解了新加坡英语的特色，也学到了几个新的词语，你觉得很有意思。写一篇日记，谈谈你学到了什么和你的看法。

课文二 TEXT 2

微信平台
http://mp.weixin.qq.com

一对移民父子的故事

❶ 小编最近在纽约一所小学实习。感恩节前，班主任在班里举办了一个有趣的活动，班里每个小朋友都拿到了一张语言表格，上面写着六种不同的语言：汉语、英语、西班牙语、意大利语、日语和粤语。小朋友们的任务就是在班里进行调查，看看大家在家里都说什么语言。

❷ 这让我想起之前听过一个芝加哥电台热播的节目《老美生活纪事》。那期节目讲述了一个福建移民和他的儿子Larry的故事。Larry今年20岁，妈妈会说英语，但爸爸只会讲普通话和福州话。他出生在一个典型的美国福建移民家庭，爸爸每天在餐馆工作15个小时，Larry和弟弟经常连续几天见不到爸爸。Larry刚出生的时候，他的父母刚到美国，他们觉得让儿子学英语才是当务之急，至于中文，自然而然就会学会的。结果，Larry没有学会汉语。20年来，Larry和他的爸爸连一次深入的交流也没有过。他的父母到后来才意识到事态的严重性，于是很重视弟弟的中文教育。每次Larry看着弟弟和爸爸有说有笑时，心里总是酸酸的，他说自己之前都不知道爸爸是会笑的。

❸ 爸爸在他14岁的时候要回中国打工，临走之前他给Larry写一封信，把这些年他想对Larry表达的感情全都倾倒而出。可想而知，Larry读过信之后一阵痛哭，14年来爸爸对于他来说就是一个不会哭不会笑的木头人，一个只会关心弟弟不会关心他的陌生人。从此以
后，Larry决心好好学汉语。六年后的今天，Larry在朋友的帮助下写下了他给爸爸的第一封回信，并录下了他自己用汉语读信的音频。一个越洋电话打回中国，Larry的父亲终于听到了他期待了20年的那句："爸，我爱你。"电话两头的所有人都泣不成声。

❹ 这个节目没有提Larry的故事发生在哪里，但我很自然地就将纽约中国城的情景带入了这个故事，因为这样的故事每天都在那里上演着。

生词 NEW WORDS

实习	shíxí	internship
举行	jǔxíng	hold (an activity)
任务	rènwù	task
调查	diàochá	survey
移民	yímín	immigrant
当务之急	dāngwù zhījí	the most pressing matter of the moment
自然而然	zìrán érrán	naturally
意识	yìshí	realize; be aware of
有说有笑	yǒushuō yǒuxiào	talking and laughing
可想而知	kěxiǎng érzhī	can be imagined
泣不成声	qìbù chéngshēng	sobbing too much that one cannot speak

语言点 LANGUAGE FOCUS

1. 至于 zhìyú as for
   Use 至于 to introduce another matter.
   例：至于学习，我觉得对于才刚满三岁的亮亮来说，是太早了的。

2. 终于 zhōngyú finally
   终于 indicates that something is last in a series of actions or events.
   例：经过了一个月的复习，他终于考出了自己满意的成绩。

句型练习

1. 分手后我开始重新拿起了画笔，_____ 你，我想应该也不会太寂寞的。
2. 在爬了将近六个小时的山之后，他们 _____ 隐约见到了山顶。

课堂活动 CLASSROOM ACTIVITIES

小组讨论：分组讨论以下问题。

1. 你的家人说几种语言？
2. 你们一般是用什么语言沟通，为什么？
3. 你和祖父母的沟通有障碍吗？为什么？
4. 你觉得语言和身份有什么关系？

课堂调查：问问三位同学以下的问题，并用表格记录访问内容。

1. 你在家是不是用母语沟通？
2. 为什么用/不用母语沟通？
3. 这么做有哪些好处/坏处？

Unit 5 Language and Identity 语言与身份认同

🌐 **课堂分享**：用PPT与同学们分享你自己学中文的经历，内容可以包括：

1. 你什么时候开始学中文？
2. 你为什么要学习中文？
3. 你学中文的时候遇到了什么困难？你怎么克服这些困难？
4. 你觉得中文的哪个部分最难？为什么？
5. 你会给正在学中文的同学们什么建议？

阅读理解 READING COMPREHENSION

根据❶，选出正确的答案。把答案写在方框里。

1. "小编"是_____。
   - Ⓐ 写文章的人
   - Ⓑ 作者对自己的称呼
   - Ⓒ 一个人的名字
   - Ⓓ 编故事的人

2. 老师在_____前举办了一个有趣的课堂活动。
   - Ⓐ 新年　Ⓑ 圣诞节　Ⓒ 感恩节　Ⓓ 复活节

3. 学生们拿到的语言表格上，没有列出_____。
   - Ⓐ 中文　Ⓑ 韩语　Ⓒ 意大利语　Ⓓ 西班牙语

4. 学生们拿到语言表格后，要做的事是_____。
   - Ⓐ 问父母说什么语言
   - Ⓑ 了解多少人会说中文
   - Ⓒ 问老师会说什么语言
   - Ⓓ 了解同学们在家都说什么语言

根据❷，判断下面叙述的对错，在方框里打勾[✓]，并以文章内容说明理由。两个部分都答对才能得分。

对　错

5. 《老美生活纪事》是一档受海外华人欢迎的电视节目。

   理由：_____

6. Larry的父母都不会说英语，只会讲普通话和福州话。

   理由：_____

7. Larry的父母刚到美国的时候，他们觉得让儿子学英语是最重要的，所以就没有教他学中文。

   理由：_____

8. 这些年来，因为爸爸工作太忙，Larry都没有跟爸爸有过深入的交流。

   理由：_____

9. 弟弟的中文很好，所以Larry看到弟弟和爸爸有说有笑的时候，非常不高兴。

   理由：_____

根据 ❸，回答下面的问题。

10. 爸爸为什么要去中国？
    _____

11. 爸爸给了Larry什么东西？
    _____

12. Larry一直觉得爸爸是一个什么样的人？
    (i) _____ (ii) _____

13. Larry学汉语之后做了什么事情？
    _____

14. Larry的爸爸为什么会哭？
    _____

根据 ❹，选出正确的答案。把答案写在方框里。

15. 作者觉得以下哪个情景会发生在纽约中国城的故事里？　　　　□
    Ⓐ 有各种各样的的商品和中国餐馆。
    Ⓑ 移民家庭里的孩子不会说中文或者家乡话。
    Ⓒ 常常发生打架、争吵的事件。
    Ⓓ 人们每天忙着去餐馆里打工。

课后练习 POST-LESSON ACTIVITIES

好词好句　从课文中找出好词好句，并写出对应的英文释义。

中文	英文
1. 20年来，Larry和他的爸爸连一次深入的交流也没有过。	
2. 他们觉得让儿子学英语才是当务之急，至于中文，自然而然就会学会的。	
3.	

写一写　从下面的两道题里任选一题（约300字）。

1. 假设你是Larry，请你用中文给爸爸写一封回信。
2. 假设你是Larry，你刚刚第一次用中文给爸爸写了信。写一篇日记，谈谈你的心情。

Unit 5 Language and Identity　语言与身份认同

课文三 TEXT 3

英伦网学生日记 www.bbc.com

要不要取个英文名？

❶ 在中国上初中时，英语老师要每个学生起一个英文名。我坐在当时最常见的笨重电脑前，上网看着那些从A到Z排列的、一串串陌生的字母组合，看到C的时候就已经头晕眼花，于是随便选了个短短的"Cathy"。后来才发现，Cathy不过是Catherine的昵称，也就是说它并
5 不算是个正式的英文名。而读了《呼啸山庄》后，我就更加想要找机会换一个英文名了。

❷ 后来我去了新加坡读高中，慢慢地了解了新加坡社会，才渐渐明白了名字的意义。老一代新加坡华人的先辈大多是从中国移民过去的，他们给家中小辈取中文名字时，往往斟酌再三。我最好的当地朋
10 友的名字，居然是长辈千里迢迢到某个庙里求来的。

当然，也有不少新加坡人有英文名。毕竟经历过英国人长期的统治，一些相当西化的家庭，会给孩子起英文名。一些中式家庭里的孩子在成长过程中，若对西方文化着迷，或是长期接受西式教育，也会给自己起个英文名。不过即便是这样，这些人也一定会保留他们的华
15 文名字。虽然有时候他们可能只能拼出拼音，写不出汉字来。所以在新加坡的几年里，我反倒一次也没有用过英文名。我很高兴大家对我的本名如此接受，也很高兴不会从名字上就显得与本地人千差万别。

❸ 但【-10-】我到了英国这个彻底的英语国家读大学【-11-】，起一个英文名【-12-】就是天经地义的事情了，【-13-】这样也可以避免名
20 字被读错的尴尬。斟酌再三后，我决定启用Juliet这个我【-14-】想过的英文名。

❹ 之所以起这么个英文名，原因有三。一是它从读音上和字形上都
25 与我的中文名相近。二是虽然莎翁笔下的朱丽叶是个悲剧人物，但她

所象征的是浪漫和无私的爱，而不像《呼啸山庄》里的凯瑟琳。三是这个名字好记。Juliet这名字因为一部著名戏剧家喻户晓，而现实生活中却少有重名，因此既为人熟知又独特。

30　❺　事实证明这个名字的确好记。来到英国与人自我介绍时，基本上真是讲一次别人就不会忘记。只有一面之交的人，一个月之后再见还能喊出这个名字来。

生词 NEW WORDS

陌生	mòshēng	unfamiliar
头晕眼花	tóuyūn yǎnhuā	dizzy
随便	suíbiàn	casually; randomly; do as one pleases
斟酌	zhēnzhuó	deliberate
千里迢迢	qiānlǐ tiáotiáo	travel from a long way
统治	tǒngzhì	rule
反倒	fǎndào	instead
接受	jiēshòu	accept
本地人	běndìrén	local people

千差万别	qiānchā wànbié	vary widely
彻底	chèdǐ	completely; totally
避免	bìmiǎn	avoid
决定	juédìng	decide
象征	xiàngzhēng	symbolize
家喻户晓	jiāyù hùxiǎo	well-known to every household
现实生活	xiànshí shēnghuó	real life
证明	zhèngmíng	prove; certify
一面之交	yímiàn zhījiāo	have met only once; casual acquaintance

语言点 LANGUAGE FOCUS

1. 居然　jūrán　to one's surprise
   居然 is used to express an unexpected situation.
   例：三班的甜甜居然是市长的女儿。

2. 毕竟　bìjìng　afterall
   毕竟 expresses a conclusion that emphasizes a fact or a reason.
   例：别太把这件事情放在心上，毕竟你们是最好的朋友。

句型练习：

1. 小明刚满六岁，_____ 能读简单的中文小说了。
2. 输了这场比赛，但 _____ 是他第一次代表学校参赛，应该多加鼓励。

课堂活动 CLASSROOM ACTIVITIES

看视频讨论：观看一个关于中国留学生的视频，组织学生们讨论以下问题：

1. 说一说这些留学生们都是因为什么原因出国留学的？
2. 在国外留学，会遇到什么困难？
3. 通过出国留学，学生们本身有哪些变化？

课堂调查：问问三位同学以下的问题，并用表格记录访问内容。

1. 你的中文名字叫什么？
2. 你的中文名字是谁取的？
3. 为什么取这个中文名字？

课堂辩论：以"名字会/不会影响一个人对自己的身份定位。"为题，组织学生进行辩论。

阅读理解 READING COMPREHENSION

根据❶，回答下面的问题。

1. 当作者上初中时，英语老师要求他们做什么？

   _____

2. 作者的英文名字是什么？

   _____

3. 作者从什么时候开始想换自己的英文名字？

   _____

根据❷，选出最适合左边句子的的结尾。把答案写在方框里。

4. 作者去了……　　　　　　　　　　□
5. 不少新加坡人……　　　　　　　　□
6. 新加坡老一代华人……　　　　　　□
7. 很多华人家庭的孩子虽然有英文名字，……　□
8. 作者觉得有些新加坡的家庭……　　□
9. 作者很高兴能用自己的中文名，……　□

Ⓐ 大多是从中国移民过去的。
Ⓑ 已经比较西化了。
Ⓒ 都有英文名字。
Ⓓ 新加坡的一所高中读书。
Ⓔ 但还是会保留孩子的中文名字。
Ⓕ 因为从名字上他跟本地人没有什么差别。

THEME 1 Identities 身份认同

根据❸，从下面提供的词汇中，选出合适的词填空。

> 当　似乎　至少　然而　之后　这　被　曾经

10. 【-10-】_____　12. 【-12-】_____　14. 【-14-】_____
11. 【-11-】_____　13. 【-13-】_____

根据❸和❹，选出最接近左边词语的解释。把答案写在方框里。

15. 天经地义（第19行）　□
16. 斟酌再三（第20行）　□
17. 启用（第21行）　□
18. 家喻户晓（第28行）　□
19. 重名（第29行）　□
20. 独特（第29行）　□

Ⓐ 跟别的不一样
Ⓑ 开始使用
Ⓒ 觉得不陌生，很熟悉
Ⓓ 考虑了一次又一次
Ⓔ 非常自然，没有任何异议
Ⓕ 大家都知道，非常有名
Ⓖ 一样的名字

根据❹和❺，判断下面叙述的对错，在方框里打勾[✓]，并以文章内容说明理由。两个部分都答对才能得分。

　　　　　　　　　　　　　　　　　　　　　　　　　　　　　对　错

21. 作者决定将自己的英文名字改为Juliet的原因有两个。　□　□

　　理由：_____

22. 《呼啸山庄》里的凯瑟琳象征的是浪漫和无私的爱。　□　□

　　理由：_____

23. Juliet这个名字，因为一部戏剧而被人熟知。　□　□

　　理由：_____

24. 作者虽然喜欢她的英文名字，但是这个名字让别人很难记住。　□　□

　　理由：_____

课后练习 POST-LESSON ACTIVITIES

好词好句 从课文中找出好词好句，并写出对应的英文释义。

中文	英文
1. 一些中式家庭里的孩子在成长过程中，若对西方文化着迷，或是长期接受西式教育，也会给自己起个英文名。	
2. 不过即便是这样，这些人也一定会保留他们的华文名字。	
3.	

造句 从课文中选出三个你认为重要的词汇造句。你可以任选以下三种方式之一来完成作业，然后跟你的同学分享。

Ⓐ 手写　　Ⓑ 电脑打字　　Ⓒ 口头表达

写博客 你在读了这篇课文后，想起了自己学习外语的经历。写一篇博客，谈谈自己有没有取外语名字、取这个名字的原因，以及你对名字和身份的看法。

高级课程 High Level

课文 TEXT　　　华语情结　　　　　　　　　　　　余秋雨

❶ 黄皮肤，黑眼睛，看似地道的华人，一位同样是华人的记者在采访他，然而两人说的却是英语。这在南洋各国都不稀奇。

采访结束了，记者说："您知道我们是华文报，因此要请教您的华文名字，以便刊登。"

"我没有华文名字。"他回答得很干脆。

记者有点犯难：把一个明明是华人的采访对象称作杰克逊或麦克斯韦尔之类，毕竟有点下不了手。采访对象看出了记者的顾虑，宽慰地说："那你就随便给我写一个吧！"

❷ 这种经常发生的对话是如此平静，但实在足以震得近在咫尺的土地神庙、宗乡会馆柱倾梁塌。时间并不遥远，那些从福建、广东等地漂流来的中国人，登陆在南洋。在家乡，隔一道山就变一种口音；到了南洋，与马来人、印度人、欧洲人一混杂，某种自卫意识和凝聚意识渐渐上升，这种自卫的凝聚是一种多层构建，最大一个圈圈出了全体华人，然后是省份、县邑、宗族、姓氏，一层层分解，每一层都与语言口音有关。不知经过多少次灾祸、争斗，各种地域性、宗教性的会馆竟相设立，而最稳定、最牢靠的"会馆"，却屹立在人们的口舌之间。一开口就知道你是哪儿人，除了很少的例外，多数难于逃遁。

❸ 怎么也没有想到会涡卷起一种莫名的魔力，在短短数十年间把那一圈圈、一层层的自卫、凝聚构建一古脑儿软化了，把那些由故乡的山梁所承载的、由破旧的木船所装来的华语，留给已经不大出门的爷爷奶奶，留给宗乡会馆的看门老汉，而他们的后代已经拗口，用英语却才顺溜，尽管这种英语带着明显的南洋腔调，却也能抹去家族的颠沛、时间的辛酸，就像从一条浑浊的历史河道上潜泳过来，终于爬上了一块白沙滩，耸身一抖，抖去了浑身浑浊的水滴，松松爽爽地走向了现代。不知抖到第几次，就抖掉了华语，然后再一用力，抖掉了姓氏，只好让宗乡会馆门庭冷落

Unit 5 Language and Identity 语言与身份认同

了，白沙滩上走着的正是黄皮肤、黑眼珠的杰克逊和麦克斯韦尔。

❹　在这一个过程中，我所关注的理论问题是，一个群体从学习外语到不讲母语需要经历多大的心理转换，大概需要多长的时间？再进一步，从不讲母语到遗落家族姓氏又需要经历多大的心理转换，需要多长的时间？当然，更迫切的问题还在于，这一切是不是必然的，能在多大程度上避免？不管怎么说，我已看到了大量不争的事实：语言的转换很快就造就了一批斩断根脉的"抽象人"。

❺　新加坡实践话剧团演过一个有趣的话剧《寻找小猫的妈妈》，引起很大的社会轰动。这个话剧，确实是以"话"作为出发点。一个三代同处的家庭，第一代讲的是福建方言，第二代讲的是规范华语，第三代只懂英语。因此，每两代之间的沟通都需要翻译，而每一次翻译都是一次语义和情感上的重大剥落。如果是科学论文、官样文章，可能还比较经得起一次次的翻译转换，但越是关乎世俗人情、家庭伦理的日常口语，越是无奈。结果，观众们看到的是，就在一个屋顶之下，就在一个血统之内，语言，仅仅是因为语言，人与人的隔阂是那样难于逾越。小小的家庭变得山高水远，观众在捧腹大笑中擦起了眼泪。

节选自余秋雨《文化苦旅》

生词 NEW WORDS

稀奇	xīqí	strange; rare	顺溜	shùnliū	talk smoothly
干脆	gāncuì	straightforward	腔调	qiāngdiào	accent; tune
犯难	fàn nán	feel embarrassed	遗落	yíluò	to leave behind
宽慰	kuānwèi	comfort; console	迫切	pòqiè	pressing
自卫	zìwèi	self defence	轰动	hōngdòng	make a stir; make a sensation
凝聚	níngjù	unite	剥落	bōluò	peel off
屹立	yìlì	stand erect	隔阂	géhé	estrangement; barrier
逃遁	táodùn	flee	逾越	yúyuè	exceed; go beyond
拗口	àokǒu	hard to pronounce	捧腹大笑	pěngfù dàxiào	be convulsed with laughter

THEME 1　Identities　身份认同

语言点 LANGUAGE FOCUS

对比

对比手法是文学创作中常用的一种表现手法,是把对立的意思或事物、或把事物的两个方面放在一起作比较。

作用:突出被表现事物的本质特征,加强文章的艺术效果和感染力。

例:生意好的时候,这里门庭若市;生意差的时候,这里门可罗雀。

练习:用对比的修辞手法,完成下面的句子。

1. 不见高山,不知_____。
2. 失败乃_____之母。
3. 青年是_____,老年是夕阳。
4. 虚心使人_____,骄傲使人落后。

阅读理解 READING COMPREHENSION

根据 ❶,回答下面的问题。

1. 在南洋各国,什么情况不奇怪?
   _____

2. 记者为什么感到犯难?
   _____

3. 受访者是怎么安慰记者的?
   _____

根据 ❷,完成下面的句子。

4. 到了南洋的中国人,他们的_____和_____都会加强。

5. 南洋的华人会馆种类繁多,但是最稳定的会馆是根据_____而设立的会馆。

根据 ❸，回答下面的问题。

6. 作者在这一段里用了比喻句。请举例说明。

_____

根据 ❹，回答下面的问题。

7. 作者觉得最迫切的问题是什么？

_____

8. 你觉得"抽象人"有什么特点？

_____

根据 ❺，选出最适合左边句子的结尾。把答案写在方框里。

9. 《寻找小猫的妈妈》…… ☐
10. 剧中三代人之间…… ☐
11. 因为多次的翻译，…… ☐
12. 观众的反应是…… ☐

Ⓐ 既觉得可笑又非常心酸。
Ⓑ 感动得痛哭流涕。
Ⓒ 是一个儿童剧。
Ⓓ 需要翻译才可以沟通。
Ⓔ 因为语言的问题存在难以逾越的隔阂。
Ⓕ 引起巨大的轰动，因为讲的是语言的问题。
Ⓖ 有很多的文化的冲突。
Ⓗ 语言的意思和情感都有损。

听力 LISTENING

标准课程 Standard Level

你即将听到一个听力片段。请先阅读题目。你可以自由重复听力片段,在听力播放的过程中,可以随时回答问题或记下讯息。请用中文回答问题。注意自己掌握时间,听力练习时间总共有20分钟。

香蕉人

根据听力片段的内容,找出下列的陈述是谁的观点。把答案写在方框里。

1. 对毕业以后的去向没有明确的规划。 ☐
2. 难以让国外的人承认你是他们的一分子。 ☐
3. 学习中国汉字是很有意思的。 ☐

Ⓐ 节目主持人
Ⓑ 莉莉
Ⓒ 梁先生

根据听力片段的内容,选出五个正确的叙述。把答案写在方框里。

4. ☐
5. ☐
6. ☐
7. ☐
8. ☐

Ⓐ 主持人邀请了两位嘉宾来参加她的电视采访节目。
Ⓑ 梁先生因为中文不好闹出了不少笑话。
Ⓒ 美国人和梁先生的中国朋友本来就认识。
Ⓓ 梁先生觉得羞愧是因为他的中文不如美国人。
Ⓔ 梁先生喜欢学习中文。
Ⓕ 莉莉是他们家族中最早去匈牙利的一员。
Ⓖ 莉莉觉得自己和主流社会还是格格不入。
Ⓗ 主持人觉得莉莉的问题也是不容易解决的。

高级课程 High Level

你即将听到一个听力片段。请先阅读题目。你可以自由重复听力片段,在听力播放的过程中,可以随时回答问题或记下讯息。请用中文回答问题。注意自己掌握时间,听力练习时间总共有20分钟。

Larry学中文

根据第一段的内容,填写下面的表格。

关于Larry:

1. 出生地:＿＿＿＿＿＿＿＿＿＿
2. 会说的语言:＿＿＿＿＿＿＿＿＿＿
3. 没有学中文的原因:＿＿＿＿＿＿＿＿＿＿
4. 跟爸爸深入交流的次数:＿＿＿＿＿＿

根据第二段的内容，选出正确的答案。把答案写在方框里。

5. "我很自然地就将纽约中国城的情景带入了这个故事"，"带入"的意思是：
   Ⓐ 联系　　Ⓑ 引进　　Ⓒ 携带　　Ⓓ 进入

6. "这样的故事每天都在这里上演着"，"上演"是什么意思？
   Ⓐ 表演　　Ⓑ 准备演出　　Ⓒ 发生　　Ⓓ 上一次演出

根据第三段的内容，回答下面的问题。

7. "移民们来到这个大熔炉"，"熔炉"指的是什么？
   _____

8. 移民们为什么想要自己的孩子学好英文？
   _____

9. 孩子们为什么会忘记自己的母语？
   _____

10. 忘记自己的母语会有什么后果？
    _____

根据第四段的内容，选出三个正确的叙述。把答案写在方框里。

11. ☐
12. ☐
13. ☐

　　Ⓐ 普通话是唯一侵占领地的语言。
　　Ⓑ 普通话地位越来越高。
　　Ⓒ 普通话非常难学，但是很有用。
　　Ⓓ 普通话是未来的语言。
　　Ⓔ 普通话是以后找工作需要的语言。

根据第五段的内容，完成下面的句子。

14. 人们看到一种语言消失的时候会叹气，因为 _____。

15. 普通人永远都无法阻挡：(i) _____ (ii) _____。

16. 当看到一个孩子因为语言不通而无法与父母真心交流时，我们会觉得心痛，因为人类是有_____的。

128　THEME 1 Identities 身份认同

口语 SPEAKING

标准课程 Standard Level

从下面的两张图片中任选一张，进行口语测试(Internal Assessment)练习。具体准备步骤可参考第23页。请根据你所学过的一篇文学作品的摘要，谈一谈你的分析和看法。

1. [身份认同] 我为能说中文而自豪

2. [身份认同] 语言，是我们的根。

高级课程 High Level

请从以下二选一作答，具体准备步骤可参考第23页。

1. 请阅读老师准备的你所学过的两篇文学作品摘抄，每篇不超过360字的段落。从中选出一篇，和你的老师讨论。

2. 阅读第123页篇章《华语情节》，从中选出不超过360字的段落，和你的老师讨论。

阅读 READING

标准课程 Standard Level

有趣的方言

① 　上周末，同村的老林嫁女儿，奶奶带我回老家去喝喜酒，虽然只有短短两天的相处时间，但亲人们为我带来的乡音，却奏出一段段美
5　妙的音乐，至今仍在我耳边回响着。

② 　那天，我们一到那户人家门口，一位老奶奶就对我奶奶说："建啊，怎么几天没看见，你脸晒得更兹了。"奶奶笑着说："是啊，禁不起
10　晒啊。"听着她们的交谈，我是丈二和尚——摸不着头脑，怎么想也想不出"兹"是什么意思，便问奶奶。奶奶说："兹就是皮肤黑的意思。"我恍然大悟。这时又有一个人走了过来，看着我对奶奶说："哟，这是你孙女吧，倒是个人儿登了！"这人显然是在说我，这次这个"人儿登"又把我给难住了。奶奶好像看出了我的疑惑，对我说："人家说你是个'人儿
15　登'，是在夸你是个人物呢！"我越听越觉得有意思，一下子对家乡的方言产生了浓厚的兴趣。

③ 　突然，一个小孩子在门外大声叫喊："快看啊，快看啊，这儿有一只假留。"这时，好多小孩往门外跑，我不知道"假留"是什么，挤过去一看，原来是只蝉。几个孩子争抢起来，一个孩子嘲笑另一个流鼻涕的小
20　孩："你把黄龙擦了再来吧。"我是越听越觉得有趣，就缠着奶奶给我讲方言，奶奶一下子讲了好多："厕所"可以说成"茅港"，"口渴"可以说成"烧人"，"癞蛤蟆"可以说成"癞宝"，"胳膊肘"可以说成"手拐儿"，"玩儿"可以说成"耍子"……

④ 　嘿嘿！不说不知道，一说真奇妙。我们的地方语言独特淳朴、多路杂
25　陈、浩如烟海。我爱家乡有趣的方言，更爱我的家乡——如东。

根据①，选出正确的答案。把答案写在方框里。

1. "喜酒"（第2行）是什么意思？　　　　　　　　　　　　　　　☐
   - Ⓐ 喜欢喝酒
   - Ⓑ 一种酒的名字
   - Ⓒ 结婚的时候喝的酒
   - Ⓓ 搬新家时喝的酒

2. "乡音"（第4行）是什么意思？
   Ⓐ 一种音乐　　Ⓑ 一个城市的名字　　Ⓒ 家乡话　　Ⓓ 家乡菜

根据❷，选出最适合左边词语的答案。把答案写在方框里。

3. 兹（第8行）　　☐
4. 恍然大悟（第12行）　　☐
5. 是个人儿登（第13行）　　☐
6. 夸（第15行）　　☐

Ⓐ 不知道
Ⓑ 突然明白
Ⓒ 赞扬
Ⓓ 黑
Ⓔ 是个人物

根据❸，回答下面的问题。

7. "假留"（第18行）指的是什么？＿＿＿＿＿＿＿＿＿＿
8. "黄龙"（第20行）指的是什么？＿＿＿＿＿＿＿＿＿＿
9. 怎么用当地方言说"厕所"？＿＿＿＿＿＿＿＿＿＿

根据❹，选出正确的答案。把答案写在方框里。

10. 下面哪一项不是作者家乡语言的特色？　　☐
    Ⓐ 独特　　Ⓑ 繁多　　Ⓒ 纯朴　　Ⓓ 生硬

高级课程 High Level

我要用中文发言

❶　丁关海是丁肇中的父亲，1934年毕业于当时的国立山东大学中文系，后到美国密歇根大学学习土木工程。王隽英是丁肇中的母亲，当年也在美国留学。他们身在海外，心系祖国，一心想把丁肇中生在中国。但是因为早产这个意外，丁肇中成了地地道道的美国公民。

❷　在20世纪70年代之前，物理学界一直认为物质的最小结构是由三种夸克组成，但是丁肇中却不相信只有三种。他通过长期艰苦的探索，终于找到了组成物质的第四种最小结构。因为中文的"丁"与英文的"J"很相像，所以丁肇中便把这个发现的粒子命名为"J粒子"。1976年10月18日，丁肇中因此获得了诺贝尔物理学奖，当时他只有40岁。美国总统福特在发给丁肇中的贺电中说："基本知识的重大进展，能够促成科学上更进一步的突破，进而造福人类。"

❸ 科学没有国界，科学家有祖国。丁肇中是位科学家，更是一位热爱祖国的人。在这非常激动和幸福的时刻，他做出了一个极其庄重而神圣的决定，通知瑞典皇家科学院："我要用中文在颁奖典礼上发言。"瑞典皇家科学院积极、友好地表示欢迎。同时，瑞典皇家科学院又不无担心地问道："谁做翻译？"丁肇中答："我自己做翻译。"这一消息见报之后引起了强烈反响，深深感动了不同国家、不同肤色和使用不同语言的人们，他们发自内心地感叹："丁肇中是要将荣誉献给自己的祖国。"

❹ 可是，美国驻瑞典大使找到丁肇中，非常不满地说："我们美国和中国的关系非常不好，你用中文是不对的。"丁肇中十分珍惜美中两国人民的友谊，也期盼美中两国关系能不断改善，但面对指责，他毫不留情地顶了回去："你管不着这个，我愿意用什么文字就用什么文字。"就这样，这位美国驻瑞典大使碰了一鼻子灰。他大概永远也不会理解：丁肇中这个出生在美国的公民，为什么会有一颗永远不变的中国心？

❺ 有人说，祖国是父亲的土地，语言是母亲的舌头；也有人说，语言是历史的档案。在那次颁奖典礼上，丁肇中在致词时又创下了一个世界纪录：他使这个金色大厅里回荡起有史以来从未使用过的一种语言——中文。

❻ 最近，中央电视台的一位节目主持人对丁肇中问道："您当时选择中文的目的是什么？"丁肇中答："就是因为在颁奖典礼上从来没有出现过中文。中文是世界上最重要的语言之一。"主持人问："但是您在用中文做演讲的时候，应该说绝大多数在现场的人，都是听不懂的？"丁肇中答："那与我没关系。因为它是全球广播。"主持人为了进一步验证和确认自己的判断，又问："您希望更多的中国人，或者说中文的人能够听得懂？"丁肇中只答了一个字："对。"

"我要用中文"，这使人感到，爱国主义是千百年来，巩固起来对自己祖国最深厚的感情。

"我要用中文"，这使人感到，履行热爱祖国的天职是一种最纯洁、最温柔、最敏锐、最强烈、最高尚和最值得敬重的行为。

根据❶和❷，判断下面叙述的对错，在方框里打勾[✓]，并以文章内容说明理由。两个部分都答对才能得分。

                                                                                                                    对   错

1. 当年，丁肇中的父亲在美国留学，而他的母亲留在中国。　□　□

    理由：_____

2. 丁肇中因为自己的成就而成为了美国公民。　□　□

    理由：_____

3. 丁肇中的的物理成就是发现了J粒子，并因此获得诺贝尔奖。　□　□

    理由：_____

根据❸，完成下面的句子。

4. 丁肇中是一名＿＿＿＿＿＿＿＿＿＿，更是热爱＿＿＿＿＿＿＿＿＿＿的人。

5. 丁肇中决定＿＿＿＿＿＿＿＿＿＿＿＿＿＿＿＿，并告知了瑞典皇家科学院。

6. 瑞典皇家科学院的反应是：

   (i)＿＿＿＿＿＿＿＿＿＿＿＿＿＿　　(ii)＿＿＿＿＿＿＿＿＿＿＿＿＿＿＿＿

7. 消息见报后，人们除了感动，也感叹：＿＿＿＿＿＿＿＿＿＿＿＿＿＿＿＿＿。

根据❹和❺，选出最适合左边句子的结尾。把答案写在方框里。

8. 大使找丁肇中的目的是……　☐
9. 丁肇中自己非常……　☐
10. 大使最后……　☐
11. 大使不能明白……　☐
12. 丁肇中创造了历史，……　☐

Ⓐ 珍惜中美人们的友谊。
Ⓑ 一个美国公民，怎么会有中国心。
Ⓒ 威胁他不能呆在美国了。
Ⓓ 在金色大厅使用了中文致词。
Ⓔ 在金色大厅里接受诺贝尔奖。
Ⓕ 被无情地拒绝了。
Ⓖ 劝说他用英文致词。
Ⓗ 得到他想要的结果。
Ⓘ 第一次有中国人获得了诺贝尔奖。

根据❻，选出相应的采访问题。把答案写在方框里。

例：我是丁肇中。　Ⓖ

13. 颁奖典礼上从来没有出现过中文。中文是世界上最重要的语言之一。　☐
14. 那与我没关系。因为它是全球广播。　☐
15. 我希望更多说中文的人听得懂。　☐

Ⓐ 如果不懂中文的人听不懂怎么办？
Ⓑ 你为什么不用翻译？
Ⓒ 你有没有想过用英文发言？
Ⓓ 你为什么决定用中文发言？
Ⓔ 你获得诺贝尔奖有什么感想？
Ⓕ 如果你用中文，就会有更多的中国人听得懂，对吗？
Ⓖ 请问，你是谁？

根据全文，回答下面的问题。

16. 本文是在写丁肇中的爱国事迹，为什么开篇却写到他的父母？

＿＿＿＿＿＿＿＿＿＿＿＿＿＿＿＿＿＿＿＿＿＿＿＿＿＿＿＿＿＿＿＿＿＿

17. 丁肇中在颁奖典礼上使用中文具有怎样的重大意义？

＿＿＿＿＿＿＿＿＿＿＿＿＿＿＿＿＿＿＿＿＿＿＿＿＿＿＿＿＿＿＿＿＿＿

Unit 5 Language and Identity 语言与身份认同

写作 WRITING

标准课程 Standard Level 从下面的题目中任选一题作答。字数为300-480之间。

1. 你在中国一所中学当交换学生。为了学习中文，其他的国际学生都会给自己取中文名字。因此，你在想是不是也应该给自己取中文名字。请从下面的文本类型中选择一个，谈谈你的看法和想法。

    ◆ 博客　　◆ 专栏　　◆ 日记

2. 你在一所国际学校上学，你的同学们都来自不同的国家。有的同学认为在学校就应该只用英文交流，但有的同学认为应该使用不同的语言。请从下面的文本类型中选择一个，让你的同学们知道你对这个问题的看法。

    ◆ 演讲　　◆ 博客　　◆ 海报

3. 你在中国学习已经三年了，你发现因为全球化的深入和中文的普及，现在有越来越多的中文词语被用在英文里，比如"锅(wok)"、"豆腐(tofu)"、"点心(dim sum)"等等。请从下面的文本类型中选择一个，和你远在英国的好友说说你的看法。

    ◆ 信　　◆ 邮件　　◆ 专栏

高级课程 High Level 从下面的题目中任选一题作答。字数为540-720之间。

1. 你是一位在澳洲长大的中国华人。为了保持能说一口流利的中文，你从小就坚持去当地的周末中文学校上课，每周一次，风雨无阻。然而当你上了中学后，却发现很多和你有类似背景的华人学生不愿意去中文学校学习。请从下面的文本类型中选择一个，来推广周末中文学校。

    ◆ 演讲　　◆ 海报　　◆ 小册子

2. 上个周末，你在和父母的越洋电话中聊到在大学的学习。你提到了自己经过"洪荒之力"终于把精算(Actuarial)给拿下了。可是你的父母却一头雾水，完全不明白你的意思。你对网络语言产生了兴趣，上网查了一些资料。请从下面的文本类型中选择一个，谈谈你对网络语言的看法，尤其是网红语言和青少年个性之间的关系。

    ◆ 专栏　　◆ 博客　　◆ 日记

3. 昨天你的一位好朋友向你诉苦，他虽然身为华人，但因生在美国，性格和想法都比较西化。在他到中国工作后，不少人称他为"香蕉人"，他因此耿耿于怀。请从下面的文本类型中选择一个，给你的朋友一些建议和意见。

    ◆ 邮件　　◆ 博客　　◆ 信

THEME 1 Identities 身份认同

THEME 2: 体验 EXPERIENCES

Unit 1: 休闲活动　Leisure Activities　136

- (SL) Text 1　学国画的老外越来越多
- (SL) Text 2　闲话休闲
- (SL) Text 3　体验人生：我在英国做义工
- (HL) Text　一窝八哥的谜
- (SL) Listening　休闲活动充实自己
- (HL) Listening　休闲滨江路
- (SL/HL) Speaking
- (SL) Reading　暑期工：经验"险"中求？
- (HL) Reading　月光如泪
- (SL/HL) Writing

Unit 2: 假日和旅行　Holidays & Travel　164

- (SL) Text 1　国庆长假出国游
- (SL) Text 2　让孩子在旅游中开阔眼界
- (SL) Text 3　新式旅游日记
- (HL) Text　旅行的意义
- (SL) Listening　旅游与度假
- (HL) Listening　旅游对孩子的好处
- (SL/HL) Speaking
- (SL) Reading　巴厘岛的蜜月酒店
- (HL) Reading　土耳其旅游指南
- (SL/HL) Writing

Unit 3: 生活故事　Life Stories　189

- (SL) Text 1　生活中的"小镜头"
- (SL) Text 2　成长故事
- (SL) Text 3　九寨沟地震经历
- (HL) Text　玉兰花的记忆
- (SL) Listening　最伟大的成功
- (HL) Listening　从街头卖椰浆饭到入主总统府
- (SL/HL) Speaking
- (SL) Reading　郎平和中国女排
- (HL) Reading　全球最年轻女机长
- (SL/HL) Writing

Unit 4: 风俗与传统　Customs and Traditions　217

- (SL) Text 1　回乡过年变成一种仪式
- (SL) Text 2　日本的成人仪式
- (SL) Text 3　天葬仪式
- (HL) Text　故乡的重阳节
- (SL) Listening　香港的红包
- (HL) Listening　奇特的婚礼习俗
- (SL/HL) Speaking
- (SL) Reading　日本风俗中的趣事
- (HL) Reading　送礼忌违送的物品
- (SL/HL) Writing

Unit 5: 迁移　Migration　243

- (SL) Text 1　中国人为什么要移民到海外？
- (SL) Text 2　移民成功者背后的故事
- (SL) Text 3　三峡移民的生活
- (HL) Text　严歌苓和短篇小说《大陆妹》
- (SL) Listening　在加拿大的新移民
- (HL) Listening　家庭情景喜剧《初来乍到》
- (SL/HL) Speaking
- (SL) Reading　新移民适应新生活的四个阶段
- (HL) Reading　移民是人类的常态
- (SL/HL) Writing

SL = Standard Level　　HL: Higher Level

THEME 2 UNIT 1 休闲活动 LEISURE ACTIVITIES

标准课程 Standard Level

课文一 TEXT 1

网易　http://ln.news.163.com

学国画的老外越来越多

❶ "我【-例-】喜欢的国画家是齐白石,【-1-】我【-2-】自己取的中文名字叫齐白酒,他是'十',我是'九',【-3-】'白酒'是我最喜欢的中国酒。"【-4-】澳大利亚的克瑞格<u>幽默</u>地【-5-】记者说。看他手持毛笔画中国画的样子【-6-】真的挺<u>专业</u>的。

在位于滨江路的一间画室里,经常能看到一些金发碧眼的外国朋友在学<u>国画</u>、学书法。<mark>其中</mark>有美国人、澳大利亚人、巴基斯坦人、加拿大人、韩国人、日本人,他们都是被中华书画的<u>艺术魅力</u>吸引到这里来的。这些外国学生的书画作品有的已经达到了较高水平,其中还有人将在北京举行个人国画展。

❷ 这些外国学生的老师,是一个画室的负责人。据他介绍,近几年来,在大连居住的外国朋友增加了不少,他们当中有很多人对中国的书法、国画很喜欢,也很想学画。还有的外国朋友是想让自己的孩子学。于是,这几年来拜师学中国书法、国画的外国人就越来越多了。目前他自己就带了十六位外国学生。在这些学生中,有<u>投资</u>做生意的,有在高校上大学的,还有的在市里各类学校教书的。前面提到的

齐白酒，就是在一所小学教英语的外教，还有一些学生是跟父母来大连的外国小朋友。

❸ 　　国画、书法是中华传统艺术的瑰宝。土生土长的中国人要画出些许精气神来都不容易，更不用说有着不同文化背景的外国人了。但在画室里，记者翻看到部分学生作品的水平却都不低。一位韩国学生告诉记者，他第一次开始学画时，画出来的第一张画就有模有样了。这跟他原来以为的，要经过长时间的练习，才能画出一件成熟作品的学画经历完全不同。这位韩国学生说，在这里学画，练习过程根本没有想象中的枯燥，可以说是画一张成一张，每张都让他有成就感，每张画都能看到自己的进步，因此他也很有兴趣继续学下去，现在他已经坚持半年多了。

　　画室的老师说，他的这种授课方式是在与外国学生的接触中逐渐摸索出来的，双方都很满意。另外，他还经常邀请一些诗人来给外国学生的画作诗，再通过翻译让学生们对照着解读画和诗的含义，外国学生通过这种方式都能更好地理解中国传统诗画的意韵。

❹ 　　这位韩国学生也很推崇齐白酒的画，并说自己很羡慕他画得那么好。记者了解到，齐白酒的父亲非常喜欢中国画，齐白酒受他父亲的影响，从小就对中国文化感兴趣，小时候就翻看过不少中国山水花鸟画册，但从来没有亲自画过。直到来中国后，他才有机会学画中国画。现在他的多幅画作中，就有了山水画、花鸟画。近期，他准备在澳大利亚大使馆的帮助下，到北京举办个人国画展。

 生词 NEW WORDS

幽默	yōumò	humorous
专业	zhuānyè	professional
国画	guóhuà	traditional Chinese painting
艺术魅力	yìshù mèilì	artistic charm
投资	tóuzī	invest
外教	wàijiào	foreign teacher
传统艺术	chuántǒng yìshù	traditional art
瑰宝	guībǎo	gem; treasure
土生土长	tǔshēng tǔzhǎng	native
有模有样	yǒu mú yǒu yàng	fairly decent; has a decent look
枯燥	kūzào	boring
成就感	chéngjiù gǎn	a sense of accomplishment
逐渐	zhújiàn	gradually
摸索	mōsuǒ	try to figure out
意韵	yìyùn	artistic meaning and scene
推崇	tuīchóng	praise highly
山水画	shānshuǐhuà	landscape painting
花鸟画	huāniǎohuà	bird-and-flower painting
近期	jìnqī	in the near future

语言点 LANGUAGE FOCUS

1. **其中** qízhōng among them
   其中 is used to draw attention to a particular feature of a group.
   例：这次的大一新生来自世界各地，其中印度学生特别多。

2. **更不用说** gèng búyòng shuō not to mention
   This phrase is used to introduce an additional point which reinforces the point being made.
   例：甜甜连向陌生人问路都不好意思，更不用说在全校师生面前做演讲了。

句型练习

1. 他精通八国语言，_____ 英语了。
2. 在近期的同学会，他发现自己的小学同学都挺有成就的，_____ 有不少人成了医生。

课堂活动 CLASSROOM ACTIVITIES

看视频讨论：观看一段画中国画的视频，教师提供10个相关的词汇，让学生们描述他们的所见所感。

课堂调查：在班上做一个调查，看看有多少学生已经对国画有所了解，有多少学生愿意从现在开始学习国画，以及愿意/不愿意学习国画的原因。

写异同：让学生们用Venn diagram写出中国的国画和西方的油画之间的异同点。

138 THEME 2 Experiences 体验

阅读理解 READING COMPREHENSION

根据❶，从下面提供的词汇中，选出合适的词填空。

因为　还　而且　让　给　但　来自　所以　对　却

例：【–例–】_____最_____

1. 【–1–】_____
2. 【–2–】_____
3. 【–3–】_____
4. 【–4–】_____
5. 【–5–】_____
6. 【–6–】_____

根据❷，选出正确的答案。把答案写在方框里。

7. 文中提到老师所收的学生们中，没有人是……　　☐
   Ⓐ 大学生　　Ⓑ 老师　　Ⓒ 作家　　Ⓓ 商人

根据❸，选出三个正确的叙述。把答案写在方框里。

8. ☐
9. ☐
10. ☐

　Ⓐ 中国的传统艺术瑰宝只有国画。
　Ⓑ 中国人要想画好国画也不是一件容易的事情。
　Ⓒ 全部在这间画室里所画的作品都不错。
　Ⓓ 一位韩国学生在描述他的学画过程时，说这和他想像中的很不一样。
　Ⓔ 这位韩国学生常常要画好几张，才能有一副满意的作品。
　Ⓕ 这个画室还会邀请诗人来为画写诗。
　Ⓖ 学生们中文水平都不错，能明白诗的意思。

根据❹，回答下面的问题。

11. 齐白酒最早是因为谁而接触到中国画？　_____

12. 齐白酒是从什么时候开始学中国画的？　_____

13. 齐白酒打算在哪里举办个人画展？　_____

根据全文，选出最合适的段落大意。把答案写在方框里。

14. ❶ ☐
15. ❷ ☐
16. ❸ ☐
17. ❹ ☐

　Ⓐ 外国学生将在北京办个人国画展。
　Ⓑ 来大连市学国画的老外越来越多。
　Ⓒ 正在作画的齐白酒。
　Ⓓ 画室老师采用特殊的授课方法，让每张画都成为"作品"。

课后练习 POST-LESSON ACTIVITIES

好词好句 从课文中找出好词好句，并写出对应的英文释义。

中文	英文
1. 国画、书法是中华传统艺术的瑰宝。	
2. 在这里学画，练习过程根本没有想象中的枯燥。	
3. 齐白酒受他父亲的影响，从小就对中国文化感兴趣。	
4.	

写一写 从下面的两道题目中，任选一题。

1. 把这篇课文改写成一位记者对齐白酒的采访稿。
2. 把这篇课文改写成一张宣传这个画室的海报。

课文二 TEXT 2

科学网博客 ×
http://blog.sciencenet.cn

闲话休闲

① 想写一篇关于休闲的文字有些日子了，似乎一直未得闲。

据百度百科，"休闲是指在非劳动及非工作时间内以各种'玩'的方式求得身心的调节与放松，达到生命保健、恢复体能、身心愉悦的目的的一种业余生活"。我真正意义上的休闲时光，似
5 乎太少了。

THEME 2 Experiences 体验

❷　人已中年。体育方面，不会跑不会跳，连散步时间都没有保障。曾有一段时间，基本能做到每天走一万步左右。近两个月，基本上连散步都忽略不计了。美术不会，音乐不会，诗歌也不会。读高中、上大学那段时光，还曾学着写写诗；后来呢，觉得不单时间不够用，脑子也不够用，几乎与诗歌绝缘了。打牌方面，拖拉机、掼蛋之类，打得不多，麻将至今不会。

❸　孩提时代的休闲，记忆最深刻大概是用网捕鱼虾和泥鳅。每逢暑假，顶着炎炎烈日，故乡的小河小溪，有个少年，头戴草帽，身着背心短裤，手拿一个三角形网，腰间系一鱼篓，逆流而上，忙着"探索与发现"。数小时的捕捉时间之后，还需要留1—2小时加工整理，分门别类，泥鳅养起来，小虾挑出来，小鱼清洗好……那时生态较好，且以此为"休闲"的人不多，因此每每颇有收获。后来，或许是由于农药的使用等因素，我的"师傅"——我母亲告诉我，已经捕不到鱼虾和泥鳅了。

❹　在县城上高中那几年的主打"休闲"，大概就是"瞎唱"了。1990年代初，房东家有彩色电视机和三用机。"旁听"到几句之后，胡乱哼唱，没有谱也不识谱，找歌词并不容易，歌词基本是靠听力理解。有些卡带带有歌词，或许因为卡带是盗版的，举目皆是别字。所住的地方在山腰上，山上杉树不少，还有个特点其实是坟山，山上的坟墓相当密集，新旧不一。看书看累了或者只是无聊的时候，时常开唱，大声唱，短则数分钟，长则数小时。现在回顾起来，我非常感谢当时的房东一家及邻居们，那么多年居然没有谁出面制止我。

❺　科学文明的休闲方式，可以有效地促进能量的储蓄和释放，它包括对智能、体能的调节和生理、心理机能的锻炼。我在休闲方面太欠缺了，紧张有余，活泼不足，也许是时候学会找点乐子了。

生词 NEW WORDS

似乎	sìhū	seems to be; as if	整理	zhěnglǐ	sort out; arrange
调节	tiáojié	regulate; adjust	生态	shēngtài	ecology
达到	dá dào	achieve	收获	shōuhuò	harvest; gains
保健	bǎojiàn	health care	或许	huòxǔ	perhaps
恢复体能	huīfù tǐnéng	restore physical ability	别字	biézì	word written or pronounced wrongly
目的	mùdì	purpose	回顾	huígù	retrospect; review
基本上	jīběn shàng	basically	居然	jūrán	unexpectedly
忽略不计	hūlüè bújì	not take into account	制止	zhìzhǐ	restrain; stop
至今	zhìjīn	so far; until now	储蓄	chǔxù	save; deposit
记忆	jìyì	memory			

语言点 LANGUAGE FOCUS

1. 连……都 lián...dōu even (to the extent of)
   This construction is used to emphasize a certain situation.
   例：他连这个词都知道。

2. 大概 dàgài probably
   As an adverb, 大概 expresses a high possibility.
   例：他大概有六十多岁。

课堂活动 CLASSROOM ACTIVITIES

 小组讨论：分组讨论以下问题。

1. 你的休闲活动有哪些？
2. 为什么选择这些休闲活动？
3. 休闲的重要性是什么？

 课堂辩论：以"IB 学生不需要休闲活动"为题，组织学生进行辩论。

 小组设计：分成小组，各组设计一项新的休闲活动，然后向全班分享。

阅读理解 READING COMPREHENSION

根据❶，选出最接近左边词语的解释。把答案写在方框里。

1. 似乎（第1行） ☐
2. 未得闲（第1行） ☐
3. 业余（第4行） ☐
4. 身心愉悦（第4行） ☐

Ⓐ 身体和精神开心快乐
Ⓑ 在乎
Ⓒ 没有空余时间
Ⓓ 得到
Ⓔ 文学
Ⓕ 工作时间以外的
Ⓖ 好像
Ⓗ 心情

根据❷，完成下面的句子。

5. 作者提到的休闲活动有：_____，_____，_____，_____，_____，_____和_____。

6. 作者在大学的时候学过_____，停止的原因是_____和_____。

7. 作者_____玩得不多，也不会打_____。

根据❸，回答下面的问题。

8. "探索与发现"（第19行）指的是什么？ _____
9. "休闲"（第21行）指的是什么？ _____
10. "师傅"（第22行）指的是谁？ _____

根据❹，判断下面叙述的对错，在方框里打勾[✓]，并以文章内容说明理由。两个部分都答对才能得分。

                                      对   错

11. 上高中的那几年，唱歌是作者主要的休闲活动。 ☐ ☐
    理由：_____

12. 作者唱歌非常专业，因为房东家有彩色电视机。 ☐ ☐
    理由：_____

13. 作者住在山顶，杉树不少，还有坟山。 ☐ ☐
    理由：_____

14. 作者唱歌的时间都是几个小时。 ☐ ☐
    理由：_____

15. 作者的房东一家人和邻居们出面制止他唱歌。 ☐ ☐

　　理由：_____

根据❺，选出正确的答案。把答案写在方框里。

16. 科学的休闲方式<u>不包括</u>…… ☐
　　Ⓐ 对体能的调节　　Ⓒ 对心理的锻炼
　　Ⓑ 对情感的调节　　Ⓓ 对智能的调节

17. 作者决定以后要…… ☐
　　Ⓐ 多了解休闲的知识。　　Ⓒ 寻求新的休闲方式。
　　Ⓑ 变得更加活泼。　　　　Ⓓ 让生活有张有驰。

课后练习　POST-LESSON ACTIVITIES

好词好句　从课文中找出好词好句，并写出对应的英文释义。

中文	英文
1. 达到生命保健、体能恢复、身心愉悦的目的的一种业余生活	
2. 科学文明的休闲方式，可以有效地促进能量的储蓄和释放	
3.	

课堂调查　调查同学们都有什么休闲活动和选择这个休闲活动的原因。之后写出一个报告。

写一写　从下面的两道题目中，任选一题。

1. 续写这篇课文，写写作者后来都做了什么。
2. 跟你的父母谈一谈他们的休闲活动，然后写一篇文章介绍你父母的休闲活动。

课文三 TEXT 3

体验人生：我在英国做义工

❶ 在来英国之前，"义工"对我来说是个陌生的词汇，只偶尔在和香港有关的新闻里听到。中国大陆习惯称之为"志愿者"。对"义工"的好奇心使得我落地英国后，义工成了我学习之余的一大嗜好。回顾这些义工经历，让我学到了许多书本之外的东西，还有意外收获，甚至朋友们纷纷开始嫉妒我，这是为什么呢？

❷ 做义工对英国人来说是闲暇消遣的一种方式，顺便结识志同道合的朋友。

义工分两种：短期和长期的。短期一般是一些会议、节日活动当天的服务人员，这适合初次接触打义工的朋友。可别小看这些小事，一些全国性的活动，例如每年九月在全英各大博物馆，参与其中既是难忘的经历，也可以为简历增重不少。长期的义工大多是指三个月以上的连续性义工，这样的工作大多是在非营利组织或慈善机构，岗位由正在进行的项目来决定。这样的义工需要谨慎选择，最好是与自己的专业方向有关联的，这样可以学以致用。需要指出的是，英国的义工花费的只是自己的时间，一切其它费用都会被补偿。

❸ 义工对我来说是了解英国社会的一种渠道，很多活动只有参与其中才能发现更多的妙处，感受到人间百态。我的第一份义工是在一家养老院。在电话联系之后，我受邀前去"试做"一次。接待我的是一个黑人中年妇女，初次见面，她显然有些吃惊。首先是年龄，因为员工里没有三十岁以下的人。其次是我是东方人，而且还是中国人！她热情地向我介绍他们的工作，带我参观老人们的起居室、花园。一听我是学艺术的，便向我展示他们过去做过的艺术作品。沿途把我介绍

给每一个碰到的人。随后,她将老人们集中起来,向我一一介绍,然后带领我和老人们玩游戏。一个新鲜愉快的下午,让我对自己与人沟通的能力感到自信。在回家的路上,我认认真真地回忆每一个我结识的员工和老人们,包括有些老人的性情特征,因为这将有助于我下次见他们时,缩短彼此间的距离。老人们有的听力或视力不好,有的活动不便,有的无法集中精力,这些我都一一写下了。

❹ 随后,我一周去一次养老院,主要是陪十多个老人们度过午餐后的时光,这是根据我的时间和兴趣爱好与这家养老院商定的。老人们午餐后,都会围坐在一个大的会客厅里,我和他们玩猜谜、投飞镖、投篮等游戏,这些都是专为活动受限制的人群而设计的小游戏。

有几次老人们玩得很开心,甚至都舍不得我离开。一个已逾百岁的奶奶总喜欢握着我的手跟我讲她的女儿,总是泪汪汪地念叨,"女儿说今天要来怎么还没到"。我只有轻抚她瘦弱的手。

❺ 渐渐地我发现,让养老院的老人们开心是一件很难的事。老人们脾性多有些古怪,彼此之间关系冷淡。其实在养老院,存在的不是物质问题,而是精神危机。我看到老人们对彼此并不感兴趣,甚至懒得交谈,只是一心等着儿女来访。偶尔自己的子女来访,常常是泪眼汪汪,引得其他老人更是难受和嫉妒。

养老院医护人员只是做拿钱的差事,年长日久,早已失去了和老人促膝而谈的兴趣和耐心。这次义工让我对西方养老院有了一个感性的认识,也引发了理性的思考。

 NEW WORDS

好奇心	hàoqí xīn	curiosity
嗜好	shìhào	hobby
嫉妒	jìdù	envy
志同道合	zhìtóng dàohé	like-minded
非营利机构	fēi yínglì jīgòu	non-profit organization (NPO)
慈善机构	císhàn jīgòu	charitable organization
谨慎	jǐnshèn	prudent; cautious
学以致用	xuéyǐ zhìyòng	apply what one has learned
补偿	bǔcháng	compensate
初次见面	chūcì jiànmiàn	meet (someone) for the first time
逾	yú	over; exceed
冷淡	lěngdàn	indifferent

语言点 LANGUAGE FOCUS

1. **偶尔** ǒu'ěr occasionally
   偶尔 is used as an adverb to express an occasional occurrence or action.
   例：锻炼需要坚持，偶尔去一下健身房是没有什么作用的。

2. **使得** shǐde make; cause
   使得 is used as a verb that causes a certain outcome.
   例：你的想法很奇怪。是什么使得你这么想的呢？

句型练习

1. 他脾气本来就不好，这肯定会 ☐ 他又发火的。
2. 常常喝酒对身体不好，但是 ☐ 喝点红酒还是不错的。

课堂活动 CLASSROOM ACTIVITIES

课堂讨论：老师主导全班讨论以下两个问题。老师根据举手人数的偏差，组织学生进行深入讨论。

1. 你觉得是不是应该把老人送到老人院？（认为"应该的"举手）
2. 当你的父母老了，你会不会送他们去老人院？（认为"会的"举手）

课堂辩论：以"高中生是不是应该参与义工活动"为题，组织学生进行辩论。

角色扮演：学生两人一组，一人是义工，一人是年过一百的老奶奶，进行角色扮演。

阅读理解 READING COMPREHENSION

根据❶，完成下面的句子。

1. 义工在中国被称为_____。
2. 作者去英国后做义工的初衷是_____的驱使。
3. 作者有些朋友们对她的行为的反应是_____。
4. 作者做义工的收获是_____。

Unit 1 Leisure Activities 休闲活动

根据❷，选出最适合左边句子的结尾。把答案写在方框里。

5. 对英国人来说，做义工是…… ☐
6. 会议、节日活动的服务员适合…… ☐
7. 参与博物馆举办的活动…… ☐
8. 做长期的义工时，…… ☐
9. 在英国做义工，花费的是…… ☐

Ⓐ 闲暇消遣的一种方式。
Ⓑ 义工者的时间。
Ⓒ 来往的路费。
Ⓓ 初次做义工者。
Ⓔ 要考虑自己的专业方向。
Ⓕ 有经验的志愿者。
Ⓖ 能让自己的简历更有分量。
Ⓗ 能帮助自己进入好的大学。

根据❸，给下面的句子排出正确的顺序。把答案写在方框里。

10. ☐
11. ☐
12. ☐
13. ☐
14. ☐
15. ☐
16. ☐
17. ☐
18. ☐

Ⓐ 回忆今天碰到的老人们和疗养院的员工，为下一次见面做准备。
Ⓑ 首先她带我去参观老人院。
Ⓒ 见到一位黑人中年妇女，她看到我感觉有点吃惊。
Ⓓ 打电话给疗养院介绍自己是新的义工。
Ⓔ 她向我介绍了他们所做的工作。
Ⓕ 得到答复以后，受邀去"试做"义工。
Ⓖ 向老人们介绍我，并带领我和老人们一起玩游戏。
Ⓗ 向我展示老人们做过的艺术品。
Ⓘ 向沿途碰到的人介绍我。

根据❹，完成下面的句子。

19. 跟老人们玩的游戏有：(i) _____ (ii) _____。
20. 和作者聊天的老奶奶的年龄已经 _____。
21. 这位老奶奶常常和作者聊 _____。
22. 为了安慰这位老奶奶，作者只能 _____。

根据❺，回答下面的问题。

23. 老人们之间的关系如何？ _____
24. 老人院存在的问题是什么？ _____
25. 在养老院做义工一段时间后，作者发现了什么？

_____

26. 养老院医护人员的工作态度是什么？
_____

根据全文，选出正确的答案。把答案写在方框里。

27. 作者对自己做义工的经历总体感觉是什么？　　　□
    Ⓐ 觉得花了太多的时间　　Ⓒ 意义很大，感觉自豪
    Ⓑ 有意义，但是收获不大　Ⓓ 无所谓

28. 作者对西方养老院的整体认识是什么？　　　　　□
    Ⓐ 非常专业　　　　　　　Ⓒ 工作人员充满了爱心
    Ⓑ 有很多需要改进的地方　Ⓓ 让老人开心不易，工作人员缺乏耐心

课后练习 POST-LESSON ACTIVITIES

好词好句　从课文中找出好词好句，并写出对应的英文释义。

中文	英文
1. 回顾这些义工经历，让我学到了许多书本之外的东西，还有意外收获	
2. 做义工对英国人来说是闲暇消遣的一种方式，顺便结识志同道合的朋友。	
3.	

改写　根据课文内容，把课文改编成一个采访稿。

写一写　从下面的两道题目中，任选一题（300字以上）。

1. 假设你是本文的作者，请你写一篇文章，发表在当地的学生报纸上，谈谈你做义工的收获。
2. 你的好朋友即将来到英国上学，你极力推荐他/她在空闲时间参与当地的义工活动。请你给他/她写一封信，告诉他/她在英国做义工的情况，比如怎么参与义工活动，需要注意的事项等等。

高级课程 High Level

课文 TEXT 一窠八哥的谜 牛汉

❶ 小时候，我不会养鸟，却有探险和猎取神秘事物的野性。有一年的麦收季节，听说城墙上出现了一窠八哥，我在城墙下绕来绕去寻找。果然，听到了一丝很稚嫩而清脆的声音，似出壳不久的雏鸡的叫声。顺着细微的声音找去，终于望见了在高高城墙上的一孔洞穴里，四五张鲜红的小嘴正张着，像一束喇叭花悬挂在崖畔上，好看极了。我当下就想把它们掏下来。但壁立的城墙太高太陡，无法攀登。八哥的窠在城墙的上方，用梯子够不着，从城墙上用绳子缒下来一定可以掏着，但我不敢。我只能立在城墙跟前，仰起头望着那一窠神秘的八哥。

❷ 记得父亲曾对我说过，县城墙最早是隋(suí)朝时筑的土城，明朝时包的青砖。墙面上已经有一些砖朽烂成窟窿，我异想天开，想攀登上去掏这窠八哥。

全村的孩子中，我最会爬墙上树。我相信自己会手扣着脚登着那些孔洞往上攀登，总有一天能把这窠八哥掏到手。

我天天练攀登，苦练了一二十天，一天比一天攀登得高。小八哥的爹妈从天空嗖的一声回到窠里喂食，翅膀又黑又亮，在我眼前一闪而过，随后从窠里伸出头，朝下望着我，吱吱地叫，我知道它们在咒骂我。有几次，头发上落了雨点似的鸟粪，还有脏土。我心里明白，这是大八哥在对我进行反抗。

小八哥抖动着茸茸的羽毛，我闻到了奇异的鸟的气味，再往上攀登三五尺，就能够着八哥了。

❸ 一天清早，我来到城墙下，感到有点异样——没有听到小八哥的声息。前几天，我已听出小八哥的声音变得洪亮了起来，不再是嗷嗷待哺的

吱吱声，而是牙牙学语，很像在歌唱。八哥的歌，一定不同于鸽子那种柔媚而混浊的声音，更不是麻雀粗糙的吵叫，也不同于村里八音会上的任何一种乐器声。

整个城墙显得铁青铁青，千疮百孔，像死了一样。我顿然明白，八哥一家已经飞走了，已经移居到不可知的远方。

❹ 叫卖黄酒的小栽根告诉我，天亮前后，他看见有一朵黑亮的云彩，向滹沱河那个方向飞走了，那一定就是八哥一家。我伤心地扒在城墙上哭了半天。我知道小八哥还没长到该出飞的时候，它们如何在大鸟翅羽的扶托下逃到了远方，真是一个猜不透的谜。我为它们担忧。

我曾在村子上空看见成千上万只蜜蜂嗡嗡叫着，扶托着它们不会飞的蜂王，像金黄色的云朵从天空飞过，后来落在我家院子的老槐树下。父亲用涂了蜜的大笊篱，把抱成团儿的蜂小心地收了下来，于是我家有了一窠蜜蜂，养在西房的屋顶上。

我想，连那么小的蜜蜂都能扶托着蜂王飞，那窠小八哥一定能够让自己的父母扶托着飞走。但是我不大相信它们能飞得很远。我在村里村外到处寻找，没有发现八哥的踪影。它们究竟飞到什么地方？难道真的飞过了滹沱河，飞到了二十里以远的北山上？是的，一定飞到了那个郁郁葱葱的鸟的世界。

❺ 我这一辈子不会忘记这窠小八哥。而且直到现在也不明白：它们在大难临头的时候，如何能神奇地飞到了远方？

前几天，有个诗人听我讲述这个故事，沉思了一会儿，对我说："是小鸟自己飞的。在灾难面前，翅膀一下子就会长大长硬。"

我有点相信这个解释了。

真的，是小八哥自己飞走的。我怎么会想不到这一点？

(选自《向着太阳歌唱》)

生词 NEW WORDS

探险	tànxiǎn	explore
猎取	lièqǔ	hunt
神秘	shénmì	mysterious
野性	yěxìng	wild nature
窠	kē	nest
稚嫩	zhìnèn	young; infantile
雏鸡	chújī	newly hatched chick
悬挂	xuánguà	hang
掏	tāo	take out; scoop out
攀登	pāndēng	climb
缒	zhuì	let something or someone down with a rope
窟窿	kūlong	hole
一闪而过	yìshǎn érguò	flash across
咒骂	zhòumà	curse; swear
嗷嗷待哺	áo'áo dàibǔ	cry piteously and wait to be fed
柔媚	róumèi	gentle and lovely
混浊	hùnzhuó	muddy; turbid
粗糙	cūcāo	coarse; rough
千疮百孔	qiānchuāng bǎikǒng	scarred and battered; in a disastrous state
笊篱	zhàolí	a utensil with wide shallow wire-mesh basket with a long wooden-made handle
踪影	zōngyǐng	trace
郁郁葱葱	yùyù cōngcōng	luxuriant and green
大难临头	dànàn líntóu	faced with imminent disaster

语言点 LANGUAGE FOCUS

比喻

用有类似特点的事物给另一事物打比方的修辞手法,可分明喻、暗喻和借喻等。明喻就是本体和喻体都出现,中间用比喻词"像"、"似"、"仿佛"、"犹如"等联结,有时后面还有"似的"、"一样"等词语配合。暗喻指的是本体和喻体都出现,中间用喻词"是"、"成了"、"变成"等联结,有时暗喻也可以不用比喻词。借喻则是不出现本体,直接叙述喻体。

作用:使事物生动、形象具体可感,使语言文采斐然,富有很强的感染力,以此引发读者联想和想象。

练习:下面的句子中哪些是比喻句? 在方框里打勾[✓]。

1. 女儿长得像妈妈。 ☐
2. 无须挂画,门外有幅巨画——名叫自然。 ☐
3. 那封迟到的信,边缘已经磨损,好像烙熟了又蒸了几遭的馅饼。 ☐
4. 天好像要下雨了。 ☐
5. 忽如一夜春风来,千树万树梨花开。 ☐
6. 读了《城南旧事》,心里有一种忧愁的感觉,我仿佛又回到了那个难忘的童年。 ☐
7. 仰起头来朝西望,半空中挂着一条两尺来宽的白带子,随风摆动。 ☐

THEME 2 Experiences 体验

阅读理解 READING COMPREHENSION

根据❶，选出最适合左边句子的结尾。把答案写在方框里。

1. 小时候……　　　　　　　　　□
2. 我去城墙绕来绕去，……　　　□
3. 远处高墙上像喇叭花的东西……□
4. 我很想去抓小鸟，……　　　　□

- Ⓐ 是一个鸟巢。
- Ⓑ 是喜欢探险。
- Ⓒ 是为了找到传说中的八哥。
- Ⓓ 可是长着小嘴的小鸟太可爱了。
- Ⓔ 可是没有办法徒手爬上城墙。
- Ⓕ 寻找爬城墙的方法。
- Ⓖ 我没有养鸟。

根据❷，回答下面的问题。

5. 城墙有什么特色?
   _____

6. 作者为什么有自信可以掏到这窝八哥?
   _____

7. 作者为了去掏鸟窝做了什么?
   _____

8. 作者在攀爬的时候，遇到了什么事?
   _____

根据❸，完成下面的句子。

9. 作者觉得异样的原因是_____。
10. 小八哥的声音从_____变成了_____。
11. 八哥的叫声跟_____和_____的叫声不一样。

根据❹，完成下面的句子。

12. 黑亮的云彩指的是_____。
13. 作者伤心地扒在城墙上哭了半天的原因是_____。
14. 作者觉得八哥们飞到了葱葱世界是因为联想到了_____。

根据全文，回答下面的问题。

15. "一窠八哥的谜"主要指什么？对此可能的谜底有哪两个？

_____

_____

16. 在本文中，中作者对八哥的感情有什么变化？

_____

17. 文中❶，作者对小八哥作了哪些方面的描写？这些描写有什么作用？

_____

18. 以下句子表现了作者怎样的心情？

(i) 整个城墙显得铁青铁青，千疮百孔，像死了一样。

_____

(ii) 是的，一定飞到了那个郁郁葱葱的鸟的世界。

_____

听力 LISTENING

标准课程 Standard Level

你即将听到一个听力片段。请先阅读题目。你可以自由重复听力片段,在听力播放的过程中,可以随时回答问题或记下讯息。请用中文回答问题。注意自己掌握时间,听力练习时间总共有20分钟。

休闲活动充实自己

根据听力片段的内容,回答下面的问题。

1. 今天访问的主题是什么?
   _____

2. 对于学生们来说,休闲活动是什么?
   _____

3. 这期节目邀请了谁作为节目的嘉宾?
   _____

4. 根据主持人思佳,休闲活动有哪些好处?
   _____

5. 在这期节目结束以后,听众朋友们还可以参与什么活动?
   _____

根据听力片段的内容,选出五个正确的叙述。把答案写在方框里。

6. ☐
7. ☐
8. ☐
9. ☐
10. ☐

Ⓐ 李莉通常早上在学校操场跑步。
Ⓑ 李莉认为一个人就能完成的活动比较方便。
Ⓒ 林依依比较自律,能先完成作业再做休闲活动。
Ⓓ 林依依每天在家上网是为了跟朋友们聊天和写博客。
Ⓔ 刘俊成和哥哥的共同爱好是打羽毛球。
Ⓕ 罗佳认为看小说能提高学习,特别是写作的能力。
Ⓖ 当罗佳在无聊寂寞时看看小说,能改变她的心情。
Ⓗ 陈铭很喜欢踢足球,但是他父母觉得这个运动花费太多的时间。

你即将听到一个听力片段。请先阅读题目。你可以自由重复听力片段，在听力播放的过程中，可以随时回答问题或记下讯息。请用中文回答问题。注意自己掌握时间，听力练习时间总共有20分钟。

休闲滨江路

根据第一段的内容，选出正确的答案。把答案写在方框里。

1. 合江县城最好的休闲去处是……
   Ⓐ 滨江路　　Ⓑ 歌舞厅　　Ⓒ 全面健身广场　　Ⓓ 卡拉OK

2. 晚上滨江路非常忙碌，因为一边是人，另外一边是……
   Ⓐ 商店　　Ⓑ 长江　　Ⓒ 一条河　　Ⓓ 长江水流公司

3. 晚上江边上没有的活动是……
   Ⓐ 跳舞　　Ⓑ 打羽毛球　　Ⓒ 溜冰　　Ⓓ 划船

4. 关于江边的陀螺哪个是错的？
   Ⓐ 只有小孩玩　　Ⓑ 很大个　　Ⓒ 一边转一边发光　　Ⓓ 让大人乐此不疲

根据第二段的内容，回答下面的问题。

5. 作者觉得自己像什么？
   _____

6. 老人们在做什么？
   _____

7. 有的老板开车来做什么？
   _____

8. 什么像天上的星星？
   _____

9. 谁坐在石滩边？
   _____

根据第三段的内容，完成下面的句子。

10. 供游客坐下休息的是_____。

11. _____是年轻人的乐园。

根据第四段的内容，完成下面的句子。

12. 作者最敬佩的是_____，最年轻的都_____岁。

13. 他们每晚_____准时坚持自娱自乐，从不_____。

14. 人们一般_____就回家了，因为_____。

156　THEME 2 Experiences 体验

口语 SPEAKING

标准课程 Standard Level

从下面的两张图片中任选一张，进行口语测试(Internal Assessment)练习。具体步骤如下：

准备时间	从两张图中任选一张，准备你的个人陈述。只能做简单的笔记。	15分钟
第一部分：个人陈述	描述所选图片，并谈谈与之相关的主题和文化。	3–4分钟
第二部分：讨论图片	老师和学生针对学生的个人陈述进行讨论。	4–5分钟
第三部分：总体讨论	老师从其它的主题里选择至少一个主题，和学生进行讨论。	5–6分钟

［体验］下课后一定要多做课外活动　　　　［体验］户外骑车

1.
2.

高级课程 High Level

请阅读林清玄的《随风吹笛》，从中选出不超过360字的段落，和你的老师讨论。具体步骤如下：

准备时间	从两段文学作品的摘要中选出一篇，准备个人陈述，可以做简单的笔记。	20分钟
第一部分：个人陈述	描述所选摘要所包含的事件、想法和信息等等。	3–4分钟
第二部分：讨论作品	老师和学生针对学生的个人陈述进行讨论。	4–5分钟
第三部分：总体讨论	老师从其它的主题里选择至少一个主题，和学生进行讨论。	5–6分钟

阅读 READING

标准课程 Standard Level

暑期工,经验"险"中求?

① 8月17日8点,其他同学们还在睡梦中,21岁的小林却【-1-】来到宁德某快餐厅上班,开始她一天的工作。小林【-2-】蕉城区一偏远山村,是宁德一所高校的大一学生。她的父母都住在农村,家里的主要经济来源【-3-】茶叶收入,家庭年收入不到4万元人民币。"我读初二那年开始打暑假工,【-4-】坚持【-5-】现在,就是【-6-】减轻父母的经济负担,增加家里的收入。"小林说。

② 家住蕉城市区的大三学生廖小华,暑假在宁德某广告公司选择了一个实习岗位,主要任务是负责电话营销和上门营销。他坦言,学了书上的知识,需要在实际中运用、检验,否则只是在"纸上谈兵"。所以他希望自己能早点在有关工作单位实习,锻炼自己的能力,为以后找工作打下基础。

③ 赚钱、积累经验,是当下大学生加入暑期"打工一族"的主要出发点。但是,一些大学生在找暑期工时,自我保护意识较为淡薄,很少有人主动提出与用人单位签订劳动合同或劳动协议。而即使学生们提出签约要求,也往往会被用人单位拒绝,或直接导致学生们失去工作机会。一些用人单位表示,有了合同就有了责任,就要兑现承诺,暑期工最多做两个月,一签合同成本就高了。

④ 然而,劳动保障专家的意见是,在没合同或协议的情况下,大学生们的权益保障存在风险。所以,他们对寻求暑期工经验的学生的建议如下:

首先,寻职时最好与用人单位签订合同或协议,约定相关条款,尤其是要仔细看工作时间、薪酬待遇等条款。即便没合同,也要注意保留能证明与用人单位或雇主发生劳动关系的凭证。

其次,如果是通过社会上的一些中介,比如职业介绍机构找工作,一定要看清职业介绍机构有无经营许可证、工作人员有无职业资格证书。

再次,发现雇用劳动方有侵权、违约、强迫打工者从事违法行为时,应该立即找律师等专业人员咨询,或向劳动监察部门投诉,以保证合法权益不受侵害。如果权益纠纷得不到妥善解决,也可根据案件具体情况,向当地劳动仲裁机构提请仲裁,或向法院提出诉讼。

根据❶，从下面提供的词汇中，选出合适的词填空。

来自　　为了　　已经　　就是　　不少　　于　　一直　　但是　　到

1. 【–1–】 _____
2. 【–2–】 _____
3. 【–3–】 _____
4. 【–4–】 _____
5. 【–5–】 _____
6. 【–6–】 _____

根据❷，回答下面的问题。

7. 廖小华暑假在哪里打暑期工？　　_____

8. 廖小华的工作是什么？　　_____

9. 廖小华为什么要在有关工作单位实习？
   _____

根据❸，判断下面叙述的对错，在方框里打勾[✓]，并以文章内容说明理由。两个部分都答对才能得分。

　　　　　　　　　　　　　　　　　　　　　　　　　　　　　　　　　　对　　错

10. 赚钱是当下大学生加入暑期"打工一族"的唯一出发点。　　☐　☐
    理由：_____

11. 很多大学生在打工时，自我保护意识差，不和用人单位签订合同。　　☐　☐
    理由：_____

12. 一些用人单位会因为学生要求签约，而拒绝让学生实习。　　☐　☐
    理由：_____

13. 工作单位不想跟学生签合同的主要原因是，签约时要办理各种手续很麻烦。　　☐　☐
    理由：_____

根据❹，选出正确的答案。把答案写在方框里。

14. 签订工作合同或者协议时，需要重点看哪个条款？　　☐
    Ⓐ 工作职称　　Ⓑ 工作时间　　Ⓒ 工作伙伴　　Ⓓ 工作地点

15. 如果通过中介找工作,你需要注意些什么?
    - Ⓐ 中介的收费
    - Ⓑ 中介的地址
    - Ⓒ 中介的名气
    - Ⓓ 中介工作人员的资格

16. 一旦雇主侵权,你<u>不应该</u>怎么做?
    - Ⓐ 考虑提出诉讼
    - Ⓑ 找律师等专业人员咨询
    - Ⓒ 找雇主理论
    - Ⓓ 向劳动监察部门投诉

高级课程 High Level

月光如泪

❶ 二胡是一种很奇妙的乐器。它的结构和小提琴差不多。琴筒相当于小提琴的琴身,琴杆相当于小提琴的琴颈;二胡两根弦,小提琴四根弦;琴马、弦轴、形状不同,功能相仿;弓的造型虽异,可用的都是马尾。两者发声的原理,也是一样的。弓弦摩擦出声,再经琴身共鸣,奏出千变万化的曲调。所以有西方人说,二胡是"东方的小提琴"。其实,这话有所偏颇。

❷ 小提琴据说是由东方弦乐器在西方长期演变而成,到15世纪末才逐渐定型。二胡,最初并不是汉民族的乐器,而是来自西北民族,所以称"胡琴"。然而在西方的小提琴成形之前,中国人早就在拉胡琴了。宋人沈括在《梦溪笔谈》中有"马尾胡琴随汉车"这样的诗句,那时是公元11世纪。所以,我们也可以说,小提琴是"西方的二胡"。这当然是说笑而已。

❸ 我以为,用二胡拉悲曲远胜于欢歌。很久以前,我听过瞎子阿炳用二胡拉《二泉映月》的录音,这是世上最动人的音乐之一。单纯的声音,缓慢悠扬的旋律,带着些许沙哑,在冥冥中曲折地流淌。说它是映照着月光的泉水,并不勉强。然而乐曲决不是简单地描绘自然,这是从一颗孤独寂寞的心灵中流淌出来的声音,是历尽了人间悲苦沧桑后发出的深长叹息,这是用泪水拉出的心曲。听着这样的音乐,我的心灵无法不随之颤抖。

❹ 后来,我听到小泽征尔指挥庞大的波士顿交响乐团演奏《二泉映月》。阿炳的二胡独奏,变成了许多小提琴的合奏。在交响乐团奏出的丰富的旋律中,我眼前出现的仍是映照着月光的二泉,仍是阿炳孤独的身影。他黑暗的视野中看不到泉水,也看不到月光,然而谁能阻止他向世界敞开一个音乐家的多情胸怀?谁能改变他倾诉苍凉心境的美妙语言?我看到,站在指挥席上的小泽征尔,深深沉醉在《二泉映月》的旋律中,他的眼睛里闪烁着晶莹的泪光……

❺ 十多年前，在旧金山一条人迹稀少的街道上，一阵二胡琴声从远处飘来，拉的正是《二泉映月》。在异国他乡，一位流浪的中年中国男人，正低着头，沉浸在自己的琴声里。我远远地看着他，不忍心走到他身边，然而琴声还是一声声扣动了我的心弦。听了无数次《二泉映月》，在旧金山街头，是我听得最伤感的一次。

根据❶，选出对二胡和小提琴的正确描述。把答案写在方框里。

1. 二胡的琴筒……　☐
2. 二胡的琴杆……　☐
3. 二胡的琴弦……　☐
4. 二胡的弓……　☐
5. 二胡的发音原理……　☐

Ⓐ 与小提琴基本上一致。
Ⓑ 是用马尾做的。
Ⓒ 相当于小提琴的琴身。
Ⓓ 虽然只有两根，但可以奏出千变万化的曲调。
Ⓔ 跟小提琴的琴颈有一样的功能。

根据❷，选出三个正确的叙述。把答案写在方框里。

6. ☐
7. ☐
8. ☐

Ⓐ 十五世纪前，小提琴基本上跟东方的弦乐器区别不大。
Ⓑ 二胡是汉民族特有的乐器。
Ⓒ 二胡也叫胡琴，因为来自西北民族。
Ⓓ 早在宋代的一本书就有提到二胡。
Ⓔ 二胡比小提琴要早两百年出现。
Ⓕ 小提琴是西方的二胡。

根据❸，回答下面的问题。

9. 为什么说阿炳用二胡演奏的《二泉映月》，是世上最动听的音乐之一？

10. 作者听着《二泉映月》有什么感觉？

根据❹，回答下面的问题。

11. 小泽征尔指挥的波士顿交响乐团演奏《二泉映月》有什么特色？

12. 作者在听交响乐演奏《二泉映月》的时候，脑子里想的是什么？
    _____

13. 人们常说"音乐是人类共同的语言"，哪个语句可以印证这一说法？
    _____

根据 ❺，回答下面的问题。

14. 作者为什么不忍心走近拉琴人？
    _____

15. 作者听到了《二泉映月》的反应是什么？
    _____

根据全文，完成下面的句子。

16. 二胡是一种很奇妙的乐器，它的奇妙在于：
    (i) _____ (ii) _____

17. 说小提琴是"西方的二胡"的原因是：
    (i) _____ (ii) _____

写作 WRITING

标准课程 Standard Level 从下面的题目中任选一题作答。字数为300-480之间。

1. 你去英国做一个月的交流学生，寄宿在当地一位英国人的家里。这位寄宿家庭有一个很大的花园，他们在花园的温室里种了各种各样的水果。那位英国老奶奶一有空就在花园里拔草、浇水、整理。你觉得这非常新奇。请从下面的文本类型中选择一个，谈谈你的所见所闻，和自己的想法。

   ◆ 演讲　◆ 电邮　◆ 日记

2. 你的学校组织了一个义工周。所有的学生都需要自己联系一个义工项目，然后在那里帮忙一个星期。然而有不少学生不怎么想去，觉得这是在浪费时间，还不如在学校学习好。你是义工周的倡导者，请从下面的文本类型中选择一个，说服同学们积极参加这项义工周活动。

   ◆ 信　◆ 日记　◆ 演讲

3. 你从小就对玩乐高积木感兴趣。进入中学以后，你便申请组织了一个乐高兴趣小组。在短短的几个月，你的兴趣小组从最初的六位成员增加到三十二位成员。所以你将组织一个玩乐高积木的全校性比赛。请从下面的文本类型中选择一个，向同学们介绍你组织的这次比赛。

   ◆ 演讲　◆ 海报　◆ 博客

高级课程 High Level 从下面的题目中任选一题作答。字数为540-720之间。

1. 你从小就有很多爱好，比如集邮、运动、露营等。然而到了高中，你的父母觉得你爱好太多，影响了学习。他们认为高中应该是全身心投入学习的关键阶段。今天，你的父母又因为你报名参加了观鸟俱乐部而批评了你，请从下面的文本类型中选择一个，谈谈你的感受和想法。

   ◆ 博客　◆ 文章　◆ 日记

2. 你所在的社区计划举办一个盛大的游园会。游园会的项目丰富多彩，兼顾了各个不同年龄段的需求。你是这个游园会负责宣传的人员，请从下面的文本类型中选择一个，向社区的居民介绍这个游园会，并且邀请他们前来积极参加。

   ◆ 海报　◆ 文章　◆ 博客

3. 最近一种新的休闲活动非常流行，这是一项用科技产品在虚拟世界与别人交流和竞争的游戏。你周围的好朋友都乐此不彼。昨天你也尝试了一下，感觉很新鲜，也很有意思。请从下面的文本类型中选择一个，谈谈你参与的经历和感受。

   ◆ 博客　◆ 海报　◆ 日记

假日和旅行
HOLIDAYS AND TRAVEL

THEME 2 UNIT 2

标准课程 Standard Level

课文一 TEXT 1

国庆长假出国游

"世界这么大,值得去看看"。在黄金周(中国国庆长假)里,旅游自然是热门选择。

❶ 举家出游其乐融融

小可爱爸爸:"这是我们计划了很久的一次旅游。小可爱在这之前没有出过境,所以特别兴奋。这次出行就是想带她一起出去玩,增长见识,并感受一下外国的风土人情。"六岁半的小可爱:"我一直在倒数日子,都等不及了。"小可爱妈妈:"我们在精挑细选之后选择了这个团,就是因为这个团的品质还是可以的,朋友圈的推荐也不少。我们都很期待。"

❷ 品味当地美食,体验风俗民情

泰国团友杨小姐:"这是我第一次去泰国也是第一次出国。我就是想去逛一下,尝尝当地的食物,拍些美丽的照片。"

旅客小马:"好久没有和家人一起旅游了,现在想趁这个机会看看泰国的古巷,还有骑大象之类的表演。当然也会吃东炎汤(冬阴功汤)、榴梿那些当地美食,感受一下热带地区的热情。"

导游:"不像欧洲团,泰国线、韩国线都是很受欢迎的线路,人数也随之年年上涨。比如说今天就有五个团队出发。"

❸ 东南亚最受欢迎

市民乐先生:"我不会为了购物而出国,虽然我有可能暂时先去东南亚,但那是因为我觉得那里离我们比较近,另外一个原因是那里比较有异国风情。此外,消费也不是特别高,过去体验一下也挺好。"

市民王先生:"我可能会去周边国家旅游,像泰国、缅甸、日本。因为近嘛。拖家带口的走得太远不方便,而去东南亚就能说走就走。"

生词 NEW WORDS

热门选择	rèmén xuǎnzé	popular choice
出境	chūjìng	leave a country or region
兴奋	xīngfèn	excited
增长见识	zēngzhǎng jiànshi	gain knowledge
倒数日子	dàoshǔ rìzi	counting down the day
精挑细选	jīngtiāo xìxuǎn	carefully select
朋友圈	péngyǒu quān	circle of friends in social media
推荐	tuījiàn	recommend
期待	qīdài	look forward to
当地美食	dāngdì měishí	local delicacies
风俗民情	fēngsú mínqíng	customs and cultures
热带地区	rèdài dìqū	tropical area
受欢迎	shòu huānyíng	popular; well-received
暂时	zànshí	temporary
异国风情	yìguó fēngqíng	exotic conditions and customs in a foreign country
此外	cǐwài	furthermore
消费	xiāofèi	spending
拖家带口	tuōjiā dàikǒu	bring the whole family

语言点 LANGUAGE FOCUS

1. **在……之前** zài...zhīqián   before...
   This construction is used to indicate something happens <u>before</u> a particular date, time or event.
   例:妈妈总是叮嘱我,在吃饭之前不能吃零食。

2. **在……之后** zài...zhīhòu   after...
   This construction is used to indicate something happens <u>after</u> a particular date, time or event.
   例:男生都喜欢玩网络游戏,但必须在完成作业之后再上网。

句型练习

1. 安娜打算 _____ 高中毕业 _____ ,去世界各地走一走,看一看。
2. _____ 每天睡觉 _____ ,乔治都要先复习一下当天学过的内容。

课堂活动 CLASSROOM ACTIVITIES

角色扮演：学生分组，选择课文中的三组人物之一，进行角色扮演。

小组讨论：分组讨论如果你有一个月的时间，你会想去哪里旅行，并说明原因。

旅行介绍：教师把教室的四个角落根据以下四个地域分组：大洋洲、亚洲、非洲和欧洲。学生们站在自己选择要去旅游的洲，并组织成一个旅行社，向其他学生们介绍去自己这个洲旅游的项目。

课堂辩论：以"旅游就应该去周边国家而不是去另一个大陆。"为题，组织学生进行辩论。

阅读理解 READING COMPREHENSION

根据❶，判断下面叙述的对错，在方框里打勾[✓]，并以文章内容说明理由。两个部分都答对才能得分。

                                                                                            对   错

1. 小可爱常常跟爸妈出国旅游，但没有去过泰国。

    理由：_____

2. 小可爱很希望早点去旅游。

    理由：_____

3. 小可爱的妈妈在选择这个旅游团时，参考了朋友们的意见。

    理由：_____

根据❷，完成下面的句子。

4. 杨小姐去泰国希望可以逛街、_____以及_____。

5. 小马想在泰国尝试_____、_____以及_____。

6. 导游认为，去泰国团的人会_____。

根据❸，选出正确的答案。把答案写在方框里。

7. 以下哪一项不是乐先生想去东南亚旅游的原因？
   Ⓐ 体验当地风情   Ⓑ 费用低   Ⓒ 距离不远   Ⓓ 购物

8. 王先生不会去哪些国家旅游？
   Ⓐ 韩国   Ⓑ 泰国   Ⓒ 缅甸   Ⓓ 日本

THEME 2 Experiences 体验

课后练习 POST-LESSON ACTIVITIES

好词好句 从课文中找出好词好句,并写出对应的英文释义。

中文	英文
1. 感受一下外国的风土人情	
2. 去东南亚就能说走就走	
3.	

写一写 从下面的两道题目中,任选一题。

1. 根据课文,罗列出在假期出国旅游的好处。
2. 把课文改编成旅行社的旅游海报,宣传黄金周旅游项目。

课文二 TEXT 2

让孩子在旅游中开阔眼界

❶ 我常听人说,对孩子们来说,没有比旅游更好的学习机会了。在旅行中,因为脱离了自己所熟悉的环境,人们更容易客观地反观自身,并且还可以理解其他的人和文化。不仅如此,在旅游中往往需要面对新的困难,这样孩子解决问题的能力可以自然而然地得到了锻炼,独立意识也得到了强化。

❷ 所以儿子小时候,我不是把他送到乡下的亲戚家去待几天,就是让他参加海洋夏令营。乡下亲戚家的厕所极其简陋,刚去时儿子很不习惯。几天下来,他也不去厕所,直到忍得脸蛋发黄不得不去。可是几天后,他的脸就晒得黝黑。他学会了光着脚去河里抓鱼,完全变成了一个乡下孩子。参加海洋夏令营时,他就会去海边待上三五天。在那里扎

Unit 2 Holidays and Travel 假日和旅行

营，自己动手做饭吃，有时还会进行极限训练。虽然曾经因为中暑而受了不少苦，但是他却因此交到了一些很好的朋友，也变得更加独立。

❸ 除此之外，每到周末，我们全家人都会去钓鱼。有时，我们还会去一些文化遗迹丰富的地方进行短途的旅行。通过旅游，儿子认识到自然的奇妙，也更加热爱自然。不仅如此，我还送他去海外旅行。当时，送孩子去海外旅行的家长并不多，因为这需要一些特别的准备。更重要的是，孩子必须放弃学校的假期补习课。听到老师说如果不上这些补习课，那么开学后的考试对儿子会很不利时，这确实让我很苦闷。但是一想到海外旅行是实现儿子梦想的必要环节时，我就果断地下定决心送他去，结果令人十分满意。

❹ 儿子去留学后，也去其它很多国家旅游。儿子的很多朋友都来自其它国家。所以每逢放假，儿子就会和他们一起回家，去体验各国的文化。儿子说，他去过东欧和东南亚的几个国家。在那里，他不仅玩得愉快，而且交了很多新朋友，还学习了不同的语言。从儿子上小学六年级到出国留学前，我一共四次送他去海外旅行。然而在送他出国旅行的前三四年，我就开始了非常周全的准备。

❺ 去哪个国家最好、怎样安排旅游、儿子特别关心的领域和国家有哪些、跟旅行社出去的话应该怎样安排日程、怎样筹集经费……所有能够参考的报纸以及书籍等，我都仔细阅读。看到所需要的内容，我一定会记下来。大多数时候，我让儿子跟团出国旅行。虽然父母一起去会更好一些，但是当时家庭经济状况却不允许这么做，所以只能让孩子自己一个人去。

生词 NEW WORDS

客观	kèguān	objective
独立	dúlì	independent
亲戚	qīnqi	relative
极其	jíqí	extremely
简陋	jiǎnlòu	simple and crude
极限训练	jíxiàn xùnliàn	extreme training
中暑	zhòngshǔ	suffer a heat stroke
除此之外	chúcǐ zhīwài	apart from this; in addition

文化遗迹	wénhuà yíjì	cultural relics
热爱自然	rè'ài zìrán	love nature
环节	huánjié	link; aspect
果断	guǒduàn	decisive
周全	zhōuquán	comprehensive
领域	lǐngyù	field; domain
筹集	chóují	raise (money)
经济状况	jīngjì zhuàngkuàng	financial situation

语言点 LANGUAGE FOCUS

1. 更重要的是 gèng zhòngyaò de shì   more importantly
   This construction is used to emphasize a more important point.
   例：学习成绩固然重要，但更重要的是一个学生的性格和习惯。

2. 大多数时候 dàduōshù shíhou   in most circumstances
   This phrase indicates that something happens many times.
   例：赵亮在这次考试中没有发挥好，其实他在大多数时候成绩都很不错。

句型练习

1. 虽然今天小弟弟有点闹，但 _____ 他是一个乖孩子。
2. 家不止是让你休息睡觉的地方，_____ 家人带给你的温暖。

课堂活动 CLASSROOM ACTIVITIES

热身活动：事先准备好一些有名的旅游城市/地方做成卡片，让每个学生抽一个，然后用"如果我有钱也有时间，我想去_____旅游"接龙。
（卡片中的城市/地方）

小组讨论：分组讨论以下问题。

1. 孩子几岁可以出国旅游？
2. 旅游有哪些好处？
3. 在旅行时需要注意些什么？需要准备什么东西？

角色扮演：学生三人一组，一位扮演记者，另外两位扮演不同的家长。家长一赞成送孩子出国旅游，家长二不赞成送孩子出国旅游。记者采访两位家长送孩子出国旅游的看法和原因。

阅读理解 READING COMPREHENSION

根据 ，回答下面的问题。

1. 作者认为什么是孩子们最好的学习机会？
   _____

2. 为什么人们在旅行中会更容易客观地反省自己？
   _____

3. 请写出孩子们在旅游中可能获得的两个收获。

   (i) _____ (ii) _____

根据❷，完成下面的句子。

4. 在农村呆了几天以后，儿子的变化是：

   (i) _____ (ii) _____

5. 在夏令营的时候，儿子住在_____。

6. 夏令营的三餐是需要_____。

7. 在夏令营的时候，儿子曾因为天气太热而_____。

8. 参加夏令营给儿子带来的收获有：

   (i) _____ (ii) _____

根据❸，选出最适合左边句子的结尾。把答案写在方框里。

9. 到了周末，作者一家人…… ☐
10. 当要去短途的旅行，作者…… ☐
11. 旅游让儿子…… ☐
12. 假期去海外旅游的学生不多，因为…… ☐
13. 作者认为送儿子去海外旅行…… ☐

Ⓐ 更加热爱自然。
Ⓑ 花费很大。
Ⓒ 常常去钓鱼。
Ⓓ 能帮助他实现梦想。
Ⓔ 到处都是旅游的人。
Ⓕ 会选文化遗迹多的地方。
Ⓖ 需要放弃补习课。
Ⓗ 家长没有钱。

根据❹，选出正确的答案。把答案写在方框里。

14. 第二行"逢"的意思是…… ☐
    Ⓐ 到了 Ⓑ 看见 Ⓒ 帐篷 Ⓓ 盼望

15. 放假时，儿子会跟朋友们一起去…… ☐
    Ⓐ 朋友的家 Ⓑ 踢足球 Ⓒ 酒吧 Ⓓ 留学

16. 儿子去东欧和东南亚旅行的经历不包括：…… ☐
    Ⓐ 交到很多新朋友   Ⓒ 打工赚旅费
    Ⓑ 学习不同的语言   Ⓓ 玩得很愉快

17. 儿子在留学前已经出国旅行过…… ☐
    Ⓐ 三次 Ⓑ 六次 Ⓒ 四次 Ⓓ 十次

根据❹，判断下面叙述的对错，在方框里打勾[✓]，并以文章内容说明理由。两个部分都答对才能得分。

　　　　　　　　　　　　　　　　　　　　　　　　　　　　　　　　　　对　　错

18. 作者在送儿子出国旅行时，会碰到费用不足的问题。　　　　□　　□

　　理由：_____

19. 作者鼓励儿子和朋友们一起出国旅行。　　　　　　　　　　□　　□

　　理由：_____

20. 为了锻炼儿子的独立性，作者认为让儿子独自出国旅行会更好。□　　□

　　理由：_____

课后练习　POST-LESSON ACTIVITIES

好词好句　从课文中找出好词好句，并写出对应的英文释义。

中文	英文
1. 没有比旅游更好的学习机会了	
2. 脱离了自己所熟悉的环境	
3.	

写博客　在学习了这篇课文后，写一篇博客，谈谈你对出国旅游的看法。

制作海报　今年暑假你在一个旅游社实习。你接手了一个新的旅游项目，需要制作一份海报，向潜在的客户们推销这个项目。

课文三 TEXT 3

blog.sina.com.cn

新式旅游日记

❶ 旅行中会发生很多有意思的事、感动的事、难忘的事。那么不必拘泥于行程或地点，形式的拼贴和画画便是一种旅行日记。其实，用画画加文字可以让旅行日记变得更生动。那么，旅行日记要写些什么？对于这个问题，每个人都有自己不同的感悟。对我来说，就是记录值得记录的事。

❷ 欧洲的旅行日记没有完全整理完，只好先挑了几张来作为例子。这次法国行中住的旅馆，房间非常小，床非常奇葩，是一个大床加高低铺的三人间，于是就把它画下来了。去滑铁卢古战场的时候不巧碰上狂风暴雨，就没敢把照相机拿出来，只好用画画来记录。刚好看见广告纸上有只狮子的头，就把它剪下来并简单画了画，表示那个狮的雕像。因为这次出去没带彩笔之类的，就只能用黑白简单地画了画，至于旁边的文字，只是简单描述了在暴风雨中伞差点被吹断，大家艰难地爬上去的过程。虽然到了狮子顶后大家都全身湿透，大腿发抖，但却是一件很难忘的趣事。

❸ 其实，门票车票也可以贴在旅行日记上，同时也可以考虑许多博物馆等经典景点的宣传彩页。这些都可以剪一剪贴在本子上，然后把在这个景点和博物馆的见闻记录在旁边，这样就可以一目了然。因为我是用活页本的，所以偶尔也会直接把地图、彩页、明信片等等，用打孔机打了洞之后夹在本子里，作为留念。如果想把旅行日记做得更完美，可以把旅行中漂亮的照片整理一下，打印出来，剪贴到本子上。

❹ 笑笑的旅行手帐也可以说是大名鼎鼎吧，记得她的旅行日记上曾在网上疯转过一阵子。非常干净漂亮的旅行日记。旅行日记里的明信片购

于挪威国家画廊,地图和景点介绍都是从奥斯陆旅游局的宣传手册上剪下来的。当然还少不了票据贴,比如奥斯陆中央车站的日戳。

❺ 旅行日记就是"酱紫"啦,很自由。不需要把去过的每个地方和每件事都记录下来,只需记下有意思的、感动的、想吐槽的事,用几张图配点文字,立马就会让旅行日记生动起来。旅行日记还是非常值得一读的,有许多独特的观察与视角。

生词 NEW WORDS

拘泥	jūnì	rigidly adhere to	一目了然	yímù liǎorán	clear at a glance
拼贴	pīntiē	collage	大名鼎鼎	dàmíng dǐngdǐng	very famous
旅行日记	lǚxíng rìjì	travel journal	吐槽	tǔcáo	to ridicule
感悟	gǎnwù	thought; inspiration	立马	lìmǎ	immediately
记录	jìlù	record	值得一读	zhídé yì dú	worth reading
狂风暴雨	kuángfēng bàoyǔ	violent storms	视角	shìjiǎo	point of view

语言点 LANGUAGE FOCUS

1. 不必 búbì need not; do not have to
   This adverb expresses something that is not needed.
   例:我们是多年的老朋友了,就不必这么客气了。

2. 不巧 bùqiǎo unfortunately
   This adverb expresses an unfortunate event.
   例:今天学校开运动会,不巧碰上了雷阵雨。

句型练习:

1. 为了这件急事我匆匆地赶到他家,☐☐☐☐☐他刚刚出去了。
2. 刘刚觉得自己已经十七岁了,☐☐☐☐☐麻烦爸妈每次都去车站接他。

课堂活动 CLASSROOM ACTIVITIES

热身活动： 老师向学生们介绍自己所收集的旅游景点介绍宣传册和门票等，让学生们根据真实材料，进行简单描述。

小组讨论： 分组讨论以下问题。

1. 在旅行的时候，可以搜集哪些东西？
2. 旅行日记可以记录些什么？
3. 怎么可以让旅行日记看起来更加生动有趣？
4. 你会怎么说服你的好朋友写旅行日记？

上网搜索： 学生上网搜索一篇自己认为写得很精彩的旅游日记，并在全班分享。

阅读理解 READING COMPREHENSION

根据❶，选出正确的答案。把答案写在方框里。

1. 第二行"拘泥"的意思是什么？
   Ⓐ 拘束　Ⓑ 拖泥带水　Ⓒ 拘留　Ⓓ 管理

2. 用什么可以让旅行日记变得生动？
   Ⓐ 生动的文字　Ⓑ 漂亮的插图　Ⓒ 精妙的构思　Ⓓ 文字配画画

3. 作者认为旅行日记需要记录什么？
   Ⓐ 感悟　Ⓑ 天气和食物　Ⓒ 值得记录的事　Ⓓ 美丽的景观

根据❷，回答下面的问题。

4. 作者在滑铁卢古战场为什么没有照相？ _____

5. 为什么日记里狮子是黑白的？ _____

6. 黑白图画旁边的文字记录了什么？
   _____

根据❸，判断下面叙述的对错，在方框里打勾[✓]，并以文章内容说明理由。两个部分都答对才能得分。

　　　　　　　　　　　　　　　　　　　　　　　　　　　　　　　　　对　错

7. 拼贴的时候，只可以贴门票和车票，因为这才有纪念意义。　☐　☐

   理由：_____

8. 一旦有了经典景点的宣传彩页，即使不再做任何记录也能一目了然。　☐　☐

   理由：_____

174　THEME 2 Experiences 体验

9. 如果用活页本就可以不用粘贴，而直接把地图、彩页等用打孔机打洞了后夹在本子里。　□ □

　　理由：＿＿＿＿＿＿＿＿＿＿＿＿＿＿＿＿＿＿＿＿＿＿

根据❹，从下面提供的词汇中，选出合适的词填空。

素材　　宣传册　　有名　　画廊　　博物馆　　转载　　贴纸

10. 笑笑的旅行手帐也可以说非常＿＿＿＿＿＿。

11. 她的日记曾在网上＿＿＿＿＿＿。

12. 她的明信片是从＿＿＿＿＿＿购买的。

根据❺，选出最适合左边句子的结尾。把答案写在方框里。

13. 记旅行日记的时候，……　□
14. 旅行日记可以用来……　□
15. 图文搭配会……　□
16. 旅行日记值得一读，因为……　□

Ⓐ 要把每个去过的地方都纪录下来。
Ⓑ 让旅行日记更生动。
Ⓒ 吸引更多读者。
Ⓓ 批评旅行中看到的不好的事。
Ⓔ 记下有意思，让人感动和难忘的事。
Ⓕ 不用拘泥于形式。
Ⓖ 有许多独特的观察与视角。

课后练习　POST-LESSON ACTIVITIES

好词好句　从课文中找出好词好句，并写出对应的英文释义。

中文	英文
1. 有许多独特的观察与视角	
2. 笑笑的旅行手帐也可以说是大名鼎鼎	
3.	

写旅行日记　用你收集的旅游景点门票等做一篇吸引人的旅行日记，然后在班上分享。

写电邮　写一封电邮给你的朋友，告诉他/她写旅行日记的好处，并且给出一些关于写旅游日记的建议。

高级课程 High Level

课文 TEXT

旅行的意义

❶ 有时候，蓦然之间，就是想开始一段简简单单的旅行，不用多远，也不用多久，一个人，一只包，一条路，一段旅程，一种心情，没有任何束缚，亦没有丝毫羁绊。

也许旅行的意义并不在于你在沿途中看了多少风景，也不在于你是否到达了预期的目的地，而是在于你旅行中的那种心境的变化和丰富的经历。

我想旅行对我们永恒的诱惑就是：不能停留，没有终点。而那些我们曾经到达过的地方，也许在当时是我们心中最美的风景，但有时内心深处却有另一种声音告诉自己，也许下个地方会让我们死心塌地地停下。因为前方的路永远充满了未知与挑战。

❷ 人生是一场没有终结的旅行。人一生下来便不停地向前奔跑，和时间赛跑，和自己赛跑。无意识中便将生命和时间稀里哗啦地丢了一路，就像一条脱线的项链，沿途失掉一颗颗现实的感受，这些感受只有到老年才会发现它们是闪光的珍珠。那时才懂得经历的才是真实的，拥有的才是自己的，把它们点缀在心空，融解于生活。

❸ 当旅行成为一种流浪，我们便把生活看成是一种生命的真实。记得余秋雨曾经说过：流浪是一种告别，告别的原因，有的付诸言表，有的则难以言表，真正的流浪大多属于后者，被迫言表，只是搪塞。我想：就这样一直简单地流浪，这也是一种生活的方式与状态吧！其中的寂静欢喜，安然于心，会让人很惬意。

❹ 有时候我们总向往那种结伴而行的旅行，一路花开，一路欢歌，这样在旅途中就不会感到孤寂。但或许一个人的旅行，更能让我们学会成长。有人说寂寞是心灵的慎独，女孩因优秀而寂寞，男孩因寂寞而优秀。当你一个人背着旅行包，踏着坚实的脚步，走向未知的远方时，也许我们会触景生情，也许我们会黯然神伤，但这些也许是生命的必然。当你度过了这段所谓艰辛的旅程，你也许会突然顿悟：原来一切已注定，而在不经意间学会成长，学会坚强。就像茶叶，如果没有水的浸泡，它只能蜷缩一隅。而我们如果没有命运的冲刷，人生只会索然寡味。那就把一个人的旅行当作一次灵魂的释然与自我心灵的对话。那时我们就能坦然接受前行路上的风雨跋涉。

❺ 旅行的意义，从来都是由心而定。我不奢求也不渴望能在人生的旅程中观赏多少名胜，多少古迹，只希望有一条路能在脚下延伸。即使眼前是漫无边际的田野，我依然能微笑着陌上花开……

生词 NEW WORDS

蓦然之间	mòrán zhījiān	suddenly
束缚	shùfù	constraint
丝毫	sīháo	a bit; the slightest degree
羁绊	jībàn	restraint; hinderance
心境	xīnjìng	state of mind; mood
永恒	yǒnghéng	eternal
诱惑	yòuhuò	temptation
死心塌地	sǐxīn tādì	dead set
点缀	diǎnzhuì	embellish
流浪	liúlàng	roam about; lead a vagrant life
付诸	fùzhū	carry out
搪塞	tángsè	do something perfunctorily
寂静	jìjìng	silence
惬意	qièyì	be pleased
慎独	shèndú	be blameless in one's private life
触景生情	chùjǐng shēngqíng	the sight strikes a chord in one's heart
黯然神伤	ànrán shénshāng	feel dejected
顿悟	dùnwù	sudden enlightenment
蜷缩一隅	quánsuō yīyú	cuddle up in one corner
索然寡味	suǒrán guǎwèi	dull and insipid
奢求	shēqiú	make unreasonable demands

语言点 LANGUAGE FOCUS

比拟

比拟是把一个事物当作另外一个事物来描述、说明。比拟的辞格是将人比作物、将物比做人，或将甲物化为乙物，分为拟人和拟物两类。

作用：运用这种辞格能收到特有的修辞效果：或增添特有的情味，或把事物写得神形毕现，栩栩如生，抒发爱憎分明的感情。

拟人：把物当作人来写，赋予物以人的动作行为或思想感情，叫拟人。

1. 疯狂的火魔带着嘲讽的狞笑，气势汹汹地步步紧逼。
2. 一边是平静的湖水，迎着斜风细雨，懒洋洋只是欲步不前。
3. 顽皮的雨滴最爱在雨伞上尽情地跳舞。

拟物：把人当物来写，或把甲物当乙物来写。

1. 他跑的像兔子一样快，妈妈追不上他。
2. 他骄傲自满，尾巴翘上天了。
3. 他确乎有点像一橡树，坚壮、沉默，而又有生气。

练习：请写出两个比拟句子。

1. 拟人句：＿＿＿＿＿＿＿＿＿＿＿＿＿＿＿＿＿＿＿＿＿＿＿
2. 拟物句：＿＿＿＿＿＿＿＿＿＿＿＿＿＿＿＿＿＿＿＿＿＿＿

阅读理解 READING COMPREHENSION

根据❶，选出最适合左边句子的结尾。把答案写在方框里。

1. 人们会突然有…… ☐
2. 旅行的意义…… ☐
3. 旅行的诱惑是…… ☐
4. 旅行时到达的地方，…… ☐
5. 下一个地方…… ☐
6. 前方的路…… ☐

Ⓐ 没有终点，一直走下去。
Ⓑ 很多时候只暂时作为我们心中最美的风景。
Ⓒ 充满了挑战。
Ⓓ 在于是否到达了预期的目的地。
Ⓔ 想进行没有束缚又简单的旅行的欲望。
Ⓕ 会有更多更好的风景。
Ⓖ 在某一个地方停下的冲动。
Ⓗ 在于心境的变化和丰富的经历。
Ⓘ 也许会是让人死心塌地停下来的地方。
Ⓙ 在于在沿途中看很多的风景。

根据❷，完成下面的句子。

7. 人生是场赛跑，跟_____和_____赛跑。

8. 文中的"珍珠"（第16行）指的是：_____。

9. 人生最真实的是_____，只有_____才是自己的。

根据❸，选出最适合左边句子的解释。把答案写在方框里。

10. 付诸言表（第19行）☐
11. 难以言表（第20行）☐
12. 被迫言表（第20行）☐
13. 搪塞（第21行）☐
14. 惬意（第22行）☐

Ⓐ 随便说说，为了推脱
Ⓑ 有意义
Ⓒ 交付使用，行动起来
Ⓓ 堵住了，不通畅
Ⓔ 不情愿去说
Ⓕ 付款然后发表演讲
Ⓖ 不能用言语描述出来
Ⓗ 非常舒服的感觉

根据❹和❺，判断下面叙述的对错，在方框里打勾[✓]，并以文章内容说明理由。两个部分都答对才能得分。

　　　　　　　　　　　　　　　　　　　　　　　　　　　　　　对　错

15. 结伴旅行比一个人旅行更有意义。　　　　　　　　　　　　☐　☐

　　理由：_____

16. 男孩因优秀而寂寞，女孩因寂寞而优秀。　　　　　　　　☐　☐

　　理由：_____

17. 人往往在不知不觉中学会了成长，学会了坚强。　　　　　☐　☐

　　理由：_____

18. 惟有经过命运的冲刷，人生才能变得有滋有味。　　　　　☐　☐

　　理由：_____

19. 如果把独自旅行当作与自己心灵的对话，就不会怕前行路上是　☐　☐
　　否顺利。

　　理由：_____

20. 如果人的心坚定，那么人生遇到什么困难都可以面对。　　☐　☐

　　理由：_____

听力 LISTENING

标准课程 Standard Level

你即将听到一个听力片段。请先阅读题目。你可以自由重复听力片段，在听力播放的过程中，可以随时回答问题或记下讯息。请用中文回答问题。注意自己掌握时间，听力练习时间总共有20分钟。

旅游与度假

根据听力片段的内容，给下面的陈述选择正确的答案。在方框里打勾 [✓]。

这是谁的看法？	观众甲	观众乙	观众丙
1. 明星们在节目中表现得和平时不同。	☐	☐	☐
2. 每期节目都有新鲜的看点。	☐	☐	☐
3. 这档节目和以往的节目非常不同。	☐	☐	☐
4. 旅行中会有意想不到的事情发生。	☐	☐	☐
5. 观众们喜欢看到可爱的孩子们。	☐	☐	☐

根据听力片段的内容，选出四个正确的叙述。把答案写在方框里。

6. ☐
7. ☐
8. ☐
9. ☐

Ⓐ 《爸爸去哪儿》是一档关于孩子和爸爸的节目。
Ⓑ 《爸爸去哪儿》是记录爸爸和孩子在日常生活中互动的节目。
Ⓒ 《爸爸去哪儿》让观众们对中国现有的家庭模型进行了反思。
Ⓓ 在中国，爸爸是家庭中地位最高的家庭成员。
Ⓔ 成功和赚钱，不仅仅是中国的爸爸们需要面对的问题。
Ⓕ 如果能解决家庭中物质温饱问题，也就能解决家庭成员间精神交流的问题。
Ⓖ 记者建议大家多带孩子们出去旅游。
Ⓗ 记者认为普通人的生活比明星们更忙、更累。

你即将听到一个听力片段。请先阅读题目。你可以自由重复听力片段,在听力播放的过程中,可以随时回答问题或记下讯息。请用中文回答问题。注意自己掌握时间,听力练习时间总共有20分钟。

旅游对孩子的好处

根据第一段的内容,选出正确的答案。把答案写在方框里。

1. 旅行给孩子们……
   Ⓐ 机会　Ⓑ 游山玩水　Ⓒ 挑战　Ⓓ 挑战和机会 ☐

2. 遇到困难后,孩子们的收获有……
   Ⓐ 一个　Ⓑ 两个　Ⓒ 三个　Ⓓ 四个 ☐

根据第二段的内容,完成下面的句子。

3. 在_____出生的孩子,对农庄体验游很感兴趣。

4. 一家人可以乘_____旅游,坐_____。

5. 入住农家小院可以做的事有:_____、_____
   和_____。

根据第三段的内容,选出最适合左边句子的结尾。把答案写在方框里。

6. 对已上学的大孩子来说,…… ☐　　Ⓐ 可以让孩子们开阔眼界,规划人生。
7. 已上学的大孩子们,…… ☐　　Ⓑ 世界最好的大学的独特之处。
8. 海外游学…… ☐　　Ⓒ 看看别的人上什么大学。
9. 参观名校能感受…… ☐　　Ⓓ 感受其他国家的文化氛围。
10. 参观现代建筑能…… ☐　　Ⓔ 个个都怀抱梦想。
　　　　　　　　　　　　　　Ⓕ 非常叛逆,不愿意跟家人旅游。
　　　　　　　　　　　　　　Ⓖ 更适合人文体验旅游。
　　　　　　　　　　　　　　Ⓗ 花费非常大,但是值得。
　　　　　　　　　　　　　　Ⓘ 感悟科技之美。

根据第四段的内容,回答下面的问题。

11. 海外游学对孩子有什么好处?_____

12. 海外游学对家长有什么好处?_____

13. 文化主题游有什么作用?
_____

Unit 2 Holidays and Travel 假日和旅行

口语 SPEAKING

标准课程 Standard Level

从下面的两张图片中任选一张，进行口语测试(Internal Assessment)练习。具体准备步骤可参考第157页。

［体验］度假怎么能少了自拍？　　　　　　　［体验］外面的世界很精彩

1. 　　2.

高级课程 High Level

请从以下二选一作答，具体准备步骤可参考第157页。

1. 请阅读老师准备的你所学过的两篇文学作品摘抄，每篇不超过360字的段落。从中选出一篇，和你的老师讨论。
2. 阅读余光中《何以解忧》中关于旅行的章节，从中选出不超过360字的段落，和你的老师讨论。

巴厘岛的蜜月酒店

❶ 人们都说巴厘岛是蜜月胜地,于是我们在五月末来到巴厘岛,入住某五星级酒店来庆祝我们的蜜月。那里真是太棒了!从我们到达的那一刻起,直到我们离开,那里的服务、设施以及住宿环境都让我们无可挑剔。

❷ 入住手续办理得很快,酒店经理会亲自来迎接你,在大厅还有降温饮料等着你。当我们进入房间之后,惊喜地发现有一瓶香槟和一个蜜月蛋糕在等着我们。我们的房间在一层,这很棒。因为景色非常漂亮,而且去餐厅、游泳池和沙滩都很方便。每天早上的早餐都让人垂涎欲滴,无论是在餐厅吃还是叫餐到房间,东西都一样好吃。酒店的地理位置也很方便,步行可以去很多家当地的餐馆。

❸ 房间内的空调绝对是顶级的,这也是你在巴厘岛最需要的!我们也对房间里的整洁程度很满意。其实,这不仅仅是在我们的房间,整个酒店都是这样。房间每天会有人打扫两次,我们每天还能得到免费的纯净水。夜床服务的时候,还能得到免费的小蛋糕、糕点等等。

如果你住在这里,我还建议你抽空多去去游泳池,那里非常干净,而且水温一直是恒温的,让人很舒服、很放松。工作人员在你休息的时候会给你递上冰毛巾、冰水,而且还会很贴心地把你的水瓶加满水。酒店里每天都客满,但我们每次去游泳池都能找到一个风景好的躺椅。

❹ 愉快的一周总是过得飞快。我们对酒店的总体印象特别好,因为酒店设施齐全,工作人员也都很热情,服务也是无可挑剔。这一切都让我们的蜜月很难忘。我非常建议那些想度过一个轻松假期的夫妇一起来。我们也计划等过结婚周年的时候,再到这个酒店小住一段日子。

根据❶,填写下面的表格。

地点	1.
入住原因	2.
入住时间	3.
对酒店的评价	4.

根据❷，完成下面的句子。

5. 让作者到了大厅就对酒店有好感的原因是_____。

6. 作者进入房间发现了_____和_____。

7. 作者觉得住一楼的好处是 (i) _____。

　　　　　　　　　　　　(ii) _____。

8. 作者觉得酒店的早餐_____。

9. 作者对酒店的地理位置非常满意，因为_____。

根据❸，判断下面叙述的对错，在方框里打勾[✓]，并以文章内容说明理由。两个部分都答对才能得分。

　　　　　　　　　　　　　　　　　　　　　　　　　　　　　　　　　对　　错

10. 在巴厘岛，空调的作用不大，因为到处都有海风。　　□　□

　　理由：_____

11. 作者对整个酒店的卫生非常满意，因为每天早中晚都有人来打扫房间。　□　□

　　理由：_____

12. 作者对酒店游泳池的工作人员非常满意，因为他们的服务特别周到。　□　□

　　理由：_____

13. 酒店的人很多，所以往往不能在泳池边找到称心如意的躺椅。　□　□

　　理由：_____

根据❹，回答下面的问题。

14. 让作者蜜月难忘的原因是什么？

_____

15. 作者认为谁特别适合来这个酒店？

_____

16. 作者打算什么时候再来一次？

_____

高级课程 High Level

痞克邦部落格
https://www.pixnet.net/blog/

土耳其旅游指南

❶ 虽然我不知道大家对于土耳其这个国家的印象为何，但是周遭朋友一听到我要去土耳其，很多人的反应都是："呃，怎么会想去那里？哇，好酷的感觉！嗯，听起来很神秘喔！"或许土耳其目前对台湾人来说并不算最热门，这点光从少之又少的旅游书就可证明。但实际走一遭，你会惊讶于原来它对其他国家的人而言根本是夯(hāng)到不行的旅游胜地！不仅如此，许多原本印在我脑海中不好的刻板印象也一一被打破。结论就是：土耳其远比你想象中来得有趣！土耳其自助行远比你想象中来得容易！

行程规划

❷ 土耳其的旅游书我们总共买了三本，而这三本介绍的内容其实差异还蛮大的，所以建议先挑一本编排最有条理、最全观性的书阅读。土耳其的观光签证可利用在线申办。数据填妥后，用信用卡支付24块美金的费用，再把申请好的签证打印出来即可。申请内容有提到须备妥来回机票、旅馆订房证明、财力证明等文件。虽然我们这次遇到的海关并没有检查，但建议还是要准备齐全比较保险。

国际机票与境内移动

❸ 这次我们是搭乘卡达航空经香港到多哈再到伊斯坦堡，虽然要转两次机，但是因为票价比较便宜，所以只好用时间换取金钱。至于土耳其境内城市和城市间的移动，因为这个国家实在幅员辽阔，所以国内班机或长程巴士几乎是所有旅人都一定会使用到的交通工具。当地人和观光客最倚赖的还是巴士，因为并不是每个城市都有机场。正因为如此庞大的需求，所以巴士公司的选择很多。

换汇

❹ 土耳其使用的货币是里拉(TL)，1里拉大约等于14块台币。因为在台湾无法直接兑换，大部分的人会选择带欧元或美金到当地去换（我们带欧元）。从机场出来后因为必须搭车进市区，这时建议大家先换小额够用就好。

> 痞克邦部落格
> https://www.pixnet.net/blog/
>
> ※提供以下几个城市可换钱的场所※
> 葛勒梅：巴士站的游客服务中心，免手续费
> 安卡拉：邮局Ptt，手续费2%
> 35　银　　行：免手续费且汇率高
> 番红花城：邮局Ptt，手续费2%
>
> **费用总计**
> ❺　　总结一下这次17天14夜的所有花费，原来土耳其自助行不但容易而且一点都不贵！
> 40　　〈交通〉　卡达航空国际机票(台北→香港→多哈→伊斯坦堡，来回)=NTD27119
> 　　　　　　　土耳其航空国内机票(伊斯坦堡→丹尼兹利，单程)=NTD1745
> 　　　〈住宿〉　伊斯坦堡5晚+棉堡1晚+葛勒梅3晚+安卡拉2晚+番红花城2晚=NTD15930
> 45　　〈娱乐〉　1小时热气球飞行6600+景点门票2550=NTD9150
> 　　　〈餐费〉　=NTD5050
> 　　　〈购物与杂支〉=NTD3570
> 　　　——共计：NTD66824

根据❶，选出最符合词语的意思。把答案写在方框里。

1. 周遭（第2行）
   Ⓐ 周长　　Ⓑ 四周　　Ⓒ 遭遇　　Ⓓ 糟糕　　☐

2. 反应（第4行）
   Ⓐ 反对　　Ⓑ 应付　　Ⓒ 应该　　Ⓓ 听到后做出的行动　　☐

3. 神秘（第6行）
   Ⓐ 神经　　Ⓑ 秘书　　Ⓒ 不通风　　Ⓓ 奥妙　　☐

4. 惊讶（第9行）
   Ⓐ 吃惊　　Ⓑ 哎呀　　Ⓒ 奇怪　　Ⓓ 牙牙学语　　☐

5. 刻板（第11行）
   Ⓐ 深刻　　Ⓑ 呆板　　Ⓒ 雕刻　　Ⓓ 严格　　☐

根据❷，选出正确的答案。把答案写在方框里。

6. "差异还蛮大的"（第15行），"蛮"在文中的意思是…… ☐
   Ⓐ 挺　Ⓑ 野蛮　Ⓒ 凶　Ⓓ 不

7. "数据填妥后"（第17行），"妥"在文中的意思是…… ☐
   Ⓐ 稳　Ⓑ 善　Ⓒ 完　Ⓓ 了

根据❸和❹，回答下面的问题。

8. 在土耳其最常用的交通工具是什么？
   _____

9. 为什么会有很多的巴士公司存在？
   _____

10. 作者为什么带欧元去土耳其？
    _____

11. 在土耳其机场换钱的话，作者给读者什么建议？
    _____

12. 如果不想付手续费，可以去哪些地方换钱？
    _____

根据❺，回答下面的问题。

13. 根据花费从贵到便宜排序。

    | ①住宿　②交通　③娱乐　④购物和杂支　⑤餐费 |

    _____

Unit 2 Holidays and Travel 假日和旅行 | 187

写作 WRITING

标准课程 Standard Level — 从下面的题目中任选一题作答。字数为300–480之间。

1. 你从小就对中国的西藏充满了好奇。在中学的几年里，你研究了不少关于西藏旅游的内容。今年寒假，你打算召集一些同学自己组团去西藏旅行。请从下列的文本类型中选择一个，号召同学们积极参与你在暑假安排的西藏自由行。

    ◆ 电邮　◆ 演讲　◆ 海报

2. 你最近对写旅游日记越来越着迷，然而你的不少朋友并不太清楚应该怎么写旅游日记。请你根据自己的经验，从下列的文本类型中选择一个，告诉你的朋友们怎样才能写一篇生动有趣的旅游日记。

    ◆ 电邮　◆ 日记　◆ 博客

3. 你学校的校报正在征集关于旅行中发生的趣事的稿件。你刚从海外旅行归来，碰到了不少新鲜好玩的事情。请从下列的文本类型中选择一个，和大家分享你有趣的旅游经历。

    ◆ 文章　◆ 海报　◆ 博客

高级课程 High Level — 从下面的题目中任选一题作答。字数为540–720之间。

1. 你所在的城市都市报正在进行有奖征文活动，征文的内容与旅游有关。你的老师建议你以"旅行的意义"为题参加征文活动。请从下列的文本类型中选择一个，参加这次征文活动。

    ◆ 电邮　◆ 文章　◆ 评论

2. 你的好朋友参加了一个徒步旅行。在徒步的两个星期内，他给你寄来了一封邮件，谈及他在旅途中的所见所闻。他觉得这次徒步旅行是他所有旅行经历中最特别的一次。因为他碰到了很多新鲜的事，也从中学到了很多。请从下列的文本类型中选择一个，回复你的朋友。

    ◆ 电邮　◆ 日记　◆ 博客

3. 暑假将至，这段时间，同学们都在热议"世界很大，我想出去走走"这个话题。昨天你就和朋友们谈起了是否应该在暑假进行一场说走就走的旅行。你们讨论了这样的旅行是否可行，以及这样旅行的意义等话题。回到家里，你依旧感慨万千，心绪难平。请从下列的文本类型中选择一个，写出你的感想。

    ◆ 评论　◆ 日记　◆ 博客

THEME 2 UNIT 3 生活故事 LIFE STORIES

标准课程 Standard Level

课文一 TEXT 1

生活中的"小镜头"

❶ 生活像一部感人的电影，令人意味深长；生活像一个万花筒，五彩缤纷；生活像一个五味瓶，色香味俱全。下面就是在几位同学眼中，他们生活中那个难忘的"小镜头"。

❷ 同学甲：

有一天早上，爸爸对大家提议去爬山，做一个全家爬山比赛。我听了连声叫好。到了山脚，我开心极了，迫不及待地【-2-】上爬，【-3-】爸爸和妈妈远远地甩在后面。可是两个小时过后，我便满头大汗，【-4-】爬不动了。但看到爸爸和妈妈很快就追上我了，我咬咬牙，不甘示弱，继续爬。那时正值七月，太阳【-5-】一个大火球一样烤着大地，我又累又渴，觉得自己快要昏倒了。但我并没有放弃，一步一步地往上爬……终于，我第一个登顶。【-6-】我累得一点力气也没有，但我觉得很幸福。因为我【-7-】尝到了坚持不放弃的甜味！

❸ 同学乙：

那是一个严冬的晚上，天上正下着鹅毛大雪，我正上完自习准备离开学校，看见一个高年级的学生走了过来。很明显，他也刚上完晚自习。只见他拿起手机打电话："喂，妈！你怎么还不来接我？是不是想冻死我？快点啊！"还没等他妈妈解释完，他就挂了电话。我惊讶地看着他放下手机，一边向校门口走去，一边不停地嘟囔着："真是的，想冷死我啊……"

没过多久，一位面容沧桑近六十岁的妇人，着急地向那个高年级的哥哥走来。"怎么这么久！车呢？" "对不起……我……有点头晕，开不了车……" "头晕就不能开车？那要你来干嘛？"，说完头也不回地走了。留下生病的妈妈呆呆地站在那里抹眼泪……

❹ 同学丙：

有一次，当我在写毛笔字时，不小心把墨汁洒在了身上。这可是我刚买的新衣服啊。我急得像热锅上的蚂蚁团团转。这时，我碰巧看见电视上正在播放"家有妙招"节目。女主持人介绍了很多生活中的窍门，比如：烧鱼时加醋就会除去鱼腥味；浇花的水中加点糖，就可以延长花期……她也谈到了怎么巧用米饭洗墨汁的方法。她告诉观众如果不小心被墨水弄脏了衣服，可以用一些热饭放在有墨水的地方，连续搓洗，等饭变黑了，再换新的热饭，重复几次衣服上的墨迹就会完全消失了。我听了之后决定试一下，结果衣服上的墨汁真的被洗掉了。这次经历让我意识到学习知识的重要性！

❺ 同学丁：

暑假里，妈妈给我报了一个有名的补习班。那是一个只有两周课程的强化提高班。同学们都特别努力，争分夺秒在学习。半个月一眨眼就过去了，我们要拍纪念照留念。当闪光灯亮起来的那一刻，我的心中就像打翻了五味瓶，一幅幅画面浮现在我的眼前……学习了两周的教室，座无虚席的图书馆，大家一边吃饭一边谈论的食堂，相互竞争但互相帮助的同学们，和对我们要求严格但又特别有耐心的老师们……

❻ 同学戊：

父亲常年在外打工，后来又有了外遇，家庭的重担便全落在了母亲身上。为了让我和弟弟能继续上学，母亲<mark>不得不</mark>自己同时接好几个工作来拼命赚钱。长年奔波的母亲太辛苦了，她的胃病变得越来越糟糕，终于有一天病倒了。

那是一个台风天，母亲的脸蜡黄蜡黄的，我看了十分心疼，决定冒着风雨出去给她买药。路上已经看不到什么行人，豆大的雨点打在我身上，呼呼的大风刮在我身上，我全然不顾；路上都是被台风吹得漫天飞舞的垃圾和树叶，我全然无畏。我只有一个念头，让妈妈快点喝到药，让妈妈快点好起来……当我买了药回家时，我早被淋成了"落汤鸡"。但看到妈妈在喝了药以后，精神好了许多，我的心里顿时觉得比喝了蜂蜜还甜。

 生词 NEW WORDS

五彩缤纷	wǔcǎi bīnfēn	colourful
色香味俱全	sè xiāng wèi jùquán	to smell, look and taste great
镜头	jìngtóu	lens; shot
提议	tíyì	suggest
迫不及待	pòbù jídài	too impatient to wait
不甘示弱	bùgān shìruò	refuses to admit being inferior
力气	lìqì	strength
解释	jiěshì	explain
沧桑	cāngsāng	weather-beaten
窍门	qiàomén	tricks; tips
消失	xiāoshī	disappear
争分夺秒	zhēngfēn duómiǎo	make every minute and second count
留念	liúniàn	keep for memento
浮现	fúxiàn	emerge
座无虚席	zuòwúxūxí	all seats are occupied; full house
竞争	jìngzhēng	competition
外遇	wàiyù	extra-marital affair
重担	zhòngdàn	heavy burden
赚钱	zhuàn qián	earn money
奔波	bēnbō	busy running about

 语言点 LANGUAGE FOCUS

1. 没过多久 méi guò duō jiǔ not for long
   This phrase indicates a short period of time.
   例：新加坡常常下雨，但没过多久，就会又出太阳。

2. 不得不 bùdé bù have to
   不得不 is used as an adverb to emphasize that something must be done.
   例：这是他自己决定的专业，即使再难，也不得不坚持下去。

句型练习

1. 因为工作原因，他和妻子 _____ 分居两地。
2. 虽然小亮常常有新玩具，但 _____ ，这些玩具就会被他扔在一边。

 课堂活动 CLASSROOM ACTIVITIES

📓 **访问调查**：访问三位同学生活中最难忘的小事：发生在什么时候，为什么难忘等等。

💬 **小组讨论**：分组讨论出一个字或者词语，来总结课文要表达的主旨（如："甜"、"成功"、"难过"、"辛苦"、"幸运"等等），并用三个生活中的例子来加以说明。

👥 **课堂辩论**：以"对中学生来说，是不是应该在生活中经历一些挫折"为题，组织学生进行辩论。

Unit 3 Life Stories 生活故事

阅读理解 READING COMPREHENSION

根据❶，选出正确的答案，把答案写在方框里。

1. 作者认为生活不是_____的。　　　　　　　　　　　　　　□
   Ⓐ 多姿多彩　　Ⓑ 令人深思　　Ⓒ 一成不变　　Ⓓ 让人感动

根据❷，从下面提供的词汇中，选出合适的词填空。

> 像　朝　从来　终于　往　把　虽然　总是　再也

2. 【–2–】 _____　　5. 【–5–】 _____
3. 【–3–】 _____　　6. 【–6–】 _____
4. 【–4–】 _____　　7. 【–7–】 _____

根据❸，回答下面的问题。

8. 哪个四字成语说明那天的天气很冷？　_____

9. 写出这位高年级学生对自己的母亲态度恶劣的表现。

   _____

根据❹，判断下面叙述的对错。在方框里打勾[✓]，并以文章内容说明理由。两个部分都答对才能得分。

　　　　　　　　　　　　　　　　　　　　　　　　　　　　　　　对　错

10. "我"因为衣服上染了墨汁而十分焦急。　　　　　　　　　　　□　□

    理由：_____

11. "我"从妈妈那里学到了清洗墨汁的方法。　　　　　　　　　　□　□

    理由：_____

12. 浇花时不能放任何的食用调味品。　　　　　　　　　　　　　□　□

    理由：_____

13. 用米饭洗墨汁时，得用烧熟的米饭。　　　　　　　　　　　　□　□

    理由：_____

根据❺和❻，选出三个正确的叙述，把答案写在方框里。

14. ☐
15. ☐
16. ☐

Ⓐ 同学丁不是自己报名参加这个强化班的。
Ⓑ 在补习班，同学丁因为学习很辛苦，觉得时间过得特别慢。
Ⓒ 同学丁的补习班非常团结。
Ⓓ 同学戊常常帮妈妈赚钱。
Ⓔ 同学戊为自己能照顾妈妈而欣喜。
Ⓕ 同学戊在台风天带妈妈去医院看病。

课后练习 POST-LESSON ACTIVITIES

好词好句 从课文中找出好词好句，并写出对应的英文释义。

中文	英文
1. 我急得像热锅上的蚂蚁团团转。	
2. 半个月一眨眼就过去了	
3.	

创意写作 从课文的五位同学中任选一位，续写所发生的故事。

写日记 以日记的形式，简要记录你在学了这篇课文后的感想（约200字）。

课文二 TEXT 2

成长故事

❶ 每个人的成长故事中，都充满了喜怒哀乐；每个人的成长故事，【-1-】值得我们去慢慢回味。成长中的故事，【-2-】丰富多彩，【-3-】连连不断。【-4-】我打开记忆仓库时，出现在我眼【-5-】的是一幕幕快乐的画面，是一声声开心的欢笑，这就是我无忧无虑的童年生活。【-6-】，在近几年里，我的生活中却出现了一些小挫折。

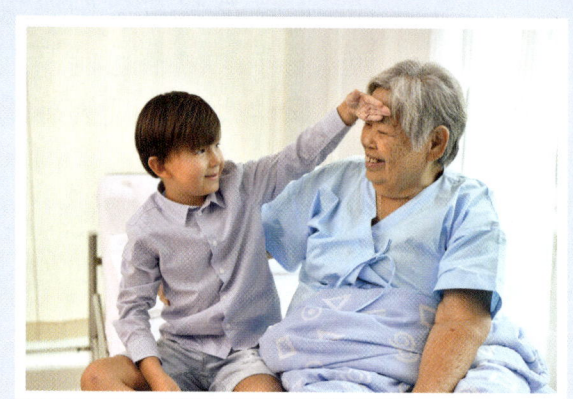

❷ 那是我十一岁暑假中的一个星期天，奶奶正在院子里洗衣服，我坐在书房里玩电脑游戏。突然，我听到奶奶一声尖叫。但那时我以为没什么大事，就没去理睬。过了好一会儿，我感到肚子饿了想吃面，就叫奶奶，一连叫了好几声，都没回应。这时，我才想到走下去一瞧究竟。一到那儿，映入我眼帘的是奶奶脚上流了许多的鲜血。我害怕极了，连忙把奶奶扶起来，一边大声呼唤她，一边拨打救护电话和打给爸爸。很快，急救车就来了，他们把奶奶扶上了车，送到了医院。

❸ 医生忙着为奶奶止血、输血和输液，我们在外面焦急地等待着。过了一会儿，医生出来了。我急忙问道："大夫，我奶奶怎么样了？"医生说："你奶奶因为疲劳过度而导致头晕。这么大年纪了，以后可不能这么操劳了。"听完，我愣住了，心里充满了自责。如果我平时能多帮帮奶奶，多听听奶奶的话，就不会这样了。

❹ 于是从那一刻起，我一下子长大了。不管学业有多忙，我都会每天抽时间到医院里陪陪奶奶。我亲自把饭端给奶奶吃，就像我小时候她那么细心地给我喂饭一样。我还给奶奶讲我们校园里的故事，逗她开心。半个多月后，奶奶康复出院了。我也从此变了一个人。不再是那个"衣来伸手，饭来张口"的小皇帝。而变得懂事，变得尊重长辈，体贴大人。

❺ 这就是我成长中的一个小故事。虽然小，却对我意义深远。我们每一个人，也都是因为这样那样的小故事而成长。

 生词 NEW WORDS

无忧无虑	wúyōu wúlǜ	carefree
挫折	cuòzhé	setback
理睬	lǐcǎi	pay attention to
回应	huíyìng	respond
一瞧究竟	yìqiáo jiūjìng	to check what is going on
急救车	jíjiù chē	ambulance
止血	zhǐxuè	stop bleeding
焦急	jiāojí	worried
疲劳过度	píláo guòdù	overwork; excessive fatigue
头晕	tóuyūn	dizziness
操劳	cāoláo	work hard
抽时间	chōu shíjiān	take/spare time (to do something)
康复	kāngfù	recover (from an illness or injury)
体贴	tǐtiē	thoughtful

 语言点 LANGUAGE FOCUS

1. 不管 bùguǎn regardless
   This conjunction indicates that something remains unaffected by the preceding condition.
   例：不管碰到什么困难，我们都应该要用积极的态度来面对。

2. 从此 cóngcǐ from now on
   从此 is used as an adverb to indicate something that happens from this point in time.
   例：你突然说出国就出国，我还以为从此再也见不到你了呢。

句型练习

1. 他们两个吵得很厉害，我真担心他们 ⬚ 会不理对方。
2. ⬚ 明天天气怎么样，他都会去踢球。

 课堂活动 CLASSROOM ACTIVITIES

 课堂讨论：老师在课前准备一些青少年在成长过程中可能遇到的问题，写在卡片上。在教学中让学生随机抽取，谈一谈自己有没有遇到这个问题；如果有，是怎么解决的。

 小组活动：分组讨论以下问题。

1. 每位学生仔细想想对自己的成长影响最大的事情是什么，发生在什么时候？
2. 接着，学生们画一个时间轴（五年为一个单元）。
3. 影响成长的事情发生在同一时间轴内的学生们进行小组内交流。
4. 最后，各组挑出一个成长故事和其它组进行交流。

课堂简报：每位学生以"我的难忘的经历"为题目，做一个PPT，向全班同学分享。

Unit 3 Life Stories 生活故事

阅读理解 READING COMPREHENSION

根据 ❶，从下面提供的词汇中，选出合适的词填空。

都　　既　　虽然　　又　　令　　但是　　当　　并且　　前

1. 【-1-】 _____
2. 【-2-】 _____
3. 【-3-】 _____
4. 【-4-】 _____
5. 【-5-】 _____
6. 【-6-】 _____

根据 ❷，按照事件发生的顺序，完成下面的排列。

7. ☐
8. ☐
9. ☐
10. ☐
11. ☐
12. ☐
13. ☐
14. ☐

Ⓐ 我把奶奶扶起来。
Ⓑ 打电话给爸爸和救护中心。
Ⓒ 我在书房里玩电脑游戏。
Ⓓ 奶奶在院子里洗衣服。
Ⓔ 我想让奶奶做面条给我吃，所以就大声叫奶奶。
Ⓕ 奶奶突然尖叫了一声音。
Ⓖ 奶奶脚上有很多血。
Ⓗ 大家把奶奶送到了医院。

根据 ❸ 和 ❹，回答下面的问题。

15. 奶奶为什么会摔倒？

_____

16. 作者为什么觉得自责？

_____

17. 作者是怎么照顾住院的奶奶？

_____

18. 奶奶回到家里后，作者有了什么变化？

_____

THEME 2 Experiences 体验

课后练习 POST-LESSON ACTIVITIES

好词好句 从课文中找出好词好句，并写出对应的英文释义。

中文	英文
1. 每个人的成长故事中，都充满了喜怒哀乐	
2. 一到那儿，映入我眼帘的是许多的鲜血。	
3.	

写信 进入青春期的青少年都有一些不同的烦恼。你的一位好朋友给你写了一封信诉苦。请你给他/她写一封回信，告诉他/她应该如何应付和解决这些烦恼。

写博客 在学了课文后，写一篇博客，说说对你的成长影响最大的一件事。

课文三 TEXT 3

九寨沟地震经历

❶ 8月8日清晨，我们是第一批进入九寨沟的游客，此刻的九寨沟是童话的世界，山青水秀，景色怡人！为了完善旅行，不错过一生必看的《九寨千古情》，
5 我们在晚上和七千多观众一同在剧场观看《九寨千古情》，以4D的效果亲身经历汶川地震，却不知灾难即将来临！

❷ 演出开始，周围瞬间变得漆黑，如下雨般有无数的大石头落在头顶。所有人都以为是剧场设置的场景。直到当灯亮起的时候，前排女
10 孩的头被石块砸出鲜血，太太说："快走快走，要出事了！"我才赶紧拉住儿子的手快速离开。走出剧场大门，发现墙体多处裂痕，我才

真正意识到地震来了。当时我的大脑一片空白，只知道拉紧儿子的手拼命地跑。跑的过程中，我的鞋子也不知去向。

❸ 当时人群拥挤，到处都是呼喊亲人名字和手拉着手前行的人们。我们入住的宾馆距离此处还有五公里路程，想回去已不可能！我们只能尽量找到一个相对安全的地方避难。此时，儿子的表现让我惊叹。他安抚着奶奶和姥姥，还一再强调避开建筑物。他的淡定与从容是我没有想到的，儿子说老师教的避险常识和《荒野求生》的知识都是可用的。他真值得我骄傲！

❹ 我们跑得口干舌燥，却一点办法也没有。这时，有个当地的大爷，把他抢出来的水分给我们喝。我给他钱，他却说什么也不要。太太硬要将她的鞋给了我，自己光着脚走。还好有好心人，为太太找来了一双新鞋子，太太说这双鞋她要留作纪念。我们继续手拉手前行，我看到了维持秩序的人民警察，从来没感到他们是如此的亲切。地震来了，他们却全都坚守在工作岗位上。

❺ 我们是幸运的。虽然一路上经历了千辛万苦，但当我们安全抵达成都的时候，我的眼泪终于情不自禁地流了下来。活着真好！"一切安好"，这是我这两天说得最多的一句话。生命来来往往，没有来日方长，感谢每一个关心我的人，珍惜当下的每一天！

生词 NEW WORDS

山清水秀	shānqīng shuǐxiù	beautiful scenery
亲身经历	qīnshēn jīnglì	experience something personally
瞬间	shùnjiān	in an instant
场景	chǎngjǐng	scenes
地震	dìzhèn	earthquake
拼命	pīnmìng	with all one's might; desperately
避难	bìnàn	take refuge
惊叹	jīngtàn	amazed
安抚	ānfǔ	comfort
强调	qiángdiào	emphasize
淡定	dàndìng	poised
从容	cóngróng	calm
常识	chángshí	common sense; general knowledge
继续	jìxù	continue
亲切	qīnqiè	kind; cordial
幸运	xìngyùn	lucky
情不自禁	qíngbùzìjīn	unable to control one's emotions
感谢	gǎnxiè	thanks

语言点 LANGUAGE FOCUS

1. 值得 zhídé deserve; be worth
   值得 refers to an action that leads to a desirable outcome.
   例：这是个好机会，值得好好争取。

2. 从来没 cónglái méi never
   从来没 is used as an adverb to describe an action or event that has not occurred at all.
   例：我从来没去过这么偏远的地区。

句型练习

1. 经过不懈的努力，她考了很好的成绩，真 _____ 好好庆祝一下。
2. 这是我第一次吃地道的北京烤鸭，我 _____ 吃过这么好吃的北京菜。

课堂活动 CLASSROOM ACTIVITIES

小组讨论：分组讨论以下问题。

1. 在旅行时候可能遇到的突发事件。
2. 遇到突发事件时应该怎么做？
3. 这种经历对你有什么帮助？

编写求生指南：学生选择一个自然灾害（比如地震），上网查找发生了自然灾害的应对措施，然后写一篇自然灾害求生指南和同学们分享。

角色扮演：学生三人一组，分别扮演"我"、"儿子"和"太太"的角色，把课文改编成一个短剧。

阅读理解 READING COMPREHENSION

根据❶，回答下面的问题。

1. 作者看到的九寨沟是什么样子的？ _____
2. 作者在哪里观看《九寨千古情》？ _____
3. 这个演出能让作者经历什么？ _____

根据 ❷，选出正确的答案。把答案写在方框里。

4. 作者在什么时候才意识到发生地震了？　　　　　　　　　　　　□
　　Ⓐ 前排女孩的头被石块砸出鲜血　　Ⓒ 有无数的大石头落在头顶
　　Ⓑ 大家都在逃跑　　　　　　　　　Ⓓ 剧场大门外的墙体多处裂痕

5. 作者在逃跑的过程中丢了什么？　　　　　　　　　　　　　　　□
　　Ⓐ 手机　　Ⓑ 钱包　　Ⓒ 鞋子　　Ⓓ 儿子

根据 ❸，完成下面的句子。

6. 路上人挤人，到处都是_____和_____的人们。

7. 我们不能回宾馆，因为宾馆离我们有_____，只能尽力找一个_____避难。

8. _____的表现让我吃惊，因为他从老师和《_____》学到了很多避险知识，用到了现场。

根据 ❹，回答下面的问题。

9. 写出三件让作者感动的事。

　　(i) _____　(ii) _____

　　(iii) _____

根据 ❺，选出最接近左边词语的解释。把答案写在方框里。

10. 千辛万苦（第26行）□　　Ⓐ 指日子越来越长。
　　　　　　　　　　　　　Ⓑ 形容还有很多日子。
11. 情不自禁（第27行）□　　Ⓒ 不能控制住自己的感情。
　　　　　　　　　　　　　Ⓓ 有的很辣，有的很苦，形容味道复杂。
12. 来日方长（第28行）□　　Ⓔ 数不尽的艰难困苦。
　　　　　　　　　　　　　Ⓕ 感情特别丰富。

200　THEME 2 Experiences 体验

课后练习 POST-LESSON ACTIVITIES

好词好句 从课文中找出好词好句，并写出对应的英文释义。

中文	英文
1. 我的眼泪终于情不自禁地流了下来。	
2. 珍惜当下的每一天。	
3.	

情景故事 从下面的情景中选择一个，说说后来发生了什么事。

1. 你在一个城市旅游，突然钱包被偷了……
2. 你刚想离开学校，突然校长要找你……
3. 你买了不少体育彩票，结果中了头等奖……

电影笔记 看电影《唐山大地震》，做一些观看笔记，然后在班上和同学们分享你的观后感。

高级课程 High Level

课文 TEXT　　玉兰花的记忆　　　　　　　　　卢玮

❶　不记得从什么时候起，每当院子里的玉兰花散放出清远的香味时，总有认识或不认识的邻人，专程前来要花。玉兰花树约有两层半的楼房高。自我有记忆起，便有花香。父亲总是起个大早，趁花含苞时便给摘下。他把较细的竹竿末端削成剪刀口状，以辅助摘花，有时亲自爬上树去摘，身手矫健。然后再把摘下的花，分别装在小袋子里，置于冰箱保鲜，一有令人闻香驻足，便可以方便相赠。

❷　当然，父亲一定会留下用手可以够得到的范围，让前来感染香气的邻居，也可以得到在绿阴中寻一抹清幽的乐趣。念小学时，家人总要在我的书包里放些玉兰花，用手帕包好，以免损及象牙白的花瓣。然后再三叮咛，送给老师和同学。有时自己懒惰贪玩，便忘了，经常是老师提醒："我又闻到花香哦。"我才猛然记起。

　　常常在送给老师后，玉兰花就所剩无几了，所以当同学向我要时，就显窘促，只好从亲近的同学开始送；一些偶有口角的，就给省下来了。现在想起来，真自觉小家子气。那时一直不明白，何以小小的花朵，竟有如此大的魅力？因为我总是喜欢花的姿态，远远胜过它的香气。直到渐渐长大，才稍稍明了这是一种喜悦心情。二十几年前，物资并不丰富，用香水的人当然不多。能在夏日清早感染一身香气，并持续整天，的确令人喜悦。在要花的过程中，即使不认识的人也能透过花间说家常，增进情谊，真是情趣无限。

❸　而父亲赶早摘花，想到会有许多人喜欢他种的花，并盘算着不知今天的花够不够时，这份可以与人分享的心情，更是令人欣慰吧。尤其某个有晨曦的夏天清早，当我看见父亲摘下一朵沾露的玉兰花，小心翼翼地插在母亲的耳际，顺手理理母亲的头发时，我被这般美丽的父母美丽感动。

❹　我恍然大悟。原来，母亲身上的花影飘香，皆是父亲每天亲手插上去的。对父亲而言，这也许是极自然不过的一个举止，但跃入我眼里，却是

温柔万分。我很难明确地描述出这份感动，不过可以肯定的是，这种感觉真的很好。

❺ 玉兰花是我很特别的记忆。我曾在它的枝干上，每年刻画一痕，以志成长；也和姐姐爬坐上树枝，吃着西瓜，享受风的摇摆。但这都只不过是父亲无形中带给我的一些生活上的启示。

生词 NEW WORDS

趁	chèn	take advantage of
竹竿	zhúgān	bamboo pole
辅助	fǔzhù	assist
身手矫健	shēnshǒu jiǎojiàn	agile and vigorous
驻足	zhùzú	stop (from walking for a short time)
窘促	jiǒngcù	embarrassed; in a predicament
口角	kǒujiǎo	quarrel
姿态	zītài	posture; gesture; pose
说家常	shuō jiācháng	talk about everyday matters
晨曦	chénxī	first rays of the morning sun
小心翼翼	xiǎoxīn yìyì	with great care
恍然大悟	huǎngrán dàwù	suddenly enlightened
以志成长	yǐzhì chéngzhǎng	as a mark of growing up
启示	qǐshì	enlightenment

语言点 LANGUAGE FOCUS

借代

借代，顾名思义便是借一物来代替另一物出现，因此多数借代词为名词。使用时，必须考虑替代的正当性与通用性，尽量不要化简为繁，并且要让文义通顺。此时的借代一般是类似于以小见大，用小事物来反映大的局面或情况，使句子更形象具体。通俗的说，借代是一种说话或写文章时不直接说出所要表达的人或事物，而是借用与它密切相关的人或事物来代替的修辞方法。被替代的叫"本体"，替代的叫"借体"，"本体"不出现，用"借体"来代替。借代的修辞效果可以用十六字概括：以简代繁，以实代虚，以奇代凡，以事代情。

例如：
1. 白领：用职场人士的穿着特点代指本身。
2. 令人捧腹：捧腹是捧着肚子，捧腹的原因是出现笑话或令人发笑的东西。以"捧腹"的结果代之"笑话"等令人发笑的。

练习：说一说下划线的词语如何使用借代手法。
1. 她长大后想当白衣天使。
2. 你别再吃了，再吃下去就变成大番薯了！

阅读理解 READING COMPREHENSION

根据❶，判断下面叙述的对错。在方框里打勾[✓]，并以文章内容说明理由。两个部分都答对才能得分。

　　　　　　　　　　　　　　　　　　　　　　　　　　　　　　　　　　对　错

1. 院子里的玉兰花盛开的时候，只会有很多认识的人来赏花。　□　□

   理由：_____

2. 玉兰花树很高，也有一些年头了。　□　□

   理由：_____

3. 爸爸总是很早起床，用竹竿把盛开的玉兰花摘下来。　□　□

   理由：_____

4. 爸爸把摘下的花分别装在小袋子里，然后就送给邻居。　□　□

   理由：_____

根据❷，回答下面的问题。

5. 爸爸为谁留下用手可以得到的范围？

   _____

6. "得到在绿阴中寻一抹清幽的乐趣"指的是什么？

   _____

7. 作者有时候在什么情况下才记起送花的任务？

   _____

8. 作者送花给同学采取了什么策略？

   _____

9. "送花"与"聊花"有什么作用？

   _____

THEME 2 Experiences 体验

根据❸、❹和❺，完成下面的句子。

10. 爸爸＿＿＿＿＿＿＿＿＿＿＿＿＿＿＿的精神让作者欣慰。

11. 爸爸＿＿＿＿＿＿＿＿＿＿＿＿＿＿＿，并且理顺头发的行动让作者感动。

12. 作者终于明白妈妈身上的花香，是爸爸＿＿＿＿＿＿＿＿＿＿＿＿＿＿＿。

13. 作者和姐姐在树上刻一痕迹的目的是＿＿＿＿＿＿＿＿＿＿＿＿＿＿＿。

14. 作者和姐姐的所作所为都是爸爸无形中带给他们的＿＿＿＿＿＿＿＿＿＿＿＿＿＿＿。

根据全文，回答下面的问题。

15. 题目是文章的眼睛。请给这篇课文另拟一个题目。

＿＿＿＿＿＿＿＿＿＿＿＿＿＿＿＿＿＿＿＿＿＿＿＿＿＿＿＿＿＿＿＿＿＿＿＿＿

听力 LISTENING

标准课程 Standard Level

你即将听到一个听力片段。请先阅读题目。你可以自由重复听力片段，在听力播放的过程中，可以随时回答问题或记下讯息。请用中文回答问题。注意自己掌握时间，听力练习时间总共有20分钟。

最伟大的成功

根据听力片段的内容，选出正确的答案。在方框里打勾[✓]。

马云失败的次数：	3次	5次	10次	20次	30次
1. 考大学	☐	☐	☐	☐	☐
2. 申请名牌大学	☐	☐	☐	☐	☐
3. 找工作	☐	☐	☐	☐	☐

根据听力片段的内容，选出四个正确的叙述。把答案写在方框里。

4. ☐
5. ☐
6. ☐
7. ☐

Ⓐ 马云的家境很不错。
Ⓑ 马云在大学教书，待遇丰厚。
Ⓒ 反对马云做互联网的人认为马云对这一块不熟悉。
Ⓓ 没有风险投资者认为阿里巴巴是个可行的模式。
Ⓔ 马云一直相信阿里巴巴能做到像现在这么火。
Ⓕ 阿里巴巴在第四年才开始有盈利。
Ⓖ 用户的感谢信给了马云团队很多鼓励。
Ⓗ 满意的用户们给了马云很多运营资金。

根据听力片段的内容，选出正确的答案。把答案写在方框里。

8. 这段演讲的主旨是…… ☐

Ⓐ 马云的童年
Ⓑ 马云的团队
Ⓒ 马云的失败
Ⓓ 马云的创业

THEME 2 Experiences 体验

你即将听到一个听力片段。请先阅读题目。你可以自由重复听力片段,在听力播放的过程中,可以随时回答问题或记下讯息。请用中文回答问题。注意自己掌握时间,听力练习时间总共有20分钟。

从街头卖椰浆饭到入主总统府

根据第一段的内容,选出正确的答案。把答案写在方框里。

1. 哈莉玛是新加坡的第八任总统,特殊的是……
   - Ⓐ 她的年龄超过六十岁。
   - Ⓑ 她是第一位女总统。
   - Ⓒ 她是国会议长。
   - Ⓓ 她是律师。

2. 哈莉玛被称为……
   - Ⓐ 最美丽的总统
   - Ⓑ 经验丰富的秘书长
   - Ⓒ 最厉害的总统
   - Ⓓ 劳工法专家

3. 哈莉玛最喜欢的的爱好是……
   - Ⓐ 行走 Ⓑ 跳舞 Ⓒ 做饭 Ⓓ 解决问题

根据第二段的内容,填写下面的表格。

时间	身份	特殊的地方
2001	4.	5.
6.	国会议长	7.

根据第三段的内容,回答下面的问题。

8. 哈莉玛八岁的时候发生了什么事?

___

9. 哈莉玛一家住在什么样的房子里?

___

10. 哈莉玛因为什么差点被学校开除?

___

11. 哈莉玛靠什么来支付读大学的费用?

___

根据第四段的内容，选出最适合左边句子的结尾。把答案写在方框里。

12. 三十年来，哈莉玛和家人…… ☐
13. 哈莉玛的母亲每天…… ☐
14. 虽然和母亲相处时间不长，…… ☐
15. 母亲的身教…… ☐
16. 母亲去世的时候，…… ☐
17. 哈莉玛觉得母亲…… ☐

Ⓐ 哈莉玛正在参加竞选。
Ⓑ 哈莉玛非常悲痛。
Ⓒ 是最好的母亲。
Ⓓ 一直住在义顺的政府组屋。
Ⓔ 都努力工作，十一点才回家。
Ⓕ 都要去看哈莉玛。
Ⓖ 比整天对她说教更有用。
Ⓗ 是一个斗士。
Ⓘ 对她的竞选帮助很大。
Ⓙ 但是妈妈对哈莉玛的影响很大。

口语 SPEAKING

标准课程 Standard Level

从下面的两张图片中任选一张，进行口语测试 (Internal Assessment) 练习。具体准备步骤可参考第157页。

［体验］失败是成功之母　　　　　　　［体验］实习的第一天

1.
2.

高级课程 High Level

请从以下二选一作答，具体准备步骤可参考第157页。

1. 请阅读老师准备的你所学过的两篇文学作品摘抄，每篇不超过360字的段落。从中选出一篇，和你的老师讨论。
2. 请阅读林清玄著名散文《桃花心木》，从中选出不超过360字的段落，和你的老师讨论。

阅读 READING

郎平和中国女排

❶ 上世纪七十年代末,郎平入选了中国女排。作为年轻且最有实力的主攻手,郎平很快便在队内担负起主力的角色。这期间,郎平经历了艰苦的训练,成为中国女排四连冠的重要成员之一。退役后,郎平作为助理教练率领中国女排实现了五连冠。在如此辉煌的背景之下,郎平却选择了出国深造。随后在国外结婚生子,并逐步走上了执教之路。

❷ 1995年,郎平应恩师之邀回国接手正【-3-】低谷的中国女排。1996年亚特兰大奥运会上,郎平率领中国女排获得了奥运会银牌。1999年,在【-4-】2000年悉尼奥运会还有一年多的时间,郎平因身体和家庭原因,无奈【-5-】了中国女排主教练的职务。这一年,郎平年仅39岁。

❸ 2005年初,郎平受美国排协之邀,出任了美国女排主教练。在2008年北京奥运会上,郎平执教的美国女排战胜了中国队闯进了决赛,【-6-】最终获得银牌。但这之后,郎平【-7-】了美国排协续约的邀请,并选择在2009年上半年"退休"。

❹ 时间进入2013年,兵败伦敦奥运会的中国女排再一次面临主帅抉择的关键时刻,53岁的郎平再次接手了身处逆境的中国女排。有过一次执教中国女排的经历之后,郎平此次回归显得更加游刃有余。然而在2013年,以老队员为主的中国女排在亚锦赛只名列第四,创下了中国女排历史最差战绩。但这一切并没有让郎平动摇,反而坚定了她重新组建主力框架的决心。

❺ 一批有实力的老队员离队了,更多的年轻血液补充了进来,并迅速成为中国女排的中坚力量。郎平的坚持和努力,使这支全新打造的中国女排开始在国际排坛上展现实力。2014年世锦赛,中国队获得亚军;2015年世界杯,中国队夺得冠军;2016年里约奥运会,中国队夺得冠军。其个人职业生涯几近完美。

根据❶，回答下面的问题。

1. 郎平在退役后做了什么？
   _____

2. 郎平在取得五连冠之后做了什么？
   _____

根据❷和❸，从下面提供的词汇中，选出合适的词填空。

| 距离　辞去　接受　拒绝　就　相隔　并　处于 |

3. 【–3–】_____　　6. 【–6–】_____
4. 【–4–】_____　　7. 【–7–】_____
5. 【–5–】_____

根据❹，判断下面叙述的对错，在方框里打〔✓〕，并以文章内容说明理由。两个部分都答对才能得分。

　　　　　　　　　　　　　　　　　　　　　　　　　　　　　　　　　对　　错

8. 中国女排在伦敦奥运会失败后开始选择新的教练。　　　　　　□　　□

   理由：_____

9. 郎平这次接手中国女排比第一次担任教练更难。　　　　　　　□　　□

   理由：_____

10. 郎平在2013年中国女排取得最差比赛成绩后，选择了放弃。　□　　□

    理由：_____

根据全文，给下面的各段选出段落大意。把答案写在方框里。

11. 第一段　□　　Ⓐ 郎平在职场再创辉煌。
12. 第二段　□　　Ⓑ 郎平辞去中国女排主教练一职。
13. 第三段　□　　Ⓒ 郎平在美国的经历。
14. 第四段　□　　Ⓓ 郎平的再次回归。
15. 第五段　□　　Ⓔ 郎平从主攻手成为助理教练的经历。

高级课程 High Level

全球最年轻女机长

❶ 翅膀早已存在,你只需要去挥舞它。全球有14万飞行员,仅有6500人是女性,其中只有450人是女性机长,而在30岁成为机长,Anny Divya是第一个。Anny的坐骑是世界上最大的双引擎宽体客机——波音777。年纪轻轻就成为全球最大客机的女机长,这样的人生听起来很光鲜亮丽吧?可是实际情况却恰恰相反。Anny不仅出生在等级森严、女性地位低下的印度,而且生在印度的贫民窟。在做飞行员之前,她连飞机都没有坐过!

❷ 《摔跤吧,爸爸》让我们看到了,在印度普通女性要挣脱传统束缚,追逐自己的梦想有多难。即使在21世纪的今天,大部分印度女孩的命运似乎一出生就已经被确定,嫁给一个不熟悉的男人,然后生孩子、抚养孩子……而出生贫民窟的Anny,偏偏活成了万人瞩目的对象,成了印度的全民传奇,成了女孩子的榜样。

Anny出生在印度东南边安德拉邦,那里人口密集,她爸爸那一代属于"贱民"阶层,没钱上学的Anny爸爸选择从军,因为当兵是穷人一辈子的饭碗。Anny从小就跟随父亲住在一个空军基地附近,她的飞行梦想就是从那时开始种下的。小时候的Anny常常趴在铁丝网外,看着徐徐起飞的飞机,听着飞机翱翔时"轰隆隆"的声音,对那时候的她来说,飞机能去的地方就是最远的地方了,她梦想当一名飞行员,想去看一看外面的世界。高中毕业后,Anny参加了电子电气工程测试,并且以优异的成绩通过了。但是,就在她准备去当地的一所工程学院念书的时候,朋友给了她一张飞行学校的广告。Anny深藏心中的梦想被再次点燃,她决定放弃工程学院,报考飞行学校。航空学校每年在印度只招收30人,而其中女生所占的比例更是少之又少。可是童年的梦想,没有到达过的远方,就像黑夜的钟声惊醒了她。

❸ 当Anny把自己的想法告诉家人时,她的母亲说,"去试试吧,如果这是你的梦想"。Anny郑重地把申请表寄出去,这同时也意味着,她失去了工程学院的入学资格。背水一战,不进则退,如果没有考上飞行学校,也许Anny要像大部分印度妇女一样,结婚生孩子平凡地度过一生。

没有酣畅淋漓为一件事努力过的人,不足以谈人生。啃书本、做笔记,在别人到处玩乐的时候,Anny在台灯下为自己的梦想努力。上天总是格外眷恋那些勤奋勇敢的人。Anny被录取了,成为当年全印度被录取的24个人中的一个。因为没有钱乘飞机,Anny和妈妈坐了两天两夜的火车去飞行学校。虽然通过了入学考试,但是高昂的学费又成了问题。Anny爸爸不得不到处贷款来筹措女儿的学费,当时周围所有的人都说他们疯了。

❹ Anny终于踏进了梦寐以求的飞行学校的大门,近距离看到了曾经在梦中飞过无数次的飞机。可是当Anny进入课堂,她才发现飞行学校的同学大都来自大城市的富裕阶级或是飞行员家庭。课堂上实行全英文教学,而来自小城镇的Anny只能硬生生憋出几个单词。当登上飞机时,从来没有坐过飞机的Anny什么都不知道。"你是怎么考到这里的,你根本什么都不懂!"同学们的嘲笑在她心里产生了很大的打击。"人们经常拿我的'烂英文'开玩笑,但是我知道就算是犯错,我也得说,事实上这是一个学习的过程。"每天早起晚睡地学习英语,在她的刻苦努力下,Anny逐渐能说一口流利的英语,还打败那些先天条件优异的同学,拿到了学校的奖学金。

2006年,19岁的Anny从航校毕业,进入印度最好的航空公司。因为专业知识扎实,驾驶技术优秀,Anny被航空公司选送去西班牙进修,开始学习驾驶波音737。Anny经过考核,两年后成功驾驶波音737飞机。可是,Anny还有更大的梦想,"我想挑战世界上最大的双引擎宽体客机——波音777"。航空公司表示非常不解,"Anny,如果你选择波音737,大概三到四年就会成为机长。而选择驾驶全世界遨游的777,那你至少要花十年的时间。"

❺ 从贫民窟女孩到飞行学院,从飞行学院到全国最好的航空公司,Anny一直在逆风飞翔,而且不曾停下来。在工作期间,凭着努力的学习,她获得了航空管理学士学位和法学硕士学位,还考取了律师资格。学习是一种习惯,当你一旦养成这种习惯,你会发现很多东西会不请自来。

30岁,10年,Anny终于成为了全世界最年轻的女机长。不仅在印度,甚至在全世界,Anny成为打破束缚、改写命运的榜样。

命运掌握在自己手中。当你不相信它的时候,这句话或许真的只是一句鸡汤。但是当你相信它,它终会爆发出,你无法想象的力量。

根据❶,回答下面的问题。

1. Anny有什么过人之处? _____

2. Anny驾驶的飞机有什么特点? _____

3. Anny的出身如何?

_____

根据❷，完成下面的句子。

4. 《摔跤吧，爸爸》是关于印度普通女性_____。

5. 大部分印度女孩的命运是_____，然后_____。

6. Anny的爸爸因为_____而选择了_____。

7. Anny的飞行梦想源自爸爸工作所在的_____。

8. Anny在进入飞行学校前已经通过了_____。但是，_____改变了她的轨迹。

9. 促使她做出报考航空学校决定的是_____。

根据❸，判断下面叙述的对错，在方框里打勾[✓]，并以文章内容说明理由。两个部分都答对才能得分。

                                                                                                                         对 错

10. Anny的母亲鼓励她去报考飞行学校。 ☐ ☐

    理由：_____

11. Anny报考飞行学校的时候，还保留着工程学院的入学资格。 ☐ ☐

    理由：_____

12. 因为Anny比别人更勤奋勇敢，所以她被飞行学校录取了。 ☐ ☐

    理由：_____

13. Anny的爸爸卖房子来筹措女儿的学费。 ☐ ☐

    理由：_____

根据❹，选出四个正确的叙述。把答案写在方框里。

14. ☐
15. ☐
16. ☐
17. ☐

Ⓐ Anny发现同学们都来自飞行员家庭。
Ⓑ 同学们的嘲笑让Anny非常难过。
Ⓒ 经过刻苦努力，Anny拿到了学校的奖学金。
Ⓓ Anny说得一口流利的西班牙语，所以被选去西班牙学习。
Ⓔ Anny经过了一系列严格的训练，两年后成功驾驶波音737飞机。
Ⓕ Anny没有选择波音737，因为她不肯花三到四年成为机长。
Ⓖ 航空公司不理解Anny的选择，因为至少要花十年的时间才能成为波音777的机长。

THEME 2 Experiences 体验

根据❺，选出正确的答案。把答案写在方框里。

18. "Anny一直在逆风飞翔"这句话暗示……
    Ⓐ 飞机逆风飞得快　　　Ⓒ Anny没有停止飞行
    Ⓑ Anny遇到了很多困难　Ⓓ Anny飞行技术特别好

19. 文中"当你一旦养成这种习惯，你会发现很多东西会不请自来"，这里的"东西"是指……
    Ⓐ 金钱　　Ⓑ 名声　　Ⓒ 地位　　Ⓓ 成功

20. 为了成为世界最年轻的波音777机长，Anny花了……
    Ⓐ 3年　　Ⓑ 13年　　Ⓒ 10年　　Ⓓ 14年

21. Anny能成为榜样的理由在于……
    Ⓐ 坚信自己　　　　　　Ⓒ 选择正确的行业
    Ⓑ 打破束缚，改变命运　Ⓓ 努力学习和训练

22. 文中提到为让"命运掌握在自己手中"这句话爆发出力量，只有……
    Ⓐ 努力奋斗　　　Ⓒ 每天对自己说一次
    Ⓑ 每天喝鸡汤　　Ⓓ 相信它

写作 WRITING

标准课程 Standard Level — 从下面的题目中任选一题作答。字数为300-480之间。

1. 你的校报正在进行一个有奖征文活动。征文的内容是关于一次难忘的经历，比如一件让你开心的事、让你意外的事、让你难过的事等等。请从下列的文本类型中选择一个，参加学校的有奖征文活动。

    ◆ 日记　　◆ 邮件　　◆ 文章

2. 你在中学期间参加了学校的爱丁堡公爵奖活动(The Duke of Edinburgh's Award)。虽然碰到了种种困难，但你最终还是获得了金奖。因此，你即将在全校大会上向同学们介绍这个活动。请从下列的文本类型中选择一个，以你自己的经历，来谈谈这个活动给你带来的收获。

    ◆ 演讲　　◆ 信　　◆ 文章

3. 你出生在一个衣食无忧的家庭，爸爸是某公司的老板，妈妈是家庭主妇，全心全意照顾你的生活和学习。可在去年，你爸爸的公司因为经济关系需要关闭，你们全家得搬到另外一个国家。你需要到一个新的学校上学，并从头开始学习当地的语言。请从下列的文本类型中选择一个，给你的好朋友说一说你在搬到新的城市后的经历和感受。

    ◆ 演讲　　◆ 邮件　　◆ 文章

高级课程 High Level — 从下面的题目中任选一题作答。字数为540-720之间。

1. 你最近读了一本名人传记，知道了这位名人的经历后，你感慨万千。请从下列的文本类型中选择一个，介绍这位名人以及你读后的感想。

    ◆ 演讲　　◆ 邮件　　◆ 书评

2. 中国有句古话"读万卷书不如行万里路"，请从下列的文本类型中选择一个，谈谈你对这句话的理解和看法。

    ◆ 演讲　　◆ 邮件　　◆ 文章

3. 你的好朋友前阵子经历了一些事情，他觉得从中学到了很多东西，于是写了电邮跟你分享。请从下列的文本类型中选择一个，跟你的朋友一起分享你的看法以及经历。

    ◆ 演讲　　◆ 邮件　　◆ 信件

风俗与传统
CUSTOMS AND TRADITIONS

THEME 2 UNIT 4

标准课程 Standard Level

课文一 TEXT 1

FT中文网
http://m.ftchinese.com/

回乡过年变成一种仪式

❶ 随着时代的变迁，现在过年很难再吃到妈妈烧的菜，只有年夜饭多出来的剩饭剩菜；和亲戚可谈的话题也越来越少。但回乡过年却还是一种公认的仪式。每年的春节，北京空荡的大街小巷，都在凸显着这个超大城市在失去了北漂后的尴尬：饭馆关门了，快递歇业了，卖麻辣烫的收摊了，连修鞋的老板也回家了。

❷ 网上调侃在写字楼里工作的Jack和Julie，从挤上火车的那一刻，变成了某县某村的二狗子和翠花，却不知道他们的行李箱里装满了用刚发的年终奖购买的特产。连二三线城市，也因为大量外来员工回家过年而显得格外宽敞。所有的异乡人，从过了腊八开始，心就开始激动了，开始盼望了。但从出生到工作都在一个地方的人，却永远不能理解怎么会有人骑几千公里的摩托车回去过年。那股子劲，自己其实也说不出为什么。

❸ 刚毕业的头几年，通宵排队买票，和"黄牛"讨价还价，完全不关心有座没座，只问有票没票。火车到市，换个车站后，中巴到县，再换小巴。破旧小巴被司机开得飞快，颠得我能吐完好几天前吃的饭，然后连行李带人给丢在乡政府附近唯一的车站后，我爸还得从家里骑个摩托来接。绿皮车厢里，那些坐在过道行李上打瞌睡、舍不得吃五块钱泡面

的无座乘客们，都是为了回家过年的我们。那几年，回家就这么难。

❹　没有拥抱，也没有"我爱你"，县里村里，都不兴那套。顶多一句淡淡的"回来啦？"公益广告《回家》在家之外的城市看，看几遍就会心酸几遍，还能哭得一塌糊涂。

　　在大城市几乎变成空城的日子里，县里、乡里、村里却已经人满为患。县城的街道上，能看到各个周边省市的车牌。我说我们村巴掌大个地都会堵车，你信吗？可也只有趁着这个机会，才能认清全家族所有的亲戚。

❺　关于在哪上班，工资多少，有对象没，什么时候结婚，结婚了怎么还不要孩子，已生了怎么不要第二胎。这些都不重要。三天的热度过去后，回忆重温了，礼数尽到了，我隐约觉得现在过年的形式感已经大于对过年的期盼。说到底，过年如同一个舞台，大家每年都会回到"家"这个永恒的表演地点，努力做一个好演员。

生词 NEW WORDS

仪式	yíshì	ceremony
北漂	běipiāo	Beijing drifter (people from outside Beijing who work and live in Beijing without an official and stable residence)
调侃	tiáokǎn	tease
特产	tèchǎn	speciality
二三线城市	èrsānxiàn chéngshì	second- and third-tier cities
外来员工	wàilái yuángōng	foreign workers
宽敞	kuānchǎng	spacious
通宵	tōngxiāo	throughout the night
讨价还价	tǎojià huánjià	bargain
附近	fùjìn	nearby
打瞌睡	dǎ kēshuì	doze off
顶多	dǐngduō	at most
一塌糊涂	yìtā hútú	in a complete mess
人满为患	rénmǎn wéihuàn	overcrowded
堵车	dǔ chē	traffic jam
工资	gōngzī	salary
结婚	jiéhūn	get married
重温	chóngwēn	relive (memories, experiences, etc.)
礼数	lǐshù	etiquette
期盼	qīpàn	anticipation

语言点 LANGUAGE FOCUS

1. 随着 suízhe along with
   随着 indicates someone or something is also involved in an action or situation.
   例：随着中国的快速发展，有越来越多的外国人想到中国来求职。

2. 从……的那一刻 cóng...de nà yíkè from the moment of
   This construction indicates that something happens from this point in time.
   例：从看到莉莉的那一刻，他就深深地爱上了她。

句型练习

1. _____ 去看了国画展 _____ 开始，她就对中国画产生了浓厚的兴趣。

2. _____ 科技的发展，越来越多的小学生开始对手机着迷。

课堂活动 CLASSROOM ACTIVITIES

小组讨论：分组讨论以下问题。

1. 中国人为什么都要回家过年？
2. 中国人在回家过年的时候，会遇到什么问题？他们怎么处理这些问题？
3. 中国人过年有哪些习俗？
4. 在你的国家，最重要的节日是什么？为什么？这个节日跟春节有什么异同点？

角色扮演：学生分组，选择以下其中一个情景进行角色扮演。

1. 春节前几天，北京火车站里，一位记者在采访一位准备坐绿皮火车回老家过年的外地人。
2. 春节期间，北京后海公园里，一位记者在采访一位在公园散步的当地人，关于对北京因为北漂们回乡过年而空荡荡的看法。

看视频写报告：观看一个关于中国春运或者过年回家的视频。然后写一份报告在班上和同学们分享。

阅读理解 READING COMPREHENSION

根据❶，选出最适合左边词组的结尾。把答案写在方框里。

1. 饭菜……　　☐
2. 与亲朋好友的话题……　　☐
3. 饭馆……　　☐
4. 快递……　　☐
5. 小贩……　　☐
6. 修鞋的人……　　☐

Ⓐ 越来越忙。
Ⓑ 越来越好吃。
Ⓒ 是剩余的。
Ⓓ 回家过年了。
Ⓔ 收摊不做买卖了。
Ⓕ 整天忙碌发送。
Ⓖ 越来越少。
Ⓗ 不做生意了。
Ⓘ 不送包裹了。

根据❷和❸，选出正确的答案。把答案写在方框里。

7. 火车乘客用年终奖金买了什么？　　☐
　Ⓐ 火车票　　Ⓑ 新衣服　　Ⓒ 新行李箱　　Ⓓ 特产

8. 为什么过了腊八，外来员工的心就开始激动了？　　☐
　Ⓐ 要发年终奖金了　　Ⓒ 春节要来了
　Ⓑ 要通宵排队买票　　Ⓓ 商店要歇业了

9. 作者回家过年需要换几次车？　　☐
　Ⓐ 一次　　Ⓑ 二次　　Ⓒ 三次　　Ⓓ 四次

10. 为什么绿皮火车的乘客要挤在车厢过道上？　　☐
　Ⓐ 没有座位　　Ⓑ 急着下车　　Ⓒ 座位太挤　　Ⓓ 行李太多

根据❹，判断下面叙述的对错。在方框里打勾[✓]，并以文章内容说明理由。两个部分都答对才能得分。　　　　　　　　　　　　　　　　　　　　　对　　错

11. 在县城里，人们不拥抱也不说"我爱你"。　　☐　☐

　　理由：＿＿＿＿＿＿＿＿＿＿＿＿＿＿＿＿＿＿＿＿＿＿＿＿＿＿＿＿＿＿＿

12. 无论在哪里看公益广告《回家》，都能让人感动到哭。　　☐　☐

　　理由：＿＿＿＿＿＿＿＿＿＿＿＿＿＿＿＿＿＿＿＿＿＿＿＿＿＿＿＿＿＿＿

13. 过年的时候，城市里几乎没有人，但是农村却有很多人。　　☐　☐

　　理由：＿＿＿＿＿＿＿＿＿＿＿＿＿＿＿＿＿＿＿＿＿＿＿＿＿＿＿＿＿＿＿

根据❺，回答下面的问题。

14. 写出三个回家过年时聊天的话题。

(i) _____ (ii) _____

(iii) _____

15. 作者认为哪里是不变的表演地点？

_____

课后练习 POST-LESSON ACTIVITIES

好词好句 从课文中找出好词好句，并写出对应的英文释义。

中文	英文
1. 三天的热度过去后	
2. 我隐约觉得现在过年的形式感已经大于对过年的期盼。	
3.	

看图写作 从网上找一张中国人回家过年的图片，描述图片的内容并写出你的感受。

春节活动报道 你刚参加了社区组织的中国春节庆祝活动，活动丰富多彩，有舞狮、杂技等等。请你写一篇报道，报道这次的活动。

课文二　TEXT 2

日本的成人仪式

❶　虽然早在明治维新时期，日本就已规定了成人年龄，但是举办"成人节"却是战后之事。根据有关资料显示，日本的"成人节"是在战败后不久的1948年，由日本政府所做的规定。"成人节"这一天，全国放假。

2000年之前，"成人节"定在1月15日的小正月这一天。然而，由于1月15日有时难以与周末相连，因此许多父母很难请假陪孩子过节。所以，自2000年开始，日本政府调整时间，规定在一月的第二个星期一作为"成人节"，形成"三连休"。

❷　成人仪式是由各地政府主办，市长、町长或村长亲自主持。仪式主要分为四项内容：市长发表勉励讲话；新成人代表发表励志誓言；来宾祝词；市政府向新成人赠送纪念品。

在成人仪式上，一名小伙子作为新成人代表上台发言。他说："自从我们出生在这个城市，无论是家人，还是地方政府和家乡父老，都给予我们极大的厚爱与支持，因为你们的关怀，经过20周年的岁月，我们今天终于顺利地迎来了成人式。谢谢爸妈，谢谢乡亲！"随后，他接着说："我们作为在和平年代出生的年轻人，深感自己必须要用双手去构筑自己的时代，为此我们需要自觉地磨炼自己的意志。"

各地政府的成人仪式，大多安排在市民礼堂举行。不过，也有别出心裁的政府，例如东京迪斯尼乐园所在的市，最近十几年，都在迪斯尼乐园为该市年轻人举行成人仪式；成田国际机场所在的市，今年则把成人仪式搬到了成田机场的出发大厅。

❸　参加成人仪式的年轻人特别讲究服装，女孩子必须穿和服，而且是成人式专用的那一种艳丽和服，还要配小包和白毛围巾。男孩子大多穿黑色男式和服或西服。为了迎合这一普遍的习俗，母亲必须早早地为孩子准备

和服。家境殷实的人花费100多万日元买一套和服，也很正常；家庭条件一般的，可去租一套和服。还有的家庭，会保存代代相传的"传家和服"。

对于许多女孩子而言，成人节是第一次正式穿上里三层外三层的全套和服，因此自己一个人是绝对穿不上的，这一个任务就由妈妈来完成，甚至请专门的和服公司女职员帮忙穿戴。

4 日本民法第4条规定："满20岁，为成人"。令人蹊跷的是，日本民法第731条规定："女16岁，男18岁，准予结婚"。

日本民法是在距今137年的明治维新时代制定的。16岁女孩既然未成年，为何又允许结婚，允许过性生活生儿育女呢？对此，民法中没有解释。

有一种说法是，因为日本人在明治维新时期，平均寿命只有50几岁，因此期望女孩早点结婚，进而生儿育女。不过，现在的日本女孩16岁想结婚，是需要父母等监护人的签字同意，否则得不到法律承认。

生词 NEW WORDS

时期	shíqī	period
资料	zīliào	data
规定	guīdìng	regulation
调整	tiáozhěng	adjust
勉励	miǎnlì	encourage
誓言	shìyán	vow
来宾祝词	láibīn zhùcí	guests giving congratulatory messages
家乡父老	jiāxiāng fùlǎo	elders from the hometown
构筑	gòuzhù	construct; build
磨练意志	móliàn yìzhì	steel one's willpower
别出心裁	biéchū xīncái	be original in one's ideas
和服	héfú	kimono
迎合	yínghé	cater to
家境殷实	jiājìng yīnshí	well-off family
代代相传	dàidài xiāngchuán	pass on from generation to generation
蹊跷	qīqiāo	strange; odd
允许	yǔnxǔ	permit
平均寿命	píngjūn shòumìng	average life expectancy
生儿育女	shēng'ér yùnǚ	have children
监护人	jiānhù rén	guardian

语言点 LANGUAGE FOCUS

1. 无论……都　wúlùn...dōu　regardless
The paired conjunctions indicate that the result remains unaffected by the preceding condition.
例：这次徒步行是你自己决定要参加的，无论有多难，都不可以放弃。

2. 否则　fǒuzé　otherwise
This conjunction is used after a suggestion to show what the result will be if you do not follow that suggestion.
例：中学生不能沉迷于网络，否则会对身心健康造成极大的负面影响。

句型练习

1. 妈妈一而再地催促我们要快一些，_____ 一定会迟到。
2. 她对自己的要求总是那么高，_____ 多么成功，她 _____ 觉得自己还不够好。

课堂活动 CLASSROOM ACTIVITIES

脑力激荡：

1. 学生用思维导图(mind map)写出在看到"成人仪式"这个名词后脑海中出现的五个词语。
2. 询问另一位同学，并比较自己和他/她的词语。

小组讨论： 分组讨论以下问题。

1. 你觉得几岁算是成人？
2. 你认为成人意味着什么？
3. 在你的国家有成人仪式吗？
4. 你觉得成人仪式有必要吗？为什么？
5. 你会期待参加成人仪式吗？为什么？

角色扮演： 学生三人一组，一人是大学校报的记者，另外两人是刚参加了横滨成人仪式的男同学和女同学，以采访的方式进行角色扮演。

上网找资料： 学生分组，每组负责一个国家，上网找出下面的信息。接着制作一张海报，完成后贴在教室里。

1. 几岁才算是成人？
2. 成为成人后，可以做什么？
3. 怎么庆祝成为成人？有特别的成人仪式吗？

阅读理解 READING COMPREHENSION

根据 ❶，回答下面的问题。

1. 日本成人节是从哪一年开始的？ _____

2. 2000年以后的成人节是哪一天？ _____

3. 为什么日本政府会修改成人节的时间？
_____

根据 ❷，填写下面的表格。

成人礼主办单位	4.
主持人	5.
发表勉励讲话的人	6.
发表励志誓言的人	7.
成人年龄	8.

根据 ❸，选出三个正确的叙述。把答案写在方框里。

9. ☐
10. ☐
11. ☐

Ⓐ 参加成人仪式时，只有女生特别讲究服装。
Ⓑ 女生需要穿戴专门的服饰来参加成人礼。
Ⓒ 人们通常会去礼服出租公司租成人礼专用的礼服。
Ⓓ 有的成人服饰是从上辈传下来的。
Ⓔ 女孩子只有到了成人节才有机会体验穿全套和服。
Ⓕ 女孩子一般是在好友的帮助下穿好成人节的服饰。

根据 ❹，判断下面叙述的对错。在方框里打勾[✓]，并以文章内容说明理由。两个部分都答对才能得分。

　　　　　　　　　　　　　　　　　　　　　　　　　　　　　　对　错

12. 日本民法规定成人的年龄是男18岁，女16岁。　　　　　　☐　☐

　　理由：_____

13. 在日本一定要过了成人礼以后才可以结婚。　　　　　　　☐　☐

　　理由：_____

14. 在明治维新时代，人们平均寿命比较短，所以希望女孩早点结婚生子。☐　☐

　　理由：_____

15. 现在在日本，未成年的女孩子只有父母同意才能结婚。　☐　☐

　　理由：_____

课后练习 POST-LESSON ACTIVITIES

好词好句 从课文中找出好词好句,并写出对应的英文释义。

中文	英文
1. 我们需要自觉地磨炼自己的意志	
2. 用双手去构筑自己的时代	
3.	

看视频写观后感 从网上找任何一个国家的成人仪式的视频,写出你的观后感(约200字)。

写博客 写一篇博客,谈一谈当你成年时你会怎么庆祝。

写辩论稿 学校的中文辩论比赛即将进行决赛,这次的辩论题目是"成人仪式重要还是不重要"。作为主辩,你要写一篇辩论稿,陈述你方的观点和立场。

课文三 TEXT 3

天葬仪式

❶ 仪式刚刚开始。雪开始小了些。一百多位穿着红色僧袍的喇嘛参差不齐地盘腿坐在地上,坐在前面的一位长者,显然是他们的师傅。雨雪对他们仿佛一点影响也没有,他们在一遍一遍地为死者念经超度。念的也许是藏文的经文或者梵文的咒文,反正我是一字也没听明白。广场中央的地上放着一个裹得严严实实,看上去沉甸甸的白布袋,白布袋里装的就是今天要天葬的死者。我不禁打了一个寒颤,下意识地倒退了好几步。

❷ 据我所知,人死了后全身会僵硬,都是笔挺挺地躺着的。四处没看到笔挺的一排尸首,我还以为是怕被雪淋了,放在屋子里了呢。原来,他们是

把尸体卷曲起来,把头屈于膝部,如同母体中成形的胎儿,再用白色藏布裹起来,就成了我眼前所见的这个沉甸甸的白布袋。在瑜珈课上老师也常让我们做这种姿势,英文就称为Child Pose,是我最喜欢的放松姿势。我总觉得这里面蕴含着一种智慧、一种哲理。人都是以这个姿势,赤条条地来到人间;几十年后,在经历了人生百味之后,又以同一个姿势,赤条条地离开人间。

❸ 那天,只有一个死者要天葬,所以只看到一个白布袋。为死者念经超度,大概花了一个小时。然后,一行人就开始上天葬台。天葬台在山顶,离念经超度的庙宇还有一里左右,是上坡路。雪依然纷纷扬扬地飘着,四周雾蒙蒙,像走在梦中,一切似真似幻。

生词 NEW WORDS

喇嘛	lǎma	Lama (Tibetan monk)	下意识	xiàyìshí	subconsciously
参差不齐	cēncī bùqí	uneven	僵硬	jiāngyìng	stiff
盘腿	pántuǐ	cross one's legs	姿势	zīshì	posture
显然	xiǎnrán	obviously	智慧	zhìhuì	wisdom
师傅	shīfu	master	哲理	zhélǐ	philosophy
念经超度	niànjīng chāodù	chant scriptures to redeem the dead from sins	赤条条	chìtiáotiáo	stark naked
裹	guǒ	wrap	庙宇	miàoyǔ	temple
沉甸甸	chéndiāndiān	heavy	雾蒙蒙	wù méngméng	misty
寒颤	hánzhàn	shivering	似真似幻	sì zhēn sì huàn	seems like real

语言点 LANGUAGE FOCUS

1. 不禁 bùjīn cannot resist from (doing something)
   不禁 is used as an adverb to describe an uncontrollable action.
   例:云南的风景如此迷人,我不禁看呆了。

2. 据……所知 jù...suǒ zhī as far as (someone) knows
   This construction is used to indicate that someone is not absolutely sure of the statement that follows and may be wrong.
   例:据我所知,这是最近的一条路了。

3. 依然 yīrán still
   As an adverb, 依然 indicates that a situation has continued and exists now.
   例:今天老师生病了,但依然坚持给我们上课。

Unit 4 Customs and Traditions 风俗与传统

> 句型练习

1. _____ 我 _____ ，今年学校的升学率是最高的。
2. 十几年过去了，她 _____ 如此美丽高雅。
3. 她听到这个消息，_____ 痛哭起来。

课堂活动 CLASSROOM ACTIVITIES

课堂调查：访问三位同学以下问题，并用表格记录访问内容。

1. 你参加过葬礼吗？如果有，说说这个葬礼的形式。
2. 在你的国家，人们死后有哪些安葬的方式？
3. 如果给你选择，你希望死后采用哪一种形式？

课堂报告：学生分组并选择一个国家（包括中国），对这个国家的葬礼进行研究，然后做成PPT或者视频在班上分享。内容可包括：

1. 这个国家的葬礼的形式有哪些？
2. 这个国家的葬礼有什么传统和禁忌？
3. 这个国家的葬礼跟其他国家（任选一个）的葬礼有什么异同点？

课堂辩论：以"人死不能复活，葬礼的形式是重要还是无聊？"为题，进行课堂辩论。

阅读理解 READING COMPREHENSION

根据❶，判断下面叙述的对错。在方框里打勾[✓]，并以文章内容说明理由。两个部分都答对才能得分。

　　　　　　　　　　　　　　　　　　　　　　　　　　　　　　　　　　对　　错

1. 坐在喇嘛前面的长者是死者的家属。　□　□

   理由：_____

2. 恶劣的天气并没有影响到超度者。　□　□

   理由：_____

3. 作者能理解念经超度的内容。　□　□

   理由：_____

THEME 2 Experiences 体验

根据❷，回答下面的问题。

4. 作者没有看到尸体的当儿，他是怎么想的？

   _____

5. 作者后来发现布袋里的尸体是什么姿势？

   _____

6. 作者对这样的处理有什么看法？

   _____

根据❸，填写下面的表格。

死者人数	7.
念经的时间	8.
天葬台与庙的距离	9.
四周的环境	10.

 课后练习 POST-LESSON ACTIVITIES

好词好句 从课文中找出好词好句，并写出对应的英文释义。

中文	英文
1. 我不禁打了一个寒颤	
2. 我总觉得这里面蕴含着一种智慧、一种哲理。	
3. 四周雾蒙蒙，像走在梦中，一切似真似幻。	
4.	

写电邮 写一封电邮给你在国外的笔友，和他/她分享你学了这篇课文后的想法。

写日记 假设你是课文中的作者，写出你对天葬仪式的感受和想法。

高级课程 High Level

课文 TEXT　　故乡的重阳节　　陈东明

❶　每当重阳节到来的时候，我时常便不禁吟起我国唐代诗人王维所作的那首脍炙人口的诗——《九月初九忆山东兄弟》。细细品味其诗句，感觉这首诗好像是为我自己及为我的家乡过重阳节时的情景而写的。

"独在异乡为异客，每逢佳节倍思亲。遥知兄弟登高处，遍插茱萸少一人。"这些成为千古传诵的佳句，如今连许许多多五六岁的孩童都会朗朗上口。诗中抒发了身在异乡的游子，适逢重阳节这一佳节时对故乡亲人深切的思念之情；也反映出古人在重阳节佩戴茱萸登高、饮酒的习惯，认为这样可以驱邪避恶。全诗朴素无华，蕴藉深厚，用词精炼，曲折有致。诗中反映出人们的心声，引起人们的共鸣。

❷　我的家乡位于广东的东江河畔，附近有著名的五达岭，祖辈都是原住民，所在地距古代作者王维所写的地点相距有千里之遥。但过重阳节的民俗风气似乎与作者王维的家乡一模一样，每年都在重阳节那一天扫墓、拜祭先人并登高远眺。故乡属丘陵地带，漫山遍野长的都是荔枝、龙眼、乌榄树。在一些地势较高并向阳的山岗上，埋着先人的坟墓。到了这一天，在外工作的各地游子，都纷纷赶回村里，连同在村里的亲人一起，买来整条烧乳猪、蜡烛、元宝、爆竹等物品。老老少少几十人一簇簇，扛着锄头，担着食品，如香蕉、苹果、雪梨、煮熟的鸡蛋、鸭蛋、以及烧酒等供品，来到长满野草的墓前，用锄头除去杂草，培上新泥土。

❸　看着那些穿着校服在墓前用锄头除草、在坟头培上新土干得很熟练的小学生们，我从心里感受到乡村孩子的懂事和能干。当坟墓修饰后，亲人们在历代祖先的坟上摆上供品，点上蜡烛香火、烧上元宝、洒上米酒进行拜祭。当拜祭完后，点燃在一支长竹竿挂起的那串长长的爆竹，辟辟啪啪地烧起来。

我故乡在扫墓期间的饮酒、烧爆竹是为了驱邪避恶，这一点与诗人王维的故乡的佩戴茱萸登高、饮酒的习俗如出一辙。要是因事赶不回村与亲友一起拜祭的话，其情景如同古代诗人王维诗中所表达的心境一样无疑。

❹ 因为当地周围的乡村都有着在重阳节这一天扫墓的习俗，因此，在上山的途中，能看到一群群、一队队扛着锄头、担着供品的村民络绎不绝，其间有许多远道而归的亲友因久没见面而相逢，欢声笑语、蔚为壮观。在山下，也停着一些从城里工作的亲友开来的漂亮私家车；在山谷中，扫墓的人声、辟辟啪啪的爆竹声此起彼落，久久回荡，十分热闹。

❺ 因为先人的墓大都是埋葬在山坡向阳的高处，重阳之际，秋高气爽、天高云淡，极目远眺，心情十分开阔。烧过爆竹后，人们便分发食物，喝着米酒、吃着水果或鸡蛋，坐在山上谈笑风生，相互交谈着各自近来的工作和生活，憧憬着美好的未来，久久不愿离去……

生词 NEW WORDS

吟	yín	recite
脍炙人口	kuàizhì rénkǒu	(poetry, songs, etc) highly popular
品味	pǐnwèi	taste; enjoy
朗朗上口	lǎnglǎng shàngkǒu	catchy
抒发	shūfā	express (feeling)
朴素	pǔsù	plain
蕴藉深厚	yùnjiè shēnhòu	refined and profound
精练	jīngliàn	succinct
千里之遥	qiānlǐ zhīyáo	thousand miles away
拜祭	bàijì	worship
熟练	shúliàn	skilful
如出一辙	rúchū yīzhé	exactly the same as
络绎不绝	luòyì bùjué	in a continuous stream
相逢	xiāngféng	meet (by chance)
壮观	zhuàngguān	magnificent sight
此起彼落	cǐqǐ bǐluò	one after another
回荡	huídàng	reverberate
秋高气爽	qiūgāo qìshuǎng	clear and crisp weather in autumn
谈笑风生	tánxiào fēngshēng	talk lively and jovially
憧憬	chōngjǐng	yearn; look forward to

语言点 LANGUAGE FOCUS

夸张

夸张是为了达到某种表达效果的需要，对事物的形象、特征、作用、程度等方面特意夸大或缩小的修辞方式。在文学中，夸张是运用想象与变形，夸大事物的某些特征，写出不寻常之语。

作用：用言过其实的方法，突出事物的本质，或加强作者的某种感情，强调语气，烘托气氛，引起读者的联想。夸张能引起读者丰富的想象和强烈共鸣。

练习： 说说下面的句子哪些运用了夸张的手法，并说明原因。

1. 他种的瓜很甜，几十里外就闻到瓜香了。
2. 他笑得那么大声，连邻居都听到了。
3. 他太胖了，如果跌一跤，几个举重运动员都扶不动他。
4. 虽然他才九岁，但他已经会自己去上学了。
5. 就算我有三头六臂，也不可能明天就完成我的研究论文啊！

阅读理解 READING COMPREHENSION

根据❶，选出三个与《九月初九忆山东兄》相关的句子。把答案写在方框里。

1. ☐
2. ☐
3. ☐

Ⓐ 它很流行，因为每一代人的老师都要求学生会背诵。
Ⓑ 它体现了远在他乡的人，对家乡和亲人的思念之情。
Ⓒ 从它可以看出古代人们在重阳节的一些习俗。
Ⓓ 作者觉得自己就像那个诗人，可以写出一样的诗句。
Ⓔ 读它的人往往会联想到自己的处境，从而引发共鸣。
Ⓕ 它的作用之一是可以驱邪避恶。

根据❷，完成下面的句子。

4. 作者的家乡与诗人的家乡＿＿＿＿＿＿，但是＿＿＿＿＿＿却一样。
5. 作者故乡的亲人在重阳节当天会＿＿＿＿＿＿、＿＿＿＿＿＿和＿＿＿＿＿＿。
6. 老老少少一行人带着＿＿＿＿＿＿，扛着＿＿＿＿＿＿，登山去拜祭先人。
7. 亲人们给长满野草的坟墓除去＿＿＿＿＿＿，然后再培上＿＿＿＿＿＿。

根据❸，回答下面的问题。

8. 作者为什么觉得乡村孩子懂事能干？
   _____

9. 为什么拜祭先人之后要放爆竹？
   _____

10. 赶不回来拜祭的人的心情如何？
    _____

根据❹和❺，判断下面叙述的对错。在方框里打勾[✓]，并以文章内容说明理由。两个部分都答对才能得分。

                                                                                      对   错

11. 重阳节可以看到扛着锄头、担着供品上山的村民络绎不绝，因为周围的村庄也有扫墓的习俗。　　　　　　　　　　　　　　　　□　□

    理由：_____

12. 人们有说有笑，因为他们知道祖先都被埋葬在山坡向阳的高处，可以安息在地下了。　　　　　　　　　　　　　　　　　　　　□　□

    理由：_____

13. 有一些人从城里赶回来扫墓。　　　　　　　　　　　　　　　□　□

    理由：_____

14. 人们会利用扫墓的机会一起聊天叙旧。　　　　　　　　　　　□　□

    理由：_____

听力 LISTENING

标准课程 Standard Level

你即将听到一个听力片段。请先阅读题目。你可以自由重复听力片段，在听力播放的过程中，可以随时回答问题或记下讯息。请用中文回答问题。注意自己掌握时间，听力练习时间总共有20分钟。

香港的红包

根据听力片段的内容，选出正确的答案。把答案写在方框里。

1. 这是一篇……
   - A 新闻报道
   - B 电台广播
   - C 电视采访
   - D 选秀节目

   □

2. 李经理准备的利是，<u>不包括</u>……
   - A 美元
   - B 英镑
   - C 人民币
   - D 港币

   □

根据听力片段的内容，回答下面的问题。

3. 港人通常会在什么时候给员工派发利是？

   _____

4. 谁可以去已婚的同事那里讨红包？

   _____

5. 港人为什么要讨利是？

   _____

根据听力片段的内容，选出四个正确的叙述。把答案写在方框里。

6. □
7. □
8. □
9. □

- A 在香港，老板们只有碰到公司有盈利的一年才会派发红包。
- B 施小姐是公司里收到较多红包的一位员工。
- C 已婚的员工们会挨个到单身员工那里派发利是。
- D 今年是施小姐最后一年向已婚同事讨红包了。
- E 小红去了其它部门讨利是。
- F 李经理只准备20元和100元的利是。
- G 无论做什么工作，只要是李经理认识的人，在过年期间他都会给利是。
- H 港人认为利是的数额比心意更重要。

THEME 2 Experiences 体验

你即将听到一个听力片段。请先阅读题目。你可以自由重复听力片段，在听力播放的过程中，可以随时回答问题或记下讯息。请用中文回答问题。注意自己掌握时间，听力练习时间总共有20分钟。

奇特的婚礼习俗

根据第一段的内容，判断下面叙述的对错。在方框里打勾[✓]。　　　　　对　错

1. 裕固族的新郎必须在路旁燃起两堆火，让新娘从中间走过。　□　□
2. 裕固族的新郎射完箭后，必须把箭拿给新娘，让她折断。　□　□
3. 独龙族青年男女婚礼上要喝红酒庆祝。　□　□
4. 独龙族青年喝酒的时候要互相贴着脸。　□　□
5. 彝族姑娘为了表示自己有毅力和礼节，婚礼前会不吃饭。　□　□
6. 拉祜族妇女结婚当天去理发，让自己变得更漂亮。　□　□
7. 土家族有"哭嫁"的习俗，是为了表达喜庆。　□　□

根据第二段的内容，回答下面的问题。

8. 苏格兰的新娘受折腾的目的是什么？

_____

9. 在以前，法国人结婚时新郎新娘需要喝什么？

_____

10. 在现在，法国新郎新娘需要喝什么？从哪里端出来？

_____

11. 爱尔兰人在婚礼上跳舞的时候，对新娘有什么要求？为什么？

_____

根据第三段的内容，选出三个正确的叙述。把答案写在在方框里。

12. □
13. □
14. □

Ⓐ 所有婚礼习俗的本质都是祝福新人，希望婚姻美好。
Ⓑ 为了追求新奇，可偶而做出对婚礼不利的事。
Ⓒ 戒指含有美好的寓意。
Ⓓ 现在很多婚礼都已经变味了。
Ⓔ 必须意识到婚姻里应有的责任，婚礼才会有意义。

口语 SPEAKING

标准课程 Standard Level

从下面的两张图片中任选一张，进行口语测试 (Internal Assessment) 练习。具体准备步骤可参考第157页。

1. ［体验］泰国泼水节

2. ［体验］中国传统婚礼

高级课程 High Level

请从以下二选一作答，具体准备步骤可参考第157页。

1. 请阅读老师准备的你所学过的两篇文学作品摘抄，每篇不超过360字的段落。从中选出一篇，和你的老师讨论。
2. 请阅读丰子恺的《沙坪的美酒》，从中选出不超过360字的段落，和你的老师讨论。

阅读 READING

标准课程 Standard Level

日本风俗中的趣事

1. 日本人在日常生活中有许多讲究和禁忌，如高声说话、手插在衣袋里以及用手指指人，都会被认为是对人不恭敬。现在就让我们看看日本风俗中还有哪些有趣的事情。

2. "先生"，在汉语中现在多用于对成年男子的敬称，如"陈先生""张先生"。台湾、香港、广东一带还把自己的丈夫称为"先生"。但在日本，它用来称呼教师、医生、律师及有成就的艺术家。如田中老师，日语说成"田中先生"。桥本医生，日语说成"桥本先生"。

3. 上餐馆，在中国上餐馆就餐，一般是就座后服务员送来菜单点菜，而在日本则不同。日本大部分餐厅的入口处都有橱窗，里边陈列着用腊做成的、在店内可以吃到的各种饭菜的模型。模型制作得相当精致，色彩、样式都很逼真，旁边标有价格。客人进店前，可以看橱窗里自己想吃的饭菜来点菜。

4. 手势，各个国家由于文化背景和生活习惯不同，手势表达的意思也不同。中国人伸出大拇指表示称赞，有"顶呱呱"的意思。而对日本人来说，这个动作是在骂"你这个老爷子"，毫无赞赏之意。在中国伸出小拇指表示"差劲"、"落后"之意，而在日本则指"女朋友"。还有，用拇指和食指做成圆圈表示钱，把它放到嘴边则表示喝酒，食指弯曲是指小偷。

5. 榻榻米，现在日本家庭的房间大多分有"洋室"与"和室"两种。"洋室"又称西式房间，与我们现在房间的布置差不多。而"和室"又称日式房间，没有椅子、沙发、床，只是在地板上铺着叫"榻榻米"的草垫子，其作用相当于我们现在的地毯，供人们跪坐。

根据❶，选出最接近左边词语的解释。把答案写在方框里。

1. 禁忌（第2行） ☐
2. 恭敬（第4行） ☐
3. 风俗（第5行） ☐

Ⓐ 尊敬
Ⓑ 恭喜
Ⓒ 忌讳
Ⓓ 风气
Ⓔ 习俗

根据❷ 和❸，判断下面叙述的对错。在方框里打勾[✓]，并以文章内容说明理由。两个部分都答对才能得分。

　　　　　　　　　　　　　　　　　　　　　　　　　　　　　　　　　对　错

4. 在香港，"先生"是指男朋友。　　　　　　　　　　　　　　　　　　☐　☐

　　理由：_____

5. 在日本，可以称有成就的艺术家为"先生"。　　　　　　　　　　　　☐　☐

　　理由：_____

6. 在日本，有些餐馆点菜是不用菜单的。　　　　　　　　　　　　　　☐　☐

　　理由：_____

根据❹，填写下面的表格。

表达的意思	手势
在中国表示"称赞"	7.
在日本表示"女朋友"	8.
在日本表示"喝酒"	9.
在日本表示"小偷"	10.

根据❺，选出正确的答案。把答案写在方框里。

11. 日式房间通常有……　　　　　　　　　　　　　　　　　　　　　　☐
　　Ⓐ 沙发　　Ⓑ 床　　Ⓒ 榻榻米　　Ⓓ 椅子

12. 榻榻米类似于西式的……　　　　　　　　　　　　　　　　　　　　☐
　　Ⓐ 垫子　　Ⓑ 地毯　　Ⓒ 沙发　　Ⓓ 床

送礼忌讳送的物品

❶ 送礼，几乎是中国人对中国礼仪之邦的另一种注解。礼尚往来要送礼，逢年过节要送礼，生了孩子要送礼，孩子满月、百岁、生日也要送礼，考上学校要送礼，男婚女嫁也要送礼，升官了要送礼，为了升官当然更要送礼，老人过寿要送礼，去世后也要送礼，……亲朋好友之间要送礼，下级要向上级送礼，学生、家长要给老师送礼，同学、同事之间也要送礼，……送礼，就这样贯穿着人生的众多环节。送礼的目的，自然是希望接收礼物的一方感受到自己的心意。但如果因为不懂送礼中的禁忌习俗，触犯了某些忌讳，这可就适得其反了。

❷ 有个著名的相声段子，说的就是关于这方面事情。说有人给老人做寿送礼却送了一个钟表，老人认为这是对他的诅咒，送终让他早死，险些没把老人给气死。

❸ 送礼忌讳哪些物品？以下这些物品是绝对不能作为礼物送给中国人的。

水果是走亲访友时候最常见的礼物之一。但有些水果却不宜，尤其是梨，因为"梨"与"离"谐音，送给夫妻、恋人就很不适合。"鞋"与"邪"同音，而且鞋被踩在脚下，所以除了自己家人，一般不要给别人送鞋。但是也有一些例外，有些地方习俗认为，风水先生为自己家选择风水宝地，就需要好好踩地，以便取其好彩头的寓意，所以要专门送风水先生一双"踩地鞋"。"伞"音同"散"，散意离散，为人们所不喜欢，所以伞被视为不吉利的礼物。扇子因为只用于夏天，一到秋凉天即被抛之不用，有绝情之意，俗称"送扇无相见"，所以不受欢迎。

❹ 刀剑等利器，容易伤人，且俗话有"一刀两断"之说，用于送人恐有割断关系的不好联想，所以一般不作为礼品送人。但也有例外，比如说可送给练武之人，投其所好。

俗话中有"愁帽子"之说，老人去世孝子要头戴孝帽，所以忌讳将帽子送给别人。

> 特别是绿色的帽子，更是送礼的大忌。戴绿帽子指的是妻子不贞，送人绿帽子是对人最大的侮辱。菊花常用于纪念逝者，不可以作为礼物送出。"镜子"与"禁子"谐音，且镜子易破易碎，所以也属于送礼的忌讳之物。
>
> ❺ "4"听起来就像是"死"，历来为人们所忌讳。近年来，随着中西方文化的融合，"13"也成为了人们不喜欢的数字。在送礼中以避开这两个数字为佳。
>
> 中国传统习俗中认为红色寓意喜庆，却将白色、黑色视为不吉利。在喜事中多用红色，把白色、黑色用在丧事中。所以，礼物色彩的选择上最好避开白色、黑色。

根据❶，选出三个正确的叙述。把答案写在方框里。

1. ☐
2. ☐
3. ☐

Ⓐ 送礼无处不在，送礼的人也遍布各行各业。
Ⓑ 送礼只是人生一个环节。
Ⓒ 送礼是中国人对"礼仪之邦"的另外一种解释。
Ⓓ 送礼的目的不同，但是都是为了让送礼物的人感到快乐。
Ⓔ 送礼有禁忌，如果不注意就会出问题。

根据❷，回答下面的问题。

4. 给老人送生日礼物不能送什么？为什么？

_____

5. 老人收到这个礼物，会有什么反应？

_____

根据❸，选出正确的答案。把答案写在方框里。

礼物：　　　　　　不能送这些物品的原因：

6. 梨子 ☐
7. 鞋子 ☐
8. 雨伞 ☐
9. 扇子 ☐

Ⓐ 邪气
Ⓑ 会被踩地
Ⓒ 散开
Ⓓ 容易破碎
Ⓔ 绝情
Ⓕ 风水不好
Ⓖ 离散
Ⓗ 不合脚
Ⓘ 分离、离开

根据❹，判断下面叙述的对错，在方框里打[✓]，并以文章内容说明理由。两个部分都答对才能得分。

                                    对 错

10. 刀剑等利器，容易伤人，所以不要送给任何人。　□　□

  理由：_____

11. 帽子不适合做礼物送人，原因除了跟老人去世有关，还跟妻子不忠有关。　□　□

  理由：_____

12. 送花不能送菊花，因为菊花对人的身体健康不好。　□　□

  理由：_____

13. 镜子不能随便送人，因为镜子容易破碎。　□　□

  理由：_____

根据❺，完成下面的句子。

14. 在中国，送礼应该避开的两个数字是_____和_____。

15. 在中国，送礼要避开的颜色有_____和_____。

写作 WRITING

标准课程 Standard Level — 从下面的题目中任选一题作答。字数为300–480之间。

1. 你刚到一个新的国家留学，受本地同学的邀请参加当地的一个节日。这是你第一次参加这种庆祝活动，你觉得特别有意思。请从下列的文本类型中选择一个，写一写你的所见所闻所感。

   ◆ 邮件　◆ 采访　◆ 博客

2. 你在中文课里学了中国的传统婚礼习俗，了解到在中式婚礼中，中国新娘是穿红色的礼服，而非西方的白色婚纱。你对这个文化区别很感兴趣，上网查找了更多不同国家、不同文化对于颜色的不同认知。请从下列的文本类型中选择一个，向同学们说一说你的调查结果。

   ◆ 邮件　◆ 演讲　◆ 报告

3. 今年的春年，你第一次独自一人在异国过春节，你也因此第一次收到了父母和亲戚们发来的电子红包。这让你感慨万千。请从下列的文本类型中选择一个，向你国内的好朋友谈一谈你对收到电子红包而不是现金红包的看法。

   ◆ 邮件　◆ 评论　◆ 博客

高级课程 High Level — 从下面的题目中选一题作答。字数为540–720之间。

1. 你最近在中文班上学习中国的习俗，其中一个习俗让你吃惊和好奇，所以你决定进行深入的研究。你在做了研究以后，请从下列的文本类型中选择一个，向大家介绍你的研究结果。

   ◆ 邮件　◆ 评论　◆ 报告

2. 昨天你送了一件礼物给你的中国同学，但你的同学在收到礼物后似乎不太开心。你一开始不太明白，但在调查了给中国人送礼的禁忌后才恍然大悟。请从下列的文本类型中选择一个，向你的同学致歉，并且说说你对中国送礼习俗的新认识。

   ◆ 邮件　◆ 问卷调查　◆ 博客

3. 最近在你的社区发生了一个，因为排斥某种族的文化风俗而发生的冲突事件。请从下列的文本类型中选择一个，谈谈你对不同文化和习俗的理解，呼吁大家尊重不同的文化和风俗习惯。

   ◆ 演讲　◆ 评论　◆ 博客

THEME 2 UNIT 5
迁移 MIGRATION

标准课程 Standard Level

课文一 TEXT 1

中国人为什么要移民到海外？

① 根据2011年胡润的数据，中国现在的千万富翁家庭有96万个，但在2010年这一年里，却有5000到6000人移民到海外。移民最多的国家有四个，美国、加拿大、澳大利亚和新加坡。

② 一位移民加拿大的温先生说："清早起来，送儿子去读书，然后回家除草，中午睡个午觉，下午继续除后院的草，太阳要下山了，把儿子接回来，再到前院看看，草有没有再长出来，明天继续除。"那里的天很蓝，那里的食物没有不安全的添加剂。但是，那里的新闻与你无关；那里的生意与你无关；那里的人民与你无关；那个国家，与你无关。温先生到底是为了什么而移民呢？

③ 为什么要移民？我觉得理由大概有三个。第一是追求高品质的生活，第二是子女教育，第三是对财富没有安全感。第一个理由是可以理解的，每个人【-4-】有在地球上自由迁徙的自由；第二个理由就【-5-】人深思了。有子女读过中国的初中和高中的，都会【-6-】应试教育深恶痛绝，千军万马过"独木桥"，那不是【-7-】的残酷。第三个理由就更值得好好深思了。有产者为什么会没有安全感？他们是对什么不满？是哪一种预感让他们想【-8-】逃避？

④ 最后的问题就是，移民的人快乐吗？他们真的可以"离开"吗？1975年，小说家米兰·昆德拉被迫离开捷克，移民官员递给他一个地球仪，让他随便选一个国家，昆德拉慢慢转动地球仪，良久，轻轻地问："您还有没有别的地球仪？"

你的钱走了，你的人走了，但是，你的心呢？也许，移民者都是昆德拉——在心灵上，我们每一个人都无法离开自己的国家。

生词 NEW WORDS

数据	shùjù	data	自由迁徙	zìyóu qiānxǐ	migrate freely
富翁	fùwēng	rich person	深恶痛绝	shēnwù tòngjué	hate deeply
移民	yímín	migrate	残酷	cánkù	cruel
(食品)添加剂	(shípǐn) tiānjiājì	(food) additives	预感	yùgǎn	premonition
生意	shēngyi	business	逃避	táobì	evade
高品质	gāo pǐnzhì	high quality	心灵	xīnlíng	heart; soul; spirit
安全感	ānquán gǎn	sense of security			

语言点 LANGUAGE FOCUS

1. 与……无关 yú...wúguān irrelevant to
   This construction indicates that something is not related to another.
   例：青春期的少男少女们，总觉得自己的生活与父母无关。

2. 也许 yěxǔ maybe
   也许 is used to indicate a possibility.
   例：如果你再努力一下，也许你能被理想中的大学录取。

句型练习

1. 你去小明家看看，他 _____ 会在家。
2. 你就是爱操心，为什么要干预 _____ 你 _____ 的事呢？

课堂活动 CLASSROOM ACTIVITIES

 课堂调查：访问五位同学以下问题，然后用表格记录访问内容。

1. 你会考虑移民吗？为什么？
2. 你会在什么情况下考虑移民？
3. 如果你会移民，你打算去哪个国家，为什么？

小组活动：把学生们分成四组，分别代表美国、加拿大、澳大利亚和新加坡。学生先讨论并总结移民到这个国家的好处，接着和其他组交流，说服其他同学移民到所代表的国家。

角色扮演：学生两人一组，根据以下情景进行角色扮演：你的好友打算投资移民，他/她想说服你一起去，但是你却希望说服他/她留下来。

阅读理解 READING COMPREHENSION

根据❶和❷，选出正确的答案。把答案写在方框里。

1. 以下哪个国家不是中国人偏好的移民目的地？ ☐
   Ⓐ 新加坡　Ⓑ 英国　Ⓒ 美国　Ⓓ 澳洲

2. 温先生描述的生活…… ☐
   Ⓐ 很悠闲　Ⓑ 很忙碌　Ⓒ 无所事事　Ⓓ 节奏很快

3. 第二段划下划线的句子，说明温先生移民后…… ☐
   Ⓐ 生活很顺利　Ⓑ 想念祖国　Ⓒ 人在心不在　Ⓓ 困难重重

根据❸，从下面提供的词汇中，选出合适的词填空。

> 没　就　一般　让　向　对　特别　值得　要　都

4. 【-4-】 _____
5. 【-5-】 _____
6. 【-6-】 _____
7. 【-7-】 _____
8. 【-8-】 _____

根据❹，选出最适合左边句子的结尾。把答案写在方框里。

9. 移民官让小说家昆德拉…… ☐
10. 昆德拉…… ☐
11. 每个人…… ☐

Ⓐ 去地球仪上最远的国家。
Ⓑ 想要一个新的地球仪。
Ⓒ 任选一个想要移民的国家。
Ⓓ 都对祖国有所依恋。
Ⓔ 不想离开自己的国家。
Ⓕ 都是昆德拉。

课后练习 POST-LESSON ACTIVITIES

好词好句 从课文中找出好词好句，并写出对应的英文释义。

中文	英文
1. 我觉得理由大概有三个。	
2. 在心灵上，我们每一个人都无法离开自己的国家。	
3.	

写一写 课文最后一句话是"在心灵上，我们每一个人都无法离开自己的国家。"请写一写你对这句话的看法（约200字）。

Unit 5 Migration 迁移

课文二 TEXT 2

移民成功者背后的故事

❶ 王城如今是一家公司的部门主管，他的妻子在四年前通过技术移民去了加拿大。当时女儿考上了重点初中，每次考试排名都是"中不溜儿"。更让他们忧虑的是，女儿从小就很有个性，显然不太适应中国现行教育体制。经过几次家庭讨论，王城决定先让妻子带着女儿移民加拿大。

❷ 到了加拿大后，女儿变了。在班级始终名列前茅，人也变得更加独立。最让王城兴奋的是，随着女儿的自信心得到重建，今年她考上了滑铁卢大学。王城觉得，假如女儿不出国，发展远景肯定不会比现在更好。他们为移民而受的苦只不过是小事，女儿的未来才是最重要的。"我们移民的初衷是为了孩子。现在看来，我们当初的决定是正确的。"

❸ 王家的"成功范例"鼓励和刺激着他的亲属、朋友和同事。在他妻子移民后不久，他的两名同事也相继申请了移民加拿大。记者在调查中发现，"孩子成功就算全家成功"的想法，在不同家庭里都普遍存在。一家移民中介公司经理告诉记者："去加拿大的移民，至今90%以上都是为了孩子。"

❹ 对大部分向海外移民的家庭而言，移民意味着人生的巨大转变，更是对孩子命运的转变。那么移民真的是一条最佳途径吗？王城告诉记者，在加拿大的哈尔滨移民中流传着一句话，"头年大苦，二年中苦，三年四年吃小苦"，就是说在进移民国后的三四年内，都不见得能舒服过日子。

❺ 据记者了解，移民成功的案例中，成人几乎都在从事简单的体力劳动。即使是在国内地位很高的白领，出国后也只能做蓝领工作。像王城的妻子，就曾一度在超市里打工。在异国他乡，唯一让他们感到欣慰的就是孩子有出息。而他们自己在外面吃的苦、遭的罪，移民们是不会跟国内的课友说的。

6 这些全家移民里的主角——为人父母者,很难在移民国长期生活下去。他们不但很难过<u>文化交流</u>关,融进<u>主流社会</u>也难,从事的工作更是提不起爱好来。就连王城这样"中国式成功"的移民家庭,也存在着同样的问题。王城说,他之所以一直没去加拿大,是想等女儿有了完全独立生活的能力后,就催妻子回来,"都奔五十了,肯定还是在国内待着舒服啊。"

生词 NEW WORDS

如今	rújīn	at present
技术移民	jìshù yímín	skilled immigrant
排名	páimíng	ranking
中不溜儿	zhōngbuliūr	average
教育体制	jiàoyù tǐzhì	education system
名列前茅	mínglìè qiánmáo	rank among the top
自信心	zìxìn xīn	self-confidence
发展远景	fāzhǎn yuǎnjǐng	development prospect
初衷	chūzhōng	original intention
申请	shēnqǐng	apply
普遍存在	pǔbiàn cúnzài	ubiquitous
海外	hǎiwài	overseas
意味	yìwèi	signify
转变	zhuǎnbiàn	transform; change
最佳途径	zuìjiā tújìng	the best way
案例	ànlì	case
体力劳动	tǐlì láodòng	physical labour
白领	báilǐng	white-collar
蓝领	lánlǐng	blue-collar
异国他乡	yìguó tāxiāng	foreign country
文化交流	wénhuà jiāoliú	cultural exchange
主流社会	zhǔliú shèhuì	mainstream society

语言点 LANGUAGE FOCUS

1. **只不过** zhǐbúguò just; merely
   只不过 is used to emphasize that you mean exactly what you are saying and nothing more.
   例:算了,这只不过是一次单元测验而已,下次好好复习就行了。

2. **几乎** jīhū almost; nearly
   几乎 is used to describe a state that almost occurred.
   例:在徒步走了三天三夜后,她几乎抬不动脚了。

句型练习

1. 别太放在心上了,那 _____ 是一句玩笑话。
2. 十年一次的小学同学会,班上的同学 _____ 都来参加了。

课堂活动 CLASSROOM ACTIVITIES

填写表格：在小组内讨论，并完成以下的表格。

年龄段	移民的理由	移民后可能碰到的困难
十多岁		
二十多岁		
三十多岁		
四十多岁		
五十多岁		

课堂辩论：以"家长应该为了孩子而移民"为题，组织学生进行辩论。

街头采访：在你所在的城市，找一位中国移民进行采访，然后写一个采访报告。

阅读理解 READING COMPREHENSION

根据❶，从文中选出和下面的意思最接近的词语。

1. 中等水平：＿＿＿＿＿＿＿＿＿＿
2. 担心：＿＿＿＿＿＿＿＿＿＿
3. 适合：＿＿＿＿＿＿＿＿＿＿
4. 正在实施的：＿＿＿＿＿＿＿＿＿＿

根据❷，回答下面的问题。

5. 王城的女儿到了加拿大后有什么变化？
＿＿＿＿＿＿＿＿＿＿＿＿＿＿＿＿＿＿＿＿＿＿＿＿

6. 什么事最让王城高兴？
＿＿＿＿＿＿＿＿＿＿＿＿＿＿＿＿＿＿＿＿＿＿＿＿

7. 王城最初为什么决定移民？
＿＿＿＿＿＿＿＿＿＿＿＿＿＿＿＿＿＿＿＿＿＿＿＿

根据❸，判断下面叙述的对错，在方框里打勾[✓]，并以文章内容说明理由。两个部分都答对才能得分。 对 错

8. 王城移民成功的案例让他的同事朋友都希望申请移民。 ☐ ☐

理由：＿＿＿＿＿＿＿＿＿＿＿＿＿＿＿＿＿＿＿＿＿＿＿＿

9. 对于很多人来说，只有赚大钱才算真正的移民成功。　☐ ☐

　　理由：＿＿＿＿＿＿＿＿＿＿＿＿＿＿＿＿＿＿＿＿＿＿

10. 绝大多数移民加拿大的家庭是为了孩子。　☐ ☐

　　理由：＿＿＿＿＿＿＿＿＿＿＿＿＿＿＿＿＿＿＿＿＿＿

根据❹，选出正确的答案。把答案写在方框里。

11. 移民意味着……　☐
　　Ⓐ 好的开始　　Ⓒ 生活习惯的改变
　　Ⓑ 人生的巨变　Ⓓ 语言的改变

12. 加拿大移民最苦的日子是……　☐
　　Ⓐ 过年的时候　　Ⓒ 想家的时候
　　Ⓑ 过节的时候　　Ⓓ 出国的第一年

根据❺和❻，选出三个正确的叙述。把答案写在方框里。

13. ☐　　Ⓐ 成功的移民往往能在国外找到和国内一样好的工作。
14. ☐　　Ⓑ 不少国内的白领，到了国外都不得不做蓝领的工作。
15. ☐　　Ⓒ 移民家庭总会碰到很多困难，因此他们常常向国内的亲朋好友诉苦。
　　　　Ⓓ 移民家庭中的父母那代人，通常会碰到更多的困难。
　　　　Ⓔ 王城希望女儿独立后妻子就回国和他团聚。

课后练习　POST-LESSON ACTIVITIES

好词好句　从课文中找出好词好句，并写出对应的英文释义。

中文	英文
1. 在班级始终名列前茅，人也变得更加独立。	
2. 在异国他乡，唯一让他们感到欣慰的就是孩子有出息。	
3.	

Unit 5　Migration 迁移

写信 请从下面的情景中任选一个，写一封信（约300字）。

1. 假设你是课文中的王城，给好友写一封信，谈谈你的妻女移民后的生活和感受。
2. 假设你是王城的女儿，给国内好友写一封信，谈谈移民后的生活和感受。
3. 假设你是王城在国内的亲戚，在知道他家"成功移民"后，给王城写一封信，谈谈你的想法和感受。

写采访稿 假设你是报社记者，采访王城并了解他家移民的原因、经历的困难，以及对未来的计划。

课文三 TEXT 3

三峡移民的生活

❶ 在陈江镇坐摩托车让司机去"陈江街道办事处胜利村红花岭村民小组"，大多数不知方向，但如果说"三峡移民村"，司机二话不问，拉着就走。姜华2001年考察时的那个小山坡，当地人称"红花岭"，移民村因故得名。现在，小山坡早已在工业化的铲车下消

失，移民村两排对门的安置房，也在工业区开发的浪潮中，形成一条商业街。街面不到百米，有两家网吧、两家药店、两家卡拉OK厅、三家川菜馆和多家士多店。移民房的大门墙上都贴着打印的、已经泛黄的出租单间广告。还有的村民正在给房屋加层。

❷ 陈江移民村最高的建筑是两栋五层的楼房，都与姜华有关；一栋是姜华贷款建的，一栋是其女婿自建的。他到惠州后成了移民村的小组长。"我这还不是惠州移民发展得最好的，"姜华很谦虚，他推荐王德渊所在的水口移民村，"整个工业区的夜市都搬到了他们村的楼下。"现在，姜华和王德渊都能说一口流利的普通话。刚来的时候，他们只会

凤凰网湖北

http://hb.ifeng.com/

说巫山的家乡话，而村里、镇里开会都说客家话，听不懂，"开会打瞌睡，当哑巴一样"。散会后，还要包村的干部上前用普通话解释。

❸　移民早期，因语言障碍，陈江移民村还差点走丢一个老人。村民向家亮跟儿媳一起移民惠州那年已74岁，不会说普通话。到惠州后，老人闲不住，整天出门捡垃圾，一天早上出门后，几天没回家。村民们足足找了三天，四处散发寻人启事，没有找到。后来，向家亮蓬头垢面回了家，原来他是捡垃圾走到一个大工厂的后面迷了路，不知移民村地址，说话当地人又听不懂。差不多半年后，多数陈江移民都慢慢习惯了普通话。70个村民中，会说普通话的占80%以上。但包括姜华的妻子在内，也有一部分人不会说普通话。"这跟他们的圈子局限在家庭有关。"姜华说。

❹　三峡移民和当地村民的关系也很微妙。在刘庆念看来，感觉当地人比较排外。刘庆念的儿子14岁，在小学读5年级，回家常诉说同学叫骂他"北佬"(外地人)，并经常遭到当地同学的欺负、打骂，觉得很委屈。饶友会的儿子，读职业学校读了两年多，还是与当地学生搞不好关系，2007年家人只好把他送回重庆读书。但也有例外，袁谁兴的独女也在当地上学，没发现本地人欺负移民小孩的情况，他女儿跟当地的小孩学粤语，当地小孩跟她学四川话。

生词 NEW WORDS

方向	fāngxiàng	direction	局限	júxiàn	confine
考察	kǎochá	inspect	微妙	wēimiào	subtle
建筑	jiànzhù	building	排外	páiwài	exclusive; xenophobic
贷款	dàikuǎn	to get a loan	遭到	zāodào	suffer
谦虚	qiānxū	modest	欺负	qīfu	bully
语言障碍	yǔyán zhàng'ài	language barrier	例外	lìwài	exception
寻人启事	xún rén qǐshì	notice of missing person	粤语	Yuèyǔ	Cantonese (language)
蓬头垢面	péngtóu gòumiàn	dishevelled hair and dirty face			

语言点 LANGUAGE FOCUS

1. 差点 chàdiǎn almost
   Similar to 几乎, 差点 is used to describe a situation that almost occurred.
   例：她这次中文考试差点不及格。

2. 差不多 chàbuduō nearly
   差不多 is used as an adverb to mean nearly or almost.
   例：她差不多三点半才来到学校。

句型练习

1. 他昨天 _____ 就可以去游泳了，可惜临时有事。
2. 他 _____ 中午时分打电话来，说他临时有事不能去游泳了。

课堂活动 CLASSROOM ACTIVITIES

脑力激荡：

1. 学生用思维导图(mind map)写出在看到"移民"这个词后脑海中出现的五个词语。
2. 询问另一位同学，并比较自己和他/她的词语。

小组讨论： 分组讨论以下问题。

1. 你觉得在一个国家内，从一个地方到另外一个完全不同的地方生活，算不算是移民？
2. 人们一般在什么情况下，需要移民到国内的另外一个地方？
3. 人们移民到另外一个地方生活会遇到什么问题？

上网调查： 搜索关于"三峡大坝"的信息，以PPT形式写一篇调查报告。内容包括：

1. 中国为什么要修三峡大坝？
2. 当时为了修建大坝，有多少人需要移民？
3. 移民的生活过得如何？
4. 他们对修大坝有什么看法？

角色扮演： 学生两人一组，根据以下情景进行角色扮演：你住的社区的区长告诉你，基于环境污染，你和家人必须尽快外迁到另一个地方生活。

阅读理解 READING COMPREHENSION

根据❶，判断下面叙述的对错。在方框里打勾[✓]，并以文章内容说明理由。两个部分都答对才能得分。

　　　　　　　　　　　　　　　　　　　　　　　　　　　　　　　　　　对　　错

1. 很多摩托车司机都不知道怎么去三峡移民村。　　　　　　　　　　　☐　☐

   理由：_____

2. 姜华当年考察的红花岭是个小山坡，一直到现在移民们还生活在小山坡上，并且被叫成三峡移民村。　　　　　　　　　　　　　　　☐　☐

   理由：_____

3. 移民村里有一条小的商业街，有一些店铺。　　　　　　　　　　　　☐　☐

   理由：_____

4. 很多移民房都是整套出租的。　　　　　　　　　　　　　　　　　　☐　☐

   理由：_____

根据❷，选出三个正确的叙述。把答案写在方框里。

5. ☐
6. ☐
7. ☐

Ⓐ 随着经济发展，移民村里有很多五层高的楼房。
Ⓑ 村里的最高建筑都跟移民村小组长有关。
Ⓒ 三峡移民村是惠州移民发展最好的。
Ⓓ 姜华很谦虚，但是他不会说普通话。
Ⓔ 刚来的时候，姜华和王德渊都不会说普通话，只会说家乡话。
Ⓕ 村里开会的时候，有时候说客家话，有时候说普通话。
Ⓖ 开始的时候，散会以后都需要有人给新移民解释开会内容。

根据❸，完成下面的句子。

8. 由于_____，有个老人差点走失。

9. 老人因为_____，整天出门去_____。

10. 老人在_____迷路了。

11. 大概过了差不多_____，移民们就习惯了_____。

12. 半年后还不会说普通话的移民，主要都是因为_____。

根据❹，填写下面的表格。

人物	发生的事情	感觉／结果
刘庆念的儿子	13.	14.
饶友会的儿子	15.	16.
17.	没有被当地人欺负	18.

课后练习 POST-LESSON ACTIVITIES

好词好句 从课文中找出好词好句，并写出对应的英文释义。

中文	英文
1. 移民早期，因语言障碍，陈江移民村还差点走丢一个老人。	
2. 在他看来，感觉当地人比较排外。	
3.	

看视频写观后感 在网上找一个关于三峡移民的视频，写出你的观后感（约200字）。

写电邮 你的班上有一个刚从外地移民过来的新同学。请你给他/她写一封电邮，提出如何更好地适应当地的生活和文化的建议。

高级课程 High Level

课文 TEXT 严歌苓和短篇小说《大陆妹》

❶ 移民不仅是生命经验，它给严歌苓的精神维度带来的影响也至关重大，严歌苓所关注的移民问题，与她自身的生命经验大幅重叠，在这里她的经验与思考、肉体和精神形成强烈的连结，体现在她的作品中，这两个方面也是同构在一起的。

只身在外的"大陆妹"，迫于生存的压力，终于妥协于异邦的文化系统向自己提出的要求，并适应了新的生活模式。有适应，也有放弃。文化身份问题给新老华人移民带来了太多的内心挣扎。严歌苓锲而不舍地将笔触深入到了游移不定的文化夹缝中。在这些篇幅不拘的小说作品中，在一以贯之的灵动文字之下，我们捕捉到的，除了严氏对于世态炎凉的敏锐观察，更多的是她作为一个充满责任感的移民作家在进行文化思考时的凝重心境。

❷ 文化的差异不仅来自白种人，即使是移居美国的香港、台湾同胞，也会因观念的西化而与来自大陆的移民产生文化的隔膜和价值观念的差异。港台移民与大陆移民虽是同胞，但由于政治意识形态、经济发展水平以及接受西方文化影响的程度不同，尤其是移居美国后的ABC家庭深受西方文化影响，他们往往以俯视的姿态来看待大陆新移民。与异族之间的排斥相比，同一种族之间的歧视和偏见往往更容易激起种族身份的复杂感受和难以言明的伤痛。

❸ 《大陆妹》正是呈现了台湾移民与大陆"新移民"之间的文化冲突。小说中的"大陆妹"来到美国后，住在已移民美国的台湾亲戚唐太太家，这个ABC家庭接受她的勤快和善解人意，但仍然对她存在种种歧视和偏见，他们让"大陆妹"用单独的大碗吃饭，"都说大陆来客一是吃得多些，二是或许有病暗里生着，大陆人活得将就，不病出来自己也不知道"。他们甚至强行检查"大陆妹"的头发是否长有虱子，以防止传染。"大陆妹"教五岁的娜拉背诵古典诗歌，试图从这个小女孩背诵诗歌的声音中找到一丝共同的感受，但娜拉对"举头望明月，低头思故乡"的理解却是"故乡是Mushroom（香菇）"。

❹ "大陆妹"在已经西化的同胞家庭中完成了身份的蜕变,她开始说"吃饭"是"毗饭","垃圾"是"勒色",也不再唱那些充满土腥味的山西、陕西民歌,然而这种转变的背后却是内心难以言明的挣扎和痛苦。

当她得知她最喜爱的一位大陆老作家去世时,"大陆妹"泪流满面。老作家的作品可以读得出最新鲜的土腥味,而如今"一切东西都要褪尽泥腥了",如同她自身的改变,这种对文化之根怀有无限眷念却无法坚守的现实处境使"大陆妹"流下了痛苦的眼泪。

❺ 在这篇小说中,作家严歌苓赋予了"大陆妹"知识分子式的思考和乡愁,以此表现弱势文化中的移民被迫转变身份的伤痛,尤其是当这种转变来自于同胞的偏见时,内心的隐痛就会显得尤为凝重。

小说中,"大陆妹"对于珍妮称呼"你们大陆"的内心愤慨正是作家的代言——"大陆不光是我们的。什么时候成了你们、我们的呢?不是这土腥的歌合成的黄土文化,生育出你我今天的国音乡韵?你的父辈离乡时太匆匆,带走的就给了你,不能带走的,便留给了我。带走的也属于我,留下的也属于你……这歌就是无垠黄土本身,是泥沙俱下的长河本身。是你所不认识的阔大不尽的穷山恶水很古很痴的抒情……"——《大陆妹》

生词 NEW WORDS

经验	jīngyàn	experience
至关重大	zhìguān zhòngdà	crucial
重叠	chóngdié	overlap
妥协	tuǒxié	compromise
异邦	yìbāng	foreign country
文化身份	wénhuà shēnfèn	cultural identity
挣扎	zhēngzhá	struggle
锲而不舍	qiè'ér bùshě	work with perseverance
夹缝	jiāfèng	crevice
敏锐	mǐnruì	acute
观察	guānchá	observation
凝重	níngzhòng	dignified
文化差异	wénhuà chāyì	cultural difference
同胞	tóngbāo	fellow countryman; people of the same ethnicity
观念	guānniàn	perception
隔膜	gémó	estrangement
意识形态	yìshí xíngtài	ideology
排斥	páichì	repel; repulse
歧视	qíshì	discrimination
呈现	chéngxiàn	present
文化冲突	wénhuà chōngtū	cultural conflict
善解人意	shànjiě rényì	thoughtful
虱子	shīzi	louse
蜕变	tuìbiàn	transformation
褪尽	tuìjìn	fade away completely
眷念	juànniàn	feel nostalgic about
知识分子	zhīshí fènzǐ	intellectuals
乡愁	xiāngchóu	homesickness
弱势	ruòshì	disadvantaged
隐痛	yǐntòng	unspoken pain
愤慨	fènkǎi	resentment

语言点 LANGUAGE FOCUS

反语

反语即通常所说的"说反话",运用跟本意相反的词语来表达此意,含有否定、讽刺以及嘲弄的意思,是一种带有强烈感情色彩的修辞方法。

作用:根据说话者的对象不同、说话者的感情不同,反语可以分为两大类:讽刺反语和风趣反语。讽刺反语是为了揭露、批判、讽刺、嘲弄,表达贬义的反语,是通常所见的用法。风趣反语是为了风趣、幽默、诙谐而说的反语,字面表达的是贬义,实际上是表达褒义,或因情深难言,或因避嫌忌说,并不包含讽刺嘲弄之意。

练习:说说下面的句子哪些是反语,并说明原因。

1. 他中了大奖,喜极而泣。
2. 这个题目,连三岁小孩都会回答。
3. 你就不能懂事点吗?
4. 我今天真是太幸运了!遇见了你这样的人!
5. 被蚊子咬了一个包,这么严重的事,难怪不能来上学了。

阅读理解 READING COMPREHENSION

根据❶,回答下面的问题。

1. 移民影响了严歌苓的哪个方面? _____
2. 什么问题给"大陆妹"带来内心挣扎? _____
3. 严歌苓的作品体现了什么? _____
4. 在严歌苓的文学作品中,我们看到了什么?

_____

根据❷,选出正确的答案。把答案写在方框里。

5. 除了白人的文化差异,大陆移民还会遇到什么问题? ☐
   Ⓐ 吃不惯当地食物　Ⓒ 港台同胞的观念差异
   Ⓑ 语言障碍　　　　Ⓓ 自身心态不稳定

6. "俯视"(第18行)在文中的意思是…… ☐
   Ⓐ 低头看　Ⓑ 感同身受　Ⓒ 看不起　Ⓓ 认真对待

7. "难以言明"(第20行)的意思是…… ☐
   Ⓐ 看不清楚　Ⓑ 说不明白　Ⓒ 无法体会　Ⓓ 不能理解

根据❸，选出五个正确的叙述。把答案写在方框里。

8. ☐
9. ☐
10. ☐
11. ☐
12. ☐

Ⓐ《大陆妹》非常精彩地展现了新移民与美国文化的冲突。
Ⓑ "大陆妹"来到美国以后住在台湾来的亲戚家，并且帮他们教小孩学中文。
Ⓒ 唐太太家虽然喜欢"大陆妹"，但是对她仍然有歧视和偏见。
Ⓓ 唐家的人觉得大陆人吃得多，活得随便，生病也不知道。
Ⓔ 唐家的人检查"大陆妹"的头发是为了看她有没有长虱子。
Ⓕ 小娜拉喜欢背诵古诗，所以"大陆妹"就教她古诗。
Ⓖ 小娜拉知道古诗的意思，但是故意把故乡当成蘑菇来逗"大陆妹"。
Ⓗ "大陆妹"教小娜拉背诵古诗的目的，是想从中找到一些与同胞共同的感受。

根据❹，选出最适合左边句子的结尾。把答案写在方框里。

13. "大陆妹"最终…… ☐
14. 在台湾，垃圾…… ☐
15. "大陆妹"的内心…… ☐
16. "大陆妹"认为老作家…… ☐
17. "大陆妹"得知老作家离世后，她…… ☐

Ⓐ 写的作品具有浓浓的新鲜的土腥味。
Ⓑ 流下了痛苦的眼泪。
Ⓒ 怀有无限眷念却无法坚守的现实。
Ⓓ 的读音是"勒色"。
Ⓔ 离开了这个西化的家庭。
Ⓕ 是痛苦和挣扎的，并夹杂着无奈。
Ⓖ 充满了喜悦和自豪，因为终于融入了美国社会。
Ⓗ 完成了自己身份的变化，变得跟唐家人类似。

根据❺，判断下面叙述的对错。在方框里打勾[✓]，并以文章内容说明理由。两个部分都答对才能得分。

　　　　　　　　　　　　　　　　　　　　　　　　　　　　　　　　　对　错

18. 作者赋予"大陆妹"知识分子式的思考，原因是她自己是个知识分子。　☐　☐

　　理由：_____

19. 新移民的身份转变，如果压力来自同胞就会更加痛苦。　☐　☐

　　理由：_____

20. "大陆妹"对于别人说"你们大陆"的愤怒，也是作者的愤怒。　☐　☐

　　理由：_____

听力 LISTENING

标准课程 Standard Level

你即将听到一个听力片段。请先阅读题目。你可以自由重复听力片段，在听力播放的过程中，可以随时回答问题或记下讯息。请用中文回答问题。注意自己掌握时间，听力练习时间总共有20分钟。

在加拿大的新移民

根据听力片段的内容，选出正确的答案。把答案写在方框里。

1. 赵先生出国的原因是……
   Ⓐ 探访亲人　Ⓑ 留学　Ⓒ 找工作　Ⓓ 移民

2. 赵先生曾经是一位……
   Ⓐ 主持人　Ⓑ 工程师　Ⓒ 观众　Ⓓ 医生

3. 赵先生移民后的日子……
   Ⓐ 挺安逸　Ⓑ 很舒服　Ⓒ 很辛苦　Ⓓ 很甜蜜

根据听力片段的内容，回答下面的问题。

4. 赵先生为什么认为他的同学们在国外过得不错？

   _____

5. 从哪个词组可以看出赵先生到了新的国家后既没有朋友也没有认识的人？

   _____

6. 赵先生为什么去抓蚯蚓？

   _____

根据听力片段的内容，选出四个正确的叙述。把答案写在方框里。

7. ☐　Ⓐ 大家整晚一直在抓蚯蚓，只有多抓，才可以多赚钱。
8. ☐　Ⓑ 抓蚯蚓非常累，因为在工作的时候不能聊天。
9. ☐　Ⓒ 只有一个留学生坚持留下来，其他三十几个移民都离开了。
10. ☐　Ⓓ 抓蚯蚓需要全副武装，但通常老板会提供这些工具。
　　　Ⓔ 在抓蚯蚓的几个月后，赵先生得靠旁边东西的支撑才能从蹲着站起来。
　　　Ⓕ 虽然抓蚯蚓非常辛苦，但为了赚钱，赵先生并没有考虑过放弃。
　　　Ⓖ 赵先生认为既然做了决定，就得坚持下来。
　　　Ⓗ 赵先生希望观众不要草率地决定是否移民。

Unit 5 Migration 迁移

你即将听到一个听力片段。请先阅读题目。你可以自由重复听力片段,在听力播放的过程中,可以随时回答问题或记下讯息。请用中文回答问题。注意自己掌握时间,听力练习时间总共有20分钟。

家庭情景喜剧《初来乍到》

根据第一段的内容,完成下面的句子。

1. 黄颐铭热爱_____,他来到奥兰多前在_____生活。

2. 奥兰多没有_____,他们必须要面对_____。

根据第二段的内容,从右栏选出最适合的结尾。把答案写在方框里。

3. 黄颐铭……　　　□
4. 黄颐铭的妈妈……　□
5. 黄颐铭的爸爸……　□

Ⓐ 觉得自己是美国人,热爱美国的文化。
Ⓑ 喜欢到传统的美国超市去购物。
Ⓒ 同学们都诧异,他每天去校园的自助餐厅里买饭。
Ⓓ 在校园的自助餐厅里吃自己带的中餐。
Ⓔ 无法理解邻居,因为她们说话太快了。
Ⓕ 开了一家中餐馆。

根据第三段的内容,回答下面的问题。

6. 《初来乍到》有什么特点?

   _____

7. 《我的美国女孩》为何收视很差?

   _____

根据第四段的内容,回答下面的问题。

8. 观众对《初来乍到》的反应是什么?

   _____

9. 从早期到现在,西方电影和电视中华人的形象有了什么变化?

   _____

根据第五段的内容,选出四个正确的叙述。把答案写在方框里。

10. □
11. □
12. □
13. □

Ⓐ 早期的西方电影中,华人不是恶棍就是赌徒。
Ⓑ 现在中国元素变得很流行,因为中国的国际地位提高了。
Ⓒ 《初来乍到》也没有走出老套的剧情。
Ⓓ 《初来乍到》的播出,对华裔来说,是一个胜利。
Ⓔ 很多中国人为越来越多的华人形象出现于西方银屏而感到自豪。
Ⓕ 大洋彼岸的中国人关注的是,西方的电视编剧如何呈现华裔群体和中国文化。
Ⓖ 只有在美国的华裔才真正关心《初来乍到》这部喜剧。

口语 SPEAKING

标准课程 Standard Level

从下面的两张图片中任选一张，进行口语测试 (Internal Assessment) 练习。具体准备步骤可参考第157页。

1. [体验] 新移民的入籍仪式

2. [体验] 美国的移民文化

高级课程 High Level

请从以下二选一作答，具体准备步骤可参考第157页。

1. 请阅读老师准备的你所学过的两篇文学作品摘抄，每篇不超过360字的段落。从中选出一篇，和你的老师讨论。
2. 请阅读严歌苓的短篇小说《大陆妹》，从中选出不超过360字的段落，和你的老师讨论。

阅读 READING

标准课程 Standard Level

新移民适应新生活的四个阶段

❶ 近年来澳大利亚的移民越来越多，每年都有很多新移民到海外学习生活，几乎每位新移民都需要经历一段时间的【–1–】。这段时间可能【–2–】，可能【–3–】，但经历之后，新的生活会让你感觉一切都是【–4–】的！

❷ 刚刚来到一个崭新的环境，常常不自觉地把自己当成是观光客，每天忙于观光、购物，一切都是那么好奇和新鲜。即便有些事物存在很大的差异，也并不觉得反感，反而觉得有趣。这个阶段的新移民非常兴奋，心境状况很好。

❸ 新移民过了观光期，新鲜感过去了。该看的地方也看了，该吃的食物也吃了，该买的东西也买了；看景不如听景，新移民向往了多少年的事情一旦到了眼前，也不过就是如此。这个阶段，新移民者的失落感开始浮现，心境开始低落。

❹ 如果说前两个阶段的文化差异还不太明显的话，到了这个时候，新环境对于新移民的所有文化差异都赤裸裸地表现了出来，加剧了新移民不习惯、不顺眼、不适应的感觉。新移民从游客的虚幻中回到了生活的实景：找房子、找工作、为子女找学校等问题和难题都一股脑涌现到眼前。面对种种的困难和挫折，新移民愈加怀念过去自己所拥有的权势、地位、关系、家庭、朋友、房子、车子、票子、名校等应有尽有、十分优越的生活条件和生活环境。面对反差，受挫之后的失落、沮丧、混乱，不少人甚至萌生打道回府的念头。这个阶段是他们心境最低潮、情绪最差的时期。

❺ 经过了半年的过渡，前期的剧烈波动趋向平缓，新移民对当地的文化差异开始慢慢适应，许多消极的心态也逐渐淡化。多数新移民都能够面对现实，说服自己既来之，则安之，入乡随俗，随遇而安。这个阶段移民的心境逐步恢复到正常状态。

任何一个新移民者可能都会经历这四个阶段，从最初对出国移民抱有的憧憬和新鲜感，到现实的移民生活中遇到了实际的困难和挫折，再到怀念从前的安逸生活，最终慢慢适应新的移民生活。这是新移民必须经历的心路历程，也是新移民慢慢适应新环境，融入新的移民生活的必经阶段。如果您现在处于失落期和低潮期，要尽快调整自己的心态，多结交新朋友，很快的，更理想的新生活便会向您敞开。

根据❶，从下面提供的词汇中，选出合适的词填空。

值得　　煎熬　　刺激　　适应期　　新鲜　　羡慕

1. 【–1–】 _____
2. 【–2–】 _____
3. 【–3–】 _____
4. 【–4–】 _____

根据❷和❸，回答下面的问题。

5. 为什么移民们在观光期时，是感到新鲜和好奇的？

   _____

6. 移民们在过了观光期后的心态是怎么样的？

   _____

根据❹，选出正确的答案。把答案写在方框里。

7. 下面哪一个<u>不是</u>新移民可能碰到的难题？　□
   Ⓐ 找工作　Ⓑ 找伴侣　Ⓒ 找学校　Ⓓ 找房子

8. 下面哪一个<u>不是</u>新移民在低潮期怀念的？　□
   Ⓐ 地位　Ⓑ 权势　Ⓒ 食物　Ⓓ 朋友

9. 下面哪一个<u>不是</u>新移民在低潮期的心态？　□
   Ⓐ 嫉妒　Ⓑ 颓丧　Ⓒ 失落　Ⓓ 失望

根据❺，选出最接近左边词语的解释。把答案写在方框里。

10. 既来之，则安之（第24行）□
11. 入乡随俗（24行）□
12. 憧憬（第27行）□
13. 调整（第30行）□

Ⓐ 向往
Ⓑ 来了就要安下心
Ⓒ 整理
Ⓓ 安家到来的地方
Ⓔ 人人必须遵守风俗习惯
Ⓕ 调节
Ⓖ 到一个地方，就要顺从当地的习俗
Ⓗ 喜爱的景色

根据全文，填写下面的表格。

时期	心态
移民的新鲜期	14.
移民的失落期	15.
移民的低潮期	16.
移民的恢复期	17.

Unit 5 Migration 迁移

高级课程 / High Level

移民是人类的常态

❶ 我们已经能够频繁地感知到,我们身边提及移民、主张移民、计划移民、实施移民、完成移民的人越来越多,移民话题几乎是中产阶级饭局的标准谈资,俨然已是一种新的社会动向。这无疑是让人高兴的事,因为不论如何,个体追求幸福的合法行为,都应该被鼓励。

❷ 迁徙本就是人类的本能,请原谅我用这么大的概念去分析这样一件小事。七万年前,东非的智人从非洲出发,用了差不多五万多年的时间,到达了地球的各个大洲,其他人类种群因此灭绝,智人成为唯一的人类。人类不断向外部的远方寻求资源,建立家园是一种本能,这是写在基因里面的。

❸ 【-9-】现代民族国家以及边境线建立【-9-】,移民【-10-】是人类的正常迁徙,当然【-11-】各种各样的政治经济原因,比如战争、殖民、贸易、探险等,比如十字军的东征【-12-】东印度公司。也有很多个人原因的迁徙,【-13-】婚姻、工作转换、逃命、【-14-】更好的环境等等,比如五月花号。

❹ 在民族国家建立之后,基于个人原因离开原本的居住国,去国境线之外谋求新的生活,这是现代意义的移民,当然也是人类最普通不过的迁徙行为。通常这类移民行为是为了更好的生存条件、生活方式、受教育机会以及工作机会,乃至为了某种价值——比如说,公平、正义、和平等。

❺ 移民在西方世界是一种人类的常态行为。据《帕尔格雷夫世界历史统计:欧洲卷1750-1993》给出的数据,在1850-1920年间,约有1567万英国人、431万德国人、233万奥匈帝国人、858万意大利人和38万法国人离开本国,去欧洲以外的地方定居。看看一百多年前的欧洲,你就会知道,移民真不是一件大事儿。

根据❶,完成下面的句子。

1. 关于移民,我们身边越来越多的人

   (i) _____ (ii) _____ (iii) _____。

2. 中产阶级吃饭聚会的时候都会谈及_____。

3. 因为作者认为＿＿＿＿＿＿＿＿＿＿＿＿＿＿＿＿，所以作者对于人们对移民的热衷持有积极的态度。

根据❷，选出最适合左边句子的结尾。把答案写在方框里。

4. 移民是…… ☐
5. 智人…… ☐
6. 五万年以后，…… ☐
7. 其他人种都灭绝，…… ☐
8. 人类的本能使人类…… ☐

Ⓐ 不断向外部寻找资源，建立家园。
Ⓑ 智人成为了人类，过程非常漫长。
Ⓒ 基因不同。
Ⓓ 从非洲出发。
Ⓔ 智人到达了地球各地。
Ⓕ 人类的本性之一。
Ⓖ 一件艰难的事。
Ⓗ 一个很大的概念。

根据❸，从下面提供的词汇中，选出合适的词填空。

| 比如 | 放弃 | 在……之前 | 当然 | 追求 |
| 以及 | 包括 | 除了……之外 | 不过 | 打算 |

9. 【–9–】＿＿＿＿＿＿＿＿＿＿＿
10. 【–10–】＿＿＿＿＿＿＿＿＿＿＿
11. 【–11–】＿＿＿＿＿＿＿＿＿＿＿
12. 【–12–】＿＿＿＿＿＿＿＿＿＿＿
13. 【–13–】＿＿＿＿＿＿＿＿＿＿＿
14. 【–14–】＿＿＿＿＿＿＿＿＿＿＿

根据❹，回答下面的问题。

15. 现在人们如何定义移民？
＿＿＿＿＿＿＿＿＿＿＿＿＿＿＿＿＿＿＿＿＿＿＿＿＿＿＿＿＿＿＿＿＿

16. 移民的目的是什么？
＿＿＿＿＿＿＿＿＿＿＿＿＿＿＿＿＿＿＿＿＿＿＿＿＿＿＿＿＿＿＿＿＿

根据❺，判断下面叙述的对错。在方框里打[✓]，并以文章内容说明理由。两个部分都答对才能得分。

　　　　　　　　　　　　　　　　　　　　　　　　　　　　　对　错

17. 在一百多年前，有大量的欧洲人移民到其它国家。　　　　　☐　☐

　　理由：＿＿＿＿＿＿＿＿＿＿＿＿＿＿＿＿＿＿＿＿＿＿＿

18. 对作者来说，移民是一件影响深远的大事。　　　　　　　☐　☐

　　理由：＿＿＿＿＿＿＿＿＿＿＿＿＿＿＿＿＿＿＿＿＿＿＿

写作 WRITING

标准课程 Standard Level — 从下面的题目中任选一题作答。字数为300–480之间。

1. 你在上海定居,刚参加一个工作招聘会,发现大多数来应聘的人都有海外留学背景。你父母告诉你,十几年前在海外留学的人都会选择移民定居国外,而不是回归中国。这让你对留学移民有些想法。请从下面的文本类型中选择一个,记录你的所见所感。

   ◆ 邮件　◆ 评论　◆ 报告

2. 你是在英国读中学的留学生。因为英国进行了公开选举确定离开欧盟,社会上对移民问题的讨论很激烈。你也因此更深入地了解移民问题。请从下面的文本类型中选择一个,谈谈你对移民问题的看法,并呼吁同龄人树立正确的态度。

   ◆ 邮件　◆ 演讲　◆ 博客

3. 你要代表学校参加一个跨学校的中学生联合国大会活动。这个中学生联合国大会活动的目的是讨论时事热点,培养学生们的独立思考能力。以"如何处理移民问题"发表你的见解。请从下面的文本类型中选择一个,来谈谈你的看法。

   ◆ 演讲　◆ 文章　◆ 日记

高级课程 High Level — 从下面的题目中任选一题作答。字数为540–720之间。

1. 你的好朋友兴奋地告诉你,他/她全家的移民申请被批准了,即将移民去一个陌生的国家,因为他/她的父母认为移民能给他/她提供更好的发展前景。你听了以后很难过。请从下面的文本类型中选择一个,谈谈你对移民的看法。

   ◆ 广告　◆ 书信　◆ 日记

2. 你居住的社区最近有不少新移民。这些新移民的生活方式和现有居民非常不同,造成现有居民的不便。社区决定针对移民问题进行讨论,希望找出解决方法。请从下面的文本类型中选择一个,谈谈你对这个问题的看法,并给出建议。

   ◆ 演讲　◆ 博客　◆ 日记

3. 作为一个新移民,你最近的一次经历让你感慨万分。这也让你对移民的认识有了不少变化。请从下面的文本类型中选择一个,简要描述事情的经过,并抒发你的情绪。

   ◆ 演讲　◆ 社论　◆ 日记

附录 APPENDICES

1. 写作文体与学生范文（第一部分）
WRITING TEXT TYPES &
STUDENTS' MODEL ESSAYS (PART 1)   268

2. 生词索引 VOCABULARY INDEX   285

APPENDIX 1

写作文体与学生范文（第一部分）
WRITING TEXT TYPES & STUDENTS' MODEL ESSAYS (PART 1)

This section will introduce the following text types of writing: (1) Email 电子邮件, (2) Diary 日记, (3) Letter 书信, (4) Interview 采访, (5) Blog 博客, (6) Speech 演讲稿, and (7) Editorial 社论.

评分标准 MARK SCHEME

Students are required to communicate accurately using a wide variety of words, expressions and structures. Ideas should be explained in an organized manner with sufficient supporting details. The marking scheme awards marks for positive aspects only and irrelevant materials will not merit any marks.

STANDARD LEVEL: 30 POINTS

Criteria	Category	Score
Criterion A	**Language:** Vocabulary, grammatical structures, accuracy and effectiveness of the language	1-12
Criterion B	**Message:** Relevant and development of ideas, clarity and organization of ideas	1-12
Criterion C	**Conceptual understanding:** The choice of text type, tone and conventions	1-6

HIGHER LEVEL: 30 POINTS

Criteria	Category	Score
Criterion A	**Language:** Vocabulary, grammatical structures, accuracy and effectiveness of the language	1-12
Criterion B	**Message:** Relevant and development of ideas, clarity and organization of ideas	1-12
Criterion C	**Conceptual understanding:** The choice of text type, tone and conventions	1-6

写作指南 WRITING GUIDE

一、审题　　：你需要认真读懂写作题目，并选择最合适的文体。
二、列大纲：列出简要的写作大纲。
三、写作　　：注意你的写作对象，并用上好词好句。
四、检查　　：你需要从头到尾仔细再读一遍。

练习审题

作文题目：除了周星驰以外，你觉得还有哪个明星/导演的电影也具有无厘头文化的成份，请写一篇博客跟你的网友分享。

方法：用填空来审题

1. 这个问题的写作格式是：<u>博客</u>。
2. 读者群是：<u>网友，所以风格应该半正式</u>。
3. 我需要注意的主题词有：<u>周星驰、电影、无厘头文化</u>。

文体一：电子邮件　TEXT TYPE 1: EMAIL

格式说明　FORMAT

用途　　　：通过互联网发送邮件来进行一对一或是一对多的沟通。
对象　　　：收件人
语气　　　：可以是非正式或正式的语气，视对象而定。
注意事项：不能在最后的署名之后加日期。

寄件人	寄件人：lili@gmail.com
收件人	收件人：maike@gmail.com
标题	标题：我需要听听你的想法
称呼语	亲爱的麦克：
问候语	你好！最近一切都好吗？
正文	我最近有点儿烦。因为………………………………………………………………
结尾	你觉得我应该怎么办呢？我想听听你的想法。
祝语	祝 事事顺心
署名	丽丽

学生范文 STUDENT'S MODEL ESSAY

作文题目： 你的中国朋友打算在暑假的时候来你的国家旅行一个星期。他已经上网查了一些资料，但是他想请你说说有哪些地方一定不能错过，还有哪些活动一定得体验。请以电子邮件回复你的朋友。

Outlook信箱

mail.outlook.com

寄件人：mingming@outlook.com

收件人：yangyang@outlook.com

标题：你什么时候会到达新加坡呢？

阳阳：

　　好久不见！你最近应该非常忙碌，对不对？我听到了你要来新加坡的消息以后，感到非常兴奋。遗憾的是，你来新加坡的时候我可能在韩国跟家人度假，不能陪你到处参观。不过，我可以推荐一些我觉得特别有意思的旅游景点，希望对你有帮助。

　　我觉得你应该会喜欢新加坡的虎豹别墅(Hwa Par Villa)。虎豹别墅的园中拥有大量的雕像。尽管园内的景物看起来会让人有怪诞的感觉，但是里面包含了中国的神话传说与民间故事。通过这些雕像，你会更深刻地了解新加坡的历史文化。千万别忘记，园中最有名的雕像系列就是"十八层地狱"的场景！我认为虎豹别墅会给你留下深刻的印象。

　　此外，另一个我觉得很有意思的旅游景点是乌敏岛(Pulau Ubin)。乌敏岛是新加坡最大的自然公园，环境非常清幽。公园里可以找到的动物应有尽有，比如：猴子、蜥蜴和獭等等。乌敏岛让人和大自然做新朋友，呼吸新鲜的空气，体会大自然的美。我觉得这个地方迷人的景色肯定会让你流连忘返。

　　我对你的来访感到非常兴奋。如果你听从我的建议，你应该可以体验到不一样的新加坡。俗语说"读万卷书不如行万里路"，我希望这次的旅游会让你大开眼界。

　　祝
旅途愉快

明明

文体二：日记　TEXT TYPE 2: DIARY

格式说明　FORMAT

用途　　　：记录自己当天的所见所闻所感。
对象　　　：自己
语气　　　：非正式
注意事项：第一行要写上日期、星期X和天气。

十月二十八日　　　　　　　　　　星期六　　　　　　　　　　小雨

　　我今天非常高兴，因为我的中文作文得到老师的赞赏！…………
…………………………………………………………………………

学生范文　STUDENT'S MODEL ESSAY

作文题目： 因为手机的普遍使用，让许多人能方便地用发短信的方式来进行沟通。你对人们经常用手机发短信所带来的影响有一些想法。写一篇日记，记录你对这个现象的意见。

三月九日　　　　　　　　　　星期四　　　　　　　　　　晴

　　今天是风和日丽的好天气，但我上巴士后，却发现几乎所有的乘客都低着头在用手机。我觉得很惊讶，因为只有少部分的人抬头享受窗外郁郁葱葱的景色。随着时代的发展和科技的进步，手机不再是奢侈品，它已成为人们日常生活中不可或缺的工具。许多人经常利用手机发送短信与别人沟通，我认为这种人与人之间的交流方式有利也有弊。

　　手机最大的好处就是能让沟通更方便。在巴士上，我看见一位小男孩在安慰他的妹妹。妹妹看起来好像身体不舒服，哥哥就赶快发短信通知妈妈，请妈妈来带妹妹去看医生。发短信真的非常方便，随时随地都可以发短信，不受时间、地点和环境的限制。对方任何时间都可以查看短信和回复短信。另外一个好处是，每当我忘了和朋友们的约会地点，我可以查看存在手机上的短信记录。

除了这些好处之外，我在巴士上也看见了短信所带来的坏处。在我欣赏窗外景色的时候，我发现了很多人不管是过马路、走路、开车时都在看手机。我看了觉得很紧张，因为这是很危险的，随时可能发生意外。还有，最令人哀伤的是，巴士上有一个孩子忙碌地发短信而忽视了坐在身旁的妈妈。发短信不止会疏远父母与孩子之间的关系，也会影响孩子面对面沟通的能力。这是因为短信只是一种文字，我们不能真正了解发短信人的思想感情和态度。除此之外，短信一般使用的词语比较简洁，不用写出完整的句子，有时可能会让人产生误解。如果长期使用简洁的词语发短信，大家的语言能力和与别人沟通的能力会慢慢地下降。

　　总而言之，发短信是一种很好的沟通方式，比较快捷方便。但是，我们也要经常与家人和朋友面对面沟通，这样才不会丧失我们的语言能力，才能与家人和朋友保持良好的亲密关系。

文体三：书信　TEXT TYPE 3: LETTER

格式说明 FORMAT

用途　　　：一对一地进行沟通。
对象　　　：收件人
语气　　　：可以是正式的语气（正式信件），也可以是非正式的语气（私人信件）。
注意事项：语气要和对象一致。

私人信件

称呼语	亲爱的陈亮：
问候语	你好！ 好久不见了！最近过得好吗？
正文	(正文)…………………………………… …………………………………………………
结尾	好了，不多说了，先写到这里。期待你的回信。
祝语	祝 生活愉快
署名 日期	丽丽 　　　　　　　　　　　　　三月九日

学生范文 STUDENT'S MODEL ESSAY

作文题目： 你的一个朋友来信告诉你他/她刚刚失恋了，他/她很难过；给他/她写一封信谈谈你的看法。

> 亲爱的小花，
>
> 　　好久没见啦！对不起，很久没有跟你写信，我最近忙着准备大考。这次，我写这封信是为了谈谈你最近失恋的事。你妈妈通知了我这件事，她非常担心你。

我知道你和小明非常亲密，而且他是你的第一个男朋友。但是，我觉得你们俩分手对你比较好。当你和他在一起的时候，我发现你经常为了恋爱忽视了学业。你以前不是很爱数学吗？为什么没参加今年的数学比赛呢？我明白有时爱情是盲目的，让人把四周围的事都忘掉。你可能觉得这个现象很平常，尤其这是你第一次谈恋爱。我不是在说你和小明的关系只有弊，没有利。我发现他让你变得比较开朗，也把你变成一个勇敢的人。

　　但现在你们分手了，我猜你一定是很伤心。我劝你，请千万不要为了这件事废寝忘食。你才十七岁，这次失恋不代表你的生活完毕了。在你的人生中会接触到更有意义的事情。所以，别放弃！如果你想把这些烦恼抛到九霄云外，你应该做一些有意义的事。你不是很爱弹琴吗？利用这个爱好放松吧！或者去公园散步，这样你不但能保持身心健康，也能忘记一切。这真是一举两得啊！

　　好啦！我在此停笔，我希望这封信能让你感觉比较好。我会等着你的回信！

　　祝
生活愉快

姿锦
三月九日

正式信件

称呼语	尊敬的校长：
问候语	您好！
正文	(正文) 给您写这封信的目的是…………………………………………………………………
结尾	非常感谢您抽空看我的信。希望早日收到您的回信。
祝语	此致 　敬礼
署名	学生， 丽丽
日期	三月九日

学生范文 STUDENT'S MODEL ESSAY

作文题目： 你在你们城市为新移民办的学校当义工，你要为学校里说中文的孩子们组织一个郊游活动。写一封信给家长，介绍这个活动，并说明报名方式。

尊敬的家长们，

大家好！

我叫明明，是学校的一名学生义工，非常欢迎大家来到这个城市。我知道搬到一个新的城市去居住是一件非常不容易的事情。你们可能在这里没有亲朋戚友，人生地不熟，一切都需要花时间从头做起。因此，我打算为学校里说中文的孩子们组织一个郊游活动。我希望通过这个活动，让孩子们可以认识更多的新朋友，也可以更了解这个城市。

这次的活动是参观位于新加坡东北部的一个岛屿，叫乌敏岛。在那里，孩子们不但可以了解新加坡的文化和历史，还可以体验那里的生活。我们将会在那里租用自行车漫游整个岛屿，欣赏岛屿的自然风貌。我们也会在那儿进行一些水上活动，比如：潜水活动、滑水、游泳、钓鱼、打水球等等。

如果您同意让孩子参加这次活动，请打电话或是到学校报名。谢谢！

此致
敬礼

明明
三月九日

文体四：采访　TEXT TYPE 4: INTERVIEW

格式说明　FORMAT

用途　　：以对话的形式和被采访者进行探讨。采访稿又叫人物专访。是为了某个专门话题，访问事件相关人物或专家和名人等，请教问题并寻求他们的解答，最后记录访问过程的稿件。
对象　　：读者或者观众。
语气　　：正式
注意事项："访谈式采访稿"要注意语境，要口语化，有"对话"的特点。

标准课程 Standard Level ——访谈式采访稿

标题 　　——副标题（访XXX／XXX专访）

开头：　1) 日期　2) 时间　3) 地点　4) 采访人　5) 受访人

采访者　：1) 自我介绍　2) 介绍被采访者　3) 说明采访目的 　　　　　4) 问候被采访者　5) 提出问题一

被采访者：1) 礼貌问候　2) 回应问题一

采访者　：提出问题二 被采访者：回应问题二

采访者　：提出问题三 被采访者：回应问题三

……

采访者：非常感谢您接受我的采访，让我们对（主题）有更深的了解。谢谢您。 被采访者：不客气……

> 学生范文 STUDENT'S MODEL ESSAY

作文题目： 一位有名的影星要来你们的学校，你将代表学校中文报采访这位影星。你请他/她谈如何成为一位成功的演员。写一篇采访稿。

如何成为一位成功的演员

日期：三月十七日　　　　时间：下午三点　　　地点：学校办公室
采访人：学校中文报的代表　　受访人：演员大山

学生： 您好！谢谢您今天抽空来跟我谈一谈。

大山： 不客气。我很荣幸受邀做采访。

学生： 现在越来越多的年轻人当演员，而且十分有上进心。我的同学中也有大部分有成为演员的梦想。您对这种现象有什么意见，觉得为什么他们对演戏感兴趣？

大山： 年轻人会认为演员的生活方式绚丽多姿，容易盲目崇拜迷人的娱乐圈明星。此外，青少年常常渴望表现自己，而演戏是很好的机会。

学生： 你现在是世界有名的演员。但是在你还没出名时，你面对了什么挑战？

大山： 高中毕业后，由于我对演戏非常感兴趣，我去了美国大学学习演戏。但是，大学毕业后很难找到演戏的工作，我不得不找另一份兼职工作来养活自己。除此以外，我开始参加无数的试镜，可是次次遭到失败。尽管如此，我还是一次又一次地尝试，皇天不负苦心人，终于试镜成功了。

学生： 所以你觉得一位成功的演员要具有哪种性格？

大山： 对我来说，想成功的人必须要有决心。而且，年轻的演员应该有礼貌、有耐心。已经成功的演员要保持谦逊的态度，尊重同行的演员。

学生： 这对许多野心勃勃的年轻演员们来说是很棒的忠告。在你离开之前，你能告诉我们一个成功的秘诀吗？

大山： 好吧！大家都要注意：名声不是永恒的。你们永远不能骄傲自大，要对每一位粉丝心存感谢。

学生： 非常感谢您与我们分享您宝贵的经验和智慧。

大山： 不客气。

高级课程 High Level ——总结式采访稿

标题
　　—副标题（访XXX／XXX专访）

开头：
1) 访问的时间、地点、人物等主要信息　2) 采访目的

主要内容：
1) 介绍被采访人物　2) 介绍事情的内容

结尾：
1) 简要总结　2) 采访后的个人感想

学生范文 STUDENT'S MODEL ESSAY

作文题目： 中国国际学校的刘校长到你的学校参加关于当今青少年价值观问题的研讨会，你作为校报的记者对他/她做了访问。请写一篇采访稿，总结他/她的观点。

青少年与价值观
——访中国国际学校刘校长

近日，中国国际学校的校长到我校访问，并参加关于当今青少年价值观问题的研讨会。我校校报借此机会采访了刘校长，希望他能给我们青少年一些如何树立正确价值观的建议。

刘校长担任校长已经超过20年，有丰富的经验。他知道青少年价值取向改变的原因，也了解树立正确价值观对青少年的成长十分重要。他说，"青年的价值取向决定了青年未来的人生走向，这就像穿衣服扣扣子一样，如果第一粒扣子扣错了，后面的扣子就都扣错了。"

刘校长在采访中谈到，网络的开放性让青少年接触到不同的文化价值观点，这些次文化慢慢地影响着青少年的价值观。如果青少年缺乏独立判断正确事物的能力，很容易被不良价值观影响。例如，他发现，为了学业成绩，很多青少年对考试分数的重视高于学习本身。这说明了青年学生更加关注事物能带来的价值，而不是事物本身的价值。

对于如何帮助青少年树立正确的价值观，他认为应该从青年的实际需要出发，传达正确的信念。学校社团必须以青少年为主体，关心青少年的需要，重视他们的能力和个性，培养正确的价值观。他也建议，采用青少年喜爱的方式，利用影音媒体来正确引导青少年的思想。

从人性的本质出发，多和青少年沟通，才能帮助青少年树立正确的价值观，刘校长的建议对我触动很大。通过这个采访，刘校长不仅让我们认识到影响青少年价值取向的原因，同时也告诉我们可行性的建议和方法，让我们收获不少。

非常感谢刘校长在百忙之中，接受我们的采访。

文体五：博客　TEXT TYPE 5: BLOG

格式说明　FORMAT

用途　　　：公开发表自己的意见和看法。
对象　　　：读者
语气　　　：非正式 / 正式
注意事项：别忘了署名（"XXX的博客"）。

给出有趣的标题	**移民还是不移民**
发表的时间	三月九日　21:36
署名	XXX的博客
文章的分类	分类：生活
正文	(开始写正文)………………… …………………………………

学生范文　STUDENT'S MODEL ESSAY

作文题目： 你发现最近对不同国家第三代移民者的称呼越来越多，比如"香蕉人"、"鸡蛋人"等。请写一篇博客，说明标签化的害处。

---

http://blog.google.com/reinapark

标签化的害处

三月九日　18:30
朴绪璘的博客
分类：生活；标签化；移民；文化差异

　　最近我注意到，对不同国家第三代移民者的称呼越来越多，也许起因于全球化的深入引起的移民热流。比如，"香蕉人"指一个在西方国家出生及长大的亚洲人，即使他们有黄色的皮肤，但是他们的语言和文化像白皮肤的高加索人。

　　对我来说，我不太赞成这样的标签化。促进种族和谐的第一步是欣赏其他文化，但是大部分的这些标签单词有点贬义。这样会伤害那个人，并且让他质疑自我身份。最后，受到标签的移民者会在母国和移民国家里感到疏离感和反感。

有文化的交融才有文化的繁荣。第三代移民者是多种文化的集合体，所以他们的知识面广、思维活跃和文化移情能力强。他们可以作为连接不同国家的桥梁。按照主观判断来给这些人贴标签是忽略他的价值。

作为一个第三文化的孩子，我也可以理解包括"香蕉人"、"鸡蛋人"的标签引起的挫败感。我觉得现代人要学会尊重其他文化，学会赞美种族差异。

文体六：演讲稿　TEXT TYPE 6: SPEECH

格式说明　FORMAT

用途　　：以说话的形式表达自己的看法和观点，以引起听众的共鸣。
对象　　：听众
语气　　：正式，带有鼓动性。
注意事项：留意演讲的对象和目的。

对象	亲爱的同学们：
开场白	大家好！今天我想谈一谈……
正文	………………………………………
	………………………………………
结尾	我的演讲完了，谢谢大家！

学生范文 STUDENT'S MODEL ESSAY

作文题目： 你参加的中国夏令营活动就要结束了，你要代表你的夏令营团员在欢送会上发言，感谢王老师在夏令营中的辛勤工作。写一篇发言稿。

尊敬的王老师、同学们：

大家好！美好的时光总是过得飞快。我们的夏令营马上就要结束了。现在我代表团员们谈一谈夏令营的经历。在过去的两个星期里，我们参加了各种各样的活动，这些活动让我们扩大了知识面，尤其是环保方面的知识。我们也认识了很多新的朋友，也锻炼了新的技能。

接下来，我要代表同学们感谢王老师，为我们安排了内容丰富、意义深刻的各种活动。王老师带领我们参观了北京环保局、废物回收站、垃圾填埋场等，让我们不但了解了环保的基本知识、预防措施，以及北京空气污染的原因和治理的方案，也让我们充分认识到环保对人身健康和自然环境的严重影响。特别是中国癌症村的资料让我们非常震惊，大大提高了我们的环保意识。同学们都表示应该从现在做起，从日常生活的小事做起，确实保护环境，力争做到生活中的用品要物尽其用，同时向家人和周围的人宣传环保的重要性，做环保的宣传大使。

其次，我们也要感谢王老师为我们安排了舒适的住宿，让我们有一种宾至如归的感觉。王老师也不辞辛苦地带我们游览了北京的名胜古迹，让我们在环保夏令营活动中也学到了中国的历史和文化，提高了汉语的听说水平。尤其是当一位学生生病的时候，王老师带她去医院，给她做饭，对她无微不至的照顾，让我们大家都深受感动。

总而言之，这个夏令营大大提升我的学术能力，不但让我学到各种各样的环保知识，也开阔了我的眼界。我再次感谢王老师和同学们，这两个星期我过得非常愉快。

我的演讲说完了，谢谢大家。

文体七：社论　TEXT TYPE 7: EDITORIAL

格式说明　FORMAT

用途　　　：公开、正式地对某个事件或问题有条理地阐述自己的观点。
对象　　　：读者
语气　　　：正式
注意事项：内容要有逻辑性，思路要清晰，立场要明确。

标题	应对种族冲突问题
写作时间和作者名字	三月九日　　　　王莉
正文	（开始写正文）………………………………………………………

学生范文　STUDENT'S MODEL ESSAY

作文题目： 随着科技发展，现在有越来越多的人们在春节使用电子红包（通过微信相互给红包），而不是用现金红包。请以社论形式，谈一谈你对此的看法和想法。

电子红包的未来

三月九日　赵晓明

农历新年快到了。居住在新加坡的华人都开始准备庆祝农历新年。在这段时间，我发现一个很特殊的情景：银行提款机前，从早到晚都有很多人在排队。他们花这么多时间站在银行门口是因为想提取"新钱"。新年的习俗是红包里要放"新钱"，代表吉利。拜年的时候，长辈会给晚辈红包。不过，近几年有个新现象（因为多数年轻人使用网络），银行和环保队提倡大家试一试"电子红包"。

电子红包有很多好处。第一，可以节省纸张。收到红包后，多数人不会把红包的信封再利用。很多公司也会特别设计红包信封送给顾客。如果当年的红包信封上有生肖（比如说：今年是狗年），明年就无法再利用，很浪费。因为每年收到的红包信封太多了，一般人都用不完。如果换成电子红包，将大大减少红包信封的浪费。

第二，在现今全球化的世界，电子红包非常方便。现在，很多年轻人没有跟父母住在同一个国家。新年的时候，有些人因为工作忙碌没办法回家过新年。在这种情况下，电子红包不仅很方便，而且也拉近家人朋友的亲密关系。二十一世纪的今天，我们生活的方方面面都被科技影响。电子红包让我们一边庆祝传统节日，一边跟上时代的发展。

但是有些人觉得电子红包会使我们失去传统的习俗。拜年时，晚辈给长辈说吉祥话，长辈分发纸红包给晚辈，是很重要的新年习俗，用电子红包会失去红包的意义。一家人一起去拜年，还能享受全家人在一起的美好时光，增进家庭关系。如果用电子红包，有些人担心年轻人就不愿意去拜年了。

总而言之，我认为我们可以使用电子红包，但千万不要遗弃给红包的传统习俗。我觉得我们应该看情况而定：如果孩子远离家乡，电子红包就是最好的方法；如果全家人在一起庆祝新年，可以选择使用纸红包，保留传统习俗，发扬光大。

APPENDIX 2 生词索引 VOCABULARY INDEX

A

安抚	ānfǔ	comfort	T2 U3S3	198
安全感	ānquán gǎn	sense of security	T2 U5S1	244
安于现状	ān yú xiànzhuàng	be contented with the current status	T1 U1H1	18
案例	ànlì	case	T2 U5S2	247
黯然神伤	ànrán shénshāng	feel dejected	T2 U2H1	177
嗷嗷待哺	áo'áo dàibǔ	cry piteously and wait to be fed	T2 U1H1	152
拗口	àokǒu	hard to pronounce	T1 U5H1	124

B

白领	báilǐng	white-collar	T2 U5S2	247
拜祭	bàijì	worship	T2 U4H1	231
保健	bǎojiàn	health care	T2 U1S2	142
暴跳如雷	bàotiào rúléi	fly into a rage	T1 U2H1	44
北漂	běipiāo	Beijing drifter (people from outside Beijing who work and live in Beijing without an official and stable residence)	T2 U4S1	218
奔波	bēnbō	busy running about	T2 U3S1	191
本地人	běndì rén	local people	T1 U5S3	119
避免	bìmiǎn	avoid	T1 U5S3	119
避难	bìnàn	take refuge	T2 U3S3	198
标新立异	biāoxīn lìyì	do something new just to be different	T1 U4H1	99
别出心裁	biéchū xīncái	be original in one's ideas	T2 U4S2	223
蹩脚	biéjiǎo	inferior	T1 U1H1	18
别字	biézì	word written or pronounced wrongly	T2 U1S2	142
剥落	bōluò	peel off	T1 U5H1	124
补偿	bǔcháng	compensate	T2 U1S3	146
不甘示弱	bùgān shìruò	refuses to admit being inferior	T2 U3S1	191
不可避免	bùkě bìmiǎn	unavoidably	T1 U1S3	14
不良影响	bùliáng yǐngxiǎng	bad influence	T1 U4S3	95
不稀罕	bù xīhàn	do not care	T1 U2H1	44
步行	bùxíng	walk	T1 U2S1	32
不知所措	bùzhī suǒcuò	be at a loss	T1 U3S2	62

C

财富	cáifù	wealth	T1 U1S3	14
财务总监	cáiwù zǒngjiān	Chief Financial Officer (CFO)	T1 U2H1	44
残酷	cánkù	cruel	T2 U5S1	244
沧桑	cāngsāng	weather-beaten	T2 U3S1	191
操劳	cāoláo	work hard	T2 U3S2	195
草木荣枯	cǎomù róngkū	flourishing and withering of vegetation	T1 U1H1	18
侧面	cèmiàn	side; aspect	T1 U3S2	62
参差不齐	cēncī bùqí	uneven	T2 U4S3	227
忏悔	chànhuǐ	confess	T1 U3S1	57
常识	chángshí	common sense; general knowledge	T2 U3S3	198
场景	chǎngjǐng	scenes	T2 U3S3	198
潮流	cháoliú	trend	T1 U4S2	91
彻底	chèdǐ	completely; totally	T1 U5S3	119
沉甸甸	chéndiāndiān	heavy	T2 U4S3	227
晨曦	chénxī	first rays of the morning sun	T2 U3H1	203
趁	chèn	take advantage of	T2 U3H1	203
成就感	chéngjiù gǎn	a sense of accomplishment	T2 U1S1	138
呈现	chéngxiàn	present	T2 U5H1	256
吃亏	chīkuī	in an unfavourable situation	T1 U3H1	71
吃素	chīsù	vegetarian	T1 U2S1	32
持续	chíxù	continuous	T1 U4S2	91
赤条条	chìtiáotiáo	stark naked	T2 U4S3	227
憧憬	chōngjǐng	yearn; look forward to	T2 U4H1	231
充足的睡眠	chōngzú de shuìmián	sufficient sleep	T1 U2S3	40
重叠	chóngdié	overlap	T2 U5H1	256
重温	chóngwēn	relive (memories, experiences, etc.)	T2 U4S1	218
抽时间	chōu shíjiān	take/spare time (to do something)	T2 U3S2	195
抽象	chōuxiàng	abstract	T1 U1H1	18
筹划	chóuhuà	plan	T1 U3H1	71
筹集	chóují	raise (money)	T2 U2S2	168
愁眉苦脸	chóuméi kǔliǎn	have a sad face with knitted eyebrows	T1 U3S1	57
初次见面	chūcì jiànmiàn	meet (someone) for the first time	T2 U1S3	146
出境	chūjìng	leave a country or region	T2 U2S1	165
出头露面	chūtóu lòumiàn	be in the limelight	T1 U3H1	71
初衷	chūzhōng	original intention	T2 U5S2	247
除此之外	chúcǐ zhīwài	apart from this; in addition	T2 U2S2	168
雏鸡	chújī	newly hatched chick	T2 U1H1	152
储蓄	chǔxù	save; deposit	T2 U1S2	142
触景生情	chùjǐng shēngqíng	the sight strikes a chord in one's heart	T2 U2H1	177

VOCABULARY INDEX 285

触目	chùmù	eye-catching; conspicious	T1 U4H1	99
纯正	chúnzhèng	pure; genuine	T1 U5S1	111
传统艺术	chuántǒng yìshù	traditional art	T2 U1S1	138
创业	chuàngyè	start a business	T1 U2S1	32
慈善机构	císhàn jīgòu	charitable organization	T2 U1S3	146
此起彼落	cǐqǐ bǐluò	one after another	T2 U4H1	231
此外	cǐwài	furthermore	T2 U2S1	165
刺激	cìjī	exciting; excitement	T1 U1S2	9
从容	cóngróng	calm	T2 U3S3	198
粗糙	cūcāo	coarse; rough	T2 U1H1	152
挫折	cuòzhé	setback	T2 U3S3	195

D

达到	dá dào	achieve	T2 U1S2	142
打包	dǎbāo	take away (food); pack (leftovers)	T1 U5S1	111
打瞌睡	dǎ kēshuì	doze off	T2 U4S1	218
打扰	dǎrǎo	disturb	T1 U2S3	40
大名鼎鼎	dàmíng dǐngdǐng	very famous	T2 U2S3	173
大难临头	dànàn líntóu	faced with imminent disaster	T2 U1H1	152
代代相传	dàidài xiāngchuán	pass on from generation to generation	T2 U4S2	223
贷款	dàikuǎn	to get a loan	T2 U5S3	251
单身	dānshēn	being single	T1 U1S2	9
淡定	dàndìng	poised	T2 U3S3	198
当地美食	dāngdì měishí	local delicacies	T2 U2S1	165
当务之急	dāngwù zhījí	the most pressing matter of the moment	T1 U5S2	115
挡不住	dǎng bú zhù	cannot stop	T1 U4S1	86
到底	dàodǐ	what on earth	T1 U4S3	95
倒数日子	dàoshǔ rìzi	counting down the day	T2 U2S1	165
低龄化	dīlínghuà	younger age trend	T1 U3S2	62
低人一等	dīrén yìděng	inferior to other people	T1 U4S1	86
抵触	dǐchù	contradict	T1 U3S2	62
底线	dǐxiàn	bottom line	T1 U4S2	91
地道	dìdào	authentic	T1 U4S3	95
地震	dìzhèn	earthquake	T2 U3S3	198
典型	diǎnxíng	typical	T1 U5S1	111
点缀	diǎnzhuì	embellish	T2 U2H1	177
调查	diàochá	survey	T1 U5S2	115
丁克	dīngkè	childless	T1 U1S2	9
顶多	dǐngduō	at most	T2 U4S1	218
动力	dònglì	motivation	T1 U1S2	9
动机	dòngjī	motivation	T1 U3S3	66
嘟囔	dūnang	mutter to oneself	T1 U4H1	99
堵车	dǔ chē	traffic jam	T2 U4S1	218
独立	dúlì	independent	T2 U2S2	168
锻炼	duànliàn	exercise	T1 U1S3	14
对象	duìxiàng	target	T1 U4S2	91
顿悟	dùnwù	sudden enlightenment	T2 U2H1	177

E

二三线城市	èrsānxiàn chéngshì	second- and third-tier cities	T2 U4S1	218

F

发扬光大	fāyáng guāngdà	bring to a greater height of development	T1 U4S3	95
发音	fāyīn	pronunciation	T1 U5S1	111
发展远景	fāzhǎn yuǎnjǐng	development prospect	T2 U5S2	247
反倒	fǎndào	instead	T1 U5S3	119
犯难	fàn nán	feel embarrassed	T1 U5H1	124
范围	fànwéi	range; extent	T1 U3S1	57
仿佛	fǎngfú	seems	T1 U1H1	18
方向	fāngxiàng	direction	T2 U5S3	251
放弃	fàngqì	give up	T1 U4S2	91
非营利机构	fēi yínglì jīgòu	non-profit organization (NPO)	T2 U1S3	146
粉丝	fěnsī	fans	T1 U2S1	32
愤慨	fènkǎi	resentment	T2 U5H1	256
风格	fēnggé	style	T1 U4S3	95
风靡一时	fēngmǐ yìshí	become very popular at one time	T1 U4S3	95
风俗民情	fēngsú mínqíng	customs and cultures	T2 U2S1	165
风险	fēngxiǎn	risk	T1 U4S2	91
敷衍	fūyǎn	perfunctory	T1 U3H1	71
浮滑	fúhuá	slick and frivolous	T1 U4H1	99
浮现	fúxiàn	emerge	T2 U3S3	191
辅导	fǔdǎo	counsel	T1 U2H1	44
辅助	fǔzhù	assist	T2 U3H1	203
附近	fùjìn	nearby	T2 U4S1	218
负面情绪	fùmiàn qíngxù	negative emotion	T1 U2S3	40
富翁	fùwēng	rich person	T2 U5S1	244
付诸	fùzhū	carry out	T2 U2H1	177

G

概括	gàikuò	summarize; sum up	T1 U2S1	32
干脆	gāncuì	straightforward	T1 U5H1	124
尴尬	gāngà	an awkward situation	T1 U4H1	99
赶时髦	gǎn shímáo	following the fashion	T1 U4H1	99
感悟	gǎnwù	thought; inspiration	T2 U2S3	173
感谢	gǎnxiè	thanks	T2 U3S3	198
高品质	gāo pǐnzhì	high quality	T2 U5S1	244
隔阂	géhé	estrangement; barrier	T1 U5H1	124
隔膜	gémó	estrangement	T2 U5H1	256
工资	gōngzī	salary	T2 U4S1	218

共鸣	gòngmíng	strike a chord; resonate	T1 U4S3	95
构筑	gòuzhù	construct; build	T2 U4S2	223
观察	guānchá	observation	T2 U5H1	256
官方语言	guānfāng yǔyán	official language	T1 U5S1	111
关键时刻	guānjiàn shíkè	crucial moment	T1 U2H1	44
关节	guānjié	joint	T1 U2S3	40
观念	guānniàn	perception	T2 U5H1	256
观念守旧	guānniàn shǒujiù	conservative	T1 U4S1	86
光明磊落	guāngmíng lěiluò	open and straightforward	T1 U1S2	9
瑰宝	guībǎo	gem; treasure	T2 U1S1	138
规定	guīdìng	regulation	T2 U4S2	223
国画	guóhuà	traditional Chinese painting	T2 U1S1	138
国际化	guójìhuà	internationalize	T1 U4S1	86
裹	guǒ	wrap	T2 U4S3	227
果断	guǒduàn	decisive	T2 U2S2	168
孤身奋战	gūshēn fènzhàn	fight bravely alone	T1 U2S3	40

H

海外	hǎiwài	overseas	T2 U5S2	247
寒颤	hánzhàn	shivering	T2 U4S3	227
好习惯	hǎo xíguàn	good habit	T1 U1S3	14
耗费	hàofèi	waste	T1 U1H1	18
毫无逻辑	háowú luóji	illogical	T1 U4S3	95
好客	hàokè	hospitable	T1 U3H1	71
好奇心	hàoqí xīn	curiosity	T2 U1S3	146
荷尔蒙	hé'ěrméng	hormones	T1 U2S3	40
和服	héfú	kimono	T2 U4S2	223
和谐	héxié	harmonious	T1 U2S3	40
轰动	hōngdòng	make a stir; make a sensation	T1 U5H1	124
厚道	hòudào	honest and kind	T1 U4H1	99
花鸟画	huāniǎohuà	bird-and-flower painting	T2 U1S1	138
环保	huánbǎo	environmental protection	T1 U2S1	32
环节	huánjié	link; aspect	T2 U2S2	168
缓解压力	huǎnjiě yālì	relieve stress	T1 U2S3	40
恍然大悟	huǎngrán dàwù	suddenly enlightened	T2 U3H1	203
忽略不计	hūluè bújì	not take into account	T2 U1S2	142
胡说八道	húshuō bādào	talk nonsense	T1 U2H1	44
恢复体能	huīfù tǐnéng	restore physical ability	T2 U1S2	142
回荡	huídàng	reverberate	T2 U4H1	231
回顾	huígù	retrospect; review	T2 U1S2	142
回应	huíyìng	respond	T2 U3S2	195
贿赂	huìlù	bribe	T1 U3S1	57
混浊	hùnzhuó	muddy; turbid	T2 U1H1	152
或许	huòxǔ	perhaps	T2 U1S2	142

J

羁绊	jībàn	restraint; hinderance	T2 U2H1	177
基本上	jīběn shàng	basically	T2 U1S2	142
鸡蛋里找骨头	jīdàn li zhǎo gǔtou	being captious	T1 U3H1	71
肌肉	jīròu	muscle	T1 U2S2	35
激素	jīsù	hormone	T1 U2S3	40
疾病	jíbìng	illness	T1 U1S3	14
急救车	jíjiù chē	ambulance	T2 U3S2	195
极其	jíqí	extremely	T2 U2S2	168
极限	jíxiàn	limit	T1 U4S2	91
极限训练	jíxiàn xùnliàn	extreme training	T2 U2S2	168
极限运动	jíxiàn yùndòng	extreme sport	T1 U4S2	91
继承	jìchéng	inherit; succeed	T1 U3S3	66
继承权	jìchéngquán	inheritance	T1 U3H1	71
嫉妒	jìdù	envy	T2 U1S3	146
寂静	jìjìng	silence	T2 U2H1	177
记录	jìlù	record	T2 U2S3	173
寂寞	jìmò	lonely	T1 U1H1	18
纪念仪式	jìniàn yíshì	memorial ceremony	T1 U3S3	66
技术移民	jìshù yímín	skilled immigrant	T2 U5S2	247
继续	jìxù	continue	T2 U3S3	198
记忆	jìyì	memory	T2 U1S2	142
记忆力	jìyìlì	memory	T1 U1S3	14
祭祖	jìzǔ	worship the ancestor	T1 U3S3	66
夹缝	jiāfèng	crevice	T2 U5H1	256
家境殷实	jiājìng yīnshí	well-off family	T2 U4S2	223
家乡父老	jiāxiāng fùlǎo	elders from the hometown	T2 U4S2	223
家喻户晓	jiāyù hùxiǎo	well-known to every household	T1 U5S3	119
价值	jiàzhí	value	T1 U1H1	18
坚持	jiānchí	insist	T1 U1S3	14
坚持	jiānchí	persistent	T1 U4S2	91
监护人	jiānhù rén	guardian	T2 U4S2	223
简陋	jiǎnlòu	simple and crude	T2 U2S2	168
简体中文	jiǎntǐ zhōngwén	simplified Chinese	T1 U5S1	111
建筑	jiànzhù	building	T2 U5S3	251
将就	jiāngjiu	put up with	T1 U3H1	71
僵硬	jiāngyìng	stiff	T2 U4S3	227
讲究	jiǎngjiu	be fastidious about	T1 U4H1	99
浇灌	jiāoguàn	water; irrigate	T1 U3H1	71
焦急	jiāojí	worried	T2 U3S2	195
交际圈	jiāojì quān	social circle	T1 U1S2	9
教育体制	jiàoyù tǐzhì	education system	T2 U5S2	247
阶层	jiēcéng	social rank	T1 U4S3	95
接地气	jiē dìqì	down to earth	T1 U4S3	95
接受	jiēshòu	accept	T1 U5S3	119
街头巷尾	jiētóu xiàngwěi	throughout the city	T1 U4S3	95

VOCABULARY INDEX

结婚	jiéhūn	get married	T2 U4S1	218
竭力	jiélì	try one's best	T1 U1H1	18
解释	jiěshì	explain	T2 U3S1	191
界限	jièxiàn	boundary	T1 U3H1	71
戒烟	jièyān	quit smoking	T1 U1S3	14
谨慎	jǐnshèn	prudent; cautious	T1 U1S3	146
近期	jìnqī	in the near future	T2 U1S1	138
经济效益	jīngjì xiàoyì	economic benefits	T1 U2H1	44
经济状况	jīngjì zhuàngkuàng	financial situation	T2 U2S2	168
惊恐万分	jīngkǒng wànfēn	extremely scared	T1 U2H1	44
精练	jīngliàn	succinct	T2 U4H1	231
精神上	jīngshén shàng	mentally; spiritually	T1 U3S3	57
惊叹	jīngtàn	amazed	T2 U3S3	198
精挑细选	jīngtiāo xìxuǎn	carefully select	T2 U2S1	165
镜头	jìngtóu	lens; shot	T2 U3S1	191
敬畏	jìngwèi	respect	T1 U2S1	32
经验	jīngyàn	experience	T2 U5H1	256
竞争	jìngzhēng	competition	T2 U3S1	191
窘促	jiǒngcù	embarrassed; in a predicament	T2 U3H1	203
纠结	jiūjié	be entangled with	T1 U2S2	35
拘泥	jūnì	rigidly adhere to	T2 U2S3	173
居然	jūrán	unexpectedly	T2 U1S2	142
局限	júxiàn	confine	T2 U5S3	251
举行	jǔxíng	hold (an activity)	T2 U5S2	115
聚集	jùjí	gather	T1 U4S1	86
眷念	juànniàn	feel nostalgic about	T2 U5H1	256
决定	juédìng	decide	T1 U5S3	119

K

开明	kāimíng	open-minded	T1 U4S1	86
康复	kāngfù	recover (from an illness or injury)	T2 U3S2	195
考察	kǎochá	inspect	T2 U5S3	251
考虑	kǎolǜ	consider	T1 U1S1	3
窠	kē	nest	T2 U1H1	152
可想而知	kěxiǎng érzhī	can be imagined	T1 U5S2	115
客观	kèguān	objective	T2 U2S2	168
客户	kèhù	customer	T1 U1S1	3
口角	kǒujiǎo	quarrel	T2 U3H1	203
口头禅	kǒutóuchán	pet phrase	T1 U4S3	95
口味	kǒuwèi	taste	T2 U2S3	40
窟窿	kūlong	hole	T2 U1H1	152
枯燥	kūzào	boring	T2 U1S1	138
脍炙人口	kuàizhì rénkǒu	(poetry, songs, etc) highly popular	T2 U4H1	231
宽敞	kuānchǎng	spacious	T2 U4S1	218
宽容	kuānróng	be tolerant	T1 U4S1	86
宽慰	kuānwèi	comfort; console	T1 U5H1	124
款待	kuǎndài	entertain with hospitality	T1 U3H1	71

狂风暴雨	kuángfēng bàoyǔ	violent storms	T2 U2S3	173
愧疚	kuìjiù	guilty	T1 U3S3	66
困扰	kùnrǎo	disturbed	T1 U2H1	44

L

喇嘛	lǎma	Lama (Tibetan monk)	T2 U4S3	227
来宾祝词	láibīn zhùcí	guests giving congratulatory messages	T2 U4S2	223
蓝领	lánlǐng	blue-collar	T2 U5S2	247
浪费资源	làngfèi zīyuán	waste resources	T1 U2S1	32
朗朗上口	lǎnglǎng shàngkǒu	catchy	T2 U4H1	231
牢狱	láoyù	prison	T1 U1H1	18
老龄化社会	lǎolínghuà shèhuì	ageing society	T1 U3S3	66
冷淡	lěngdàn	indifferent	T2 U1S3	146
俚语	líyǔ	slang	T1 U4S3	95
理睬	lǐcǎi	pay attention to	T2 U3S2	195
礼数	lǐshù	etiquette	T2 U4S1	218
理想	lǐxiǎng	ambition	T1 U1H1	18
力量训练	lìliàng xùnliàn	strength training	T1 U2S2	35
立马	lìmǎ	immediately	T2 U2S3	173
力气	lìqì	strength	T2 U3S1	191
例外	lìwài	exception	T2 U5S3	251
了解甚少	liǎojiě shèn shǎo	know very little	T1 U3S2	62
猎取	lièqǔ	hunt	T2 U1H1	152
临时	línshí	temporary	T1 U3S3	66
吝啬	lìnsè	stingy	T1 U4H1	99
灵活	línghuó	flexible	T1 U4S2	91
领域	lǐngyù	field; domain	T2 U2S2	168
流浪	liúlàng	roam about; lead a vagrant life	T2 U2H1	177
留念	liúniàn	keep for memento	T2 U3S1	191
流行语	liúxíng yǔ	catch phrase	T1 U4S3	95
络绎不绝	luòyì bùjué	in a continuous stream	T2 U4H1	231
旅行日记	lǚxíng rìjì	travel journal	T2 U2S3	173

M

埋怨	mányuàn	blame	T1 U3S3	66
漫漫长夜	mànmàn chángyè	a long night	T1 U2H1	44
魅力	mèilì	charm	T1 U4S1	86
勉励	miǎnlì	encourage	T2 U4S2	223
庙宇	miàoyǔ	temple	T2 U4S3	227
敏锐	mǐnruì	acute	T2 U5H1	256
名列前茅	míngliè qiánmáo	rank among the top	T2 U5S2	247
明显的效果	míngxiǎn de xiàoguǒ	obvious effect	T2 U2S2	35
冥想	míngxiǎng	meditation	T1 U2S3	40

摸索	mōsuǒ	try to figure out	T2 U1S1	138
模仿	mófǎng	imitate	T1 U4S3	95
磨练意志	móliàn yìzhì	steel one's willpower	T2 U4S2	223
莫名其妙	mòmíng qímiào	baffling	T1 U4S3	95
蓦然之间	mòrán zhījiān	suddenly	T2 U2H1	177
陌生	mòshēng	unfamiliar	T1 U5S3	119
目的	mùdì	purpose	T2 U1S2	142

N

难忘	nánwàng	unforgettable	T1 U4S3	95
能量	néngliàng	energy	T1 U2S3	40
能说会道	néngshuō huìdào	having a glib tongue	T1 U4H1	99
念经超度	niànjīng chāodù	chant scriptures to redeem the dead from sins	T2 U4S3	227
凝聚	níngjù	unite	T1 U5H1	124
凝重	níngzhòng	dignified	T2 U5H1	256

P

排斥	páichì	repel; repulse	T2 U5H1	256
排放量	páifàng liàng	emissions	T1 U2S1	32
排名	páimíng	ranking	T2 U5S2	247
排外	páiwài	exclusive; xenophobic	T2 U5S3	251
攀登	pāndēng	climb	T2 U1H1	152
攀爬	pānpá	climb up	T1 U4S2	91
盘算	pánsuàn	calculating	T1 U4H1	99
盘腿	pántuǐ	cross one's legs	T2 U4S3	227
朋友圈	péngyǒu quān	circle of friends in social media	T2 U2S1	165
捧腹大笑	pěngfù dàxiào	be convulsed with laughter	T1 U5H1	124
蓬头垢面	péngtóu gòumiàn	dishevelled hair and dirty face	T2 U5S3	251
疲劳过度	píláo guòdù	overwork; excessive fatigue	T2 U3S2	195
偏见	piānjiàn	bias	T1 U4S1	86
拼命	pīnmìng	with all one's might; desperately	T2 U3S3	198
拼贴	pīntiē	collage	T2 U2S3	173
品德	pǐndé	moral character	T1 U3S2	62
品味	pǐnwèi	taste; enjoy	T2 U4H1	231
平均寿命	píngjūn shòumìng	average life expectancy	T2 U4S2	223
迫不及待	pòbù jídài	too impatient to wait	T2 U3S1	191
迫切	pòqiè	pressing	T1 U5H1	124
剖视	pōushì	analyze	T1 U4H1	99
普遍	pǔbiàn	common	T1 U3S2	62
普遍存在	pǔbiàn cúnzài	ubiquitous	T2 U5S2	247
朴素	pǔsù	plain	T2 U4H1	231

Q

期待	qīdài	look forward to	T2 U2S1	165
欺负	qīfu	bully	T2 U5S3	251
期盼	qīpàn	anticipation	T2 U4S1	218
蹊跷	qīqiāo	strange; odd	T2 U4S2	223
祈祷	qídǎo	pray	T1 U3S1	57
祈福	qífú	pray for	T1 U2S1	32
齐全	qíquán	complete	T1 U4S3	95
歧视	qíshì	discrimination	T2 U5H1	256
其实	qíshí	actually	T1 U5S1	111
启示	qǐshì	enlightenment	T2 U3H1	203
起源	qǐyuán	origin	T1 U3S2	62
泣不成声	qìbù chéngshēng	sobbing too much that one cannot speak	T1 U5S2	115
洽谈	qiàtán	negotiate	T1 U4H1	99
千差万别	qiānchā wànbié	vary widely	T1 U5S3	119
千疮百孔	qiānchuāng bǎikǒng	scarred and battered; in a disastrous state	T2 U1H1	152
千里迢迢	qiānlǐ tiáotiáo	travel from a long way	T1 U5S3	119
谦虚	qiānxū	modest	T2 U5S3	251
千里之遥	qiānlǐ zhīyáo	thousand miles away	T1 U4H1	231
潜力	qiánlì	potential	T1 U1S2	9
潜质	qiánzhì	potential	T1 U2S1	32
腔调	qiāngdiào	accent; tune	T1 U5H1	124
强调	qiángdiào	emphasize	T2 U3S3	198
强制	qiángzhì	compel; force	T1 U3S2	62
窍门	qiàomén	tricks; tips	T2 U3S1	191
锲而不舍	qiè'ér bùshě	work with perseverance	T2 U5H1	256
惬意	qièyì	be pleased	T2 U2H1	177
亲戚	qīnqi	relative	T2 U2S2	168
亲切	qīnqiè	kind; cordial	T2 U3S3	198
亲身经历	qīnshēn jīnglì	experience something personally	T2 U3S3	198
勤俭诚实	qínjiǎn chéngshí	thrifty and honest	T1 U3H1	71
清高	qīnggāo	to think highly of oneself	T1 U4S1	86
青睐	qīnglài	favour (in one's sight)	T1 U3S2	62
清明节	Qīngmíng Jié	tomb sweeping festival	T1 U3S3	66
情不自禁	qíng bù zì jīn	unable to control one's emotions	T2 U3S3	198
情景	qíngjǐng	scene; situation	T1 U3S1	57
秋高气爽	qiūgāo qìshuǎng	clear and crisp weather in autumn	T2 U4H1	231
区别	qūbié	difference	T1 U3S1	57
权利	quánlì	right	T1 U4S2	91
全力以赴	quánlì yǐfù	try one's best	T1 U1S2	9
蜷缩一隅	quánsuō yīyú	cuddle up in one corner	T2 U2H1	177
劝慰	quànwèi	comfort	T1 U2H1	44

缺乏	quēfá	lack; be short of	T1 U2S3	40
R				
燃脂	ránzhī	burn fat	T1 U2S2	35
热爱自然	rè'ài zìrán	love nature	T2 U2S2	168
热爱生活	rè'ài shēnghuó	love one's life	T1 U1S2	9
热带地区	rèdài dìqū	tropical area	T2 U2S1	165
热门选择	rèmén xuǎnzé	popular choice	T2 U2S1	165
人满为患	rénmǎn wéihuàn	overcrowded	T2 U4S1	218
人心不足蛇吞象	rénxīn bùzú shétūnxiàng	a man who is never contented is like a snake trying to swallow an elephant	T1 U2H1	44
任务	rènwù	task	T1 U5S2	115
日程表	rìchéng biǎo	schedule	T1 U2S3	40
日复一日	rìfù yīrì	day after day	T1 U5S1	111
融入	róngrù	assimilate into; integrate into	T1 U3S2	62
柔媚	róumèi	gentle and lovely	T2 U1H1	152
如出一辙	rúchūyīzhé	exactly the same as	T2 U4H1	231
如何	rúhé	how	T1 U2S1	32
如今	rújīn	at present	T2 U5S2	247
弱势	ruòshì	disadvantaged	T2 U5H1	256
S				
扫墓	sǎomù	tomb sweeping	T1 U3S3	66
色香味俱全	sè xiāng wèi jùquán	to smell, look and taste great	T2 U3S1	191
筛选	shāixuǎn	screen; filter	T1 U3S2	62
山清水秀	shānqīng shuǐxiù	beautiful scenery	T2 U3S3	198
山水画	shānshuǐhuà	landscape painting	T2 U1S1	138
善解人意	shànjiě rényì	thoughtful	T2 U5H1	256
少食多餐	shǎo shí duō cān	less food more meals	T1 U2S3	40
奢求	shēqiú	make unreasonable demands	T2 U2H1	177
社区	shèqū	community	T1 U4S1	86
摄入	shèrù	(food) intake	T1 U2S3	40
申请	shēnqǐng	apply	T2 U5S2	247
身手矫健	shēnshǒu jiǎojiàn	agile and vigorous	T2 U3H1	203
身体素质	shēntǐ sùzhì	physical fitness	T1 U4S2	91
深恶痛绝	shēnwù tòngjué	hate deeply	T2 U5S1	244
神秘	shénmì	mysterious	T2 U1H1	152
审美观	shěnměi guān	aesthetic	T1 U1S1	3
慎独	shèndú	be blameless in one's private life	T2 U2H1	177
生儿育女	shēng'ér yùnǚ	have children	T2 U4S2	223
升华	shēnghuá	sublimation	T1 U2S1	32
生活成本	shēnghuó chéngběn	living cost	T1 U1S2	9
生活方式	shēnghuó fāngshì	lifestyle	T1 U1S3	14
生态	shēngtài	ecology	T2 U1S2	142
生意	shēngyi	business	T2 U5S1	244
省钱	shěng qián	save money	T1 U4S3	95
师傅	shīfu	master	T1 U4S3	227
失眠	shīmián	insomnia	T1 U2S3	40
失态	shītài	forget one's manners	T1 U2H1	44
虱子	shīzi	louse	T2 U5H1	256
时期	shíqī	period	T2 U4S2	223
实习	shíxí	internship	T1 U5S2	115
使用	shǐyòng	use	T1 U5S1	111
事半功倍	shìbàn gōngbèi	get twice the result with half the effort	T1 U3S2	62
嗜好	shìhào	hobby	T2 U1S3	146
视角	shìjiǎo	point of view	T2 U2S3	173
事实	shìshí	fact	T1 U5S1	111
试图	shìtú	attempt	T1 U1S3	14
誓言	shìyán	vow	T2 U4S2	223
适应	shìyìng	get used to	T1 U1S1	3
收获	shōuhuò	harvest; gains	T2 U1S2	142
守秩序	shǒu zhìxù	follow rules	T1 U3H1	71
受欢迎	shòu huānyíng	popular; well-received	T2 U2S1	165
寿命	shòumìng	life span	T1 U2S3	40
抒发	shūfā	express (feeling)	T2 U4H1	231
熟练	shúliàn	skilful	T2 U4H1	231
束缚	shùfù	constraint	T2 U2H1	177
数据	shùjù	data	T2 U5S1	244
瞬间	shùnjiān	in an instant	T2 U3S3	198
顺溜	shùnliū	talk smoothly	T1 U5H1	124
说家常	shuō jiācháng	talk about everyday matters	T2 U3H1	203
丝毫	sīháo	a bit; the slightest degree	T2 U2H1	177
死心塌地	sǐxīn tādì	dead set	T2 U2H1	177
似乎	sìhū	seems to be; as if	T2 U1S2	142
似真似幻	sì zhēn sì huàn	seems like real	T2 U4S3	227
搜索	sōusuǒ	search	T1 U4S1	86
随便	suíbiàn	casual	T1 U1S1	3
随便	suíbiàn	casually; randomly; do as one pleases	T1 U5S3	119
随着	suízhe	along with	T1 U5S1	111
索然寡味	suǒrán guǎwèi	dull and insipid	T2 U2H1	177
琐碎	suǒsuì	petty; trivial	T1 U4H1	99
所谓	suǒwèi	so-called	T1 U4S1	86
T				
态度	tàidù	attitude towards life	T1 U1S1	3
谈笑风生	tánxiào fēngshēng	talk lively and jovially	T2 U4H1	231

探讨	tàntǎo	inquire into; explore	T1 U4S1	86
探险	tànxiǎn	explore	T2 U1H1	152
搪塞	tángsè	do something perfunctorily	T2 U2H1	177
掏	tāo	take out; scoop out	T2 U1H1	152
逃避	táobì	evade	T2 U5S1	244
逃遁	táodùn	flee	T1 U5H1	124
讨价还价	tǎojià huánjià	bargain	T2 U4S1	218
特产	tèchǎn	speciality	T2 U4S1	218
特色	tèsè	feature; characteristic	T1 U4S1	86
特殊	tèshū	special	T1 U3S2	62
提倡	tíchàng	advocate	T1 U4S2	91
体力劳动	tǐlì láodòng	physical labour	T2 U5S2	247
体贴	tǐtiē	thoughtful	T2 U3S2	195
体验	tǐyàn	experience	T1 U1S2	9
提议	tíyì	suggest	T2 U3S1	191
(食品)添加剂	(shípǐn) tiānjiājì	(food) additives	T2 U5S1	244
调节	tiáojié	regulate; adjust	T1 U1S2	142
调侃	tiáokǎn	tease	T2 U4S1	218
调整	tiáozhěng	adjust	T1 U4S2	223
挑战	tiǎozhàn	challenge	T1 U4S2	91
贴标签	tiē biāoqiān	give a (bad) label	T1 U4S1	86
通宵	tōngxiāo	throughout the night	T2 U4S1	218
同胞	tóngbāo	fellow countryman; people of the same ethnicity	T2 U5H1	256
统治	tǒngzhì	rule	T1 U5S3	119
头晕	tóuyūn	dizziness	T2 U3S2	195
头晕眼花	tóuyūn yǎnhuā	dizzy	T1 U5S3	119
投资	tóuzī	invest	T2 U1S1	138
突破	tūpò	breakthrough	T1 U4S2	91
吐槽	tǔcáo	to ridicule	T2 U2S3	173
土生土长	tǔshēng tǔzhǎng	native	T2 U1S1	138
推崇	tuīchóng	praise highly	T2 U1S1	138
推广	tuīguǎng	promote	T1 U4S1	86
推荐	tuījiàn	recommend	T2 U2S1	165
推荐信	tuījiàn xìn	reference letter	T1 U3S2	62
蜕变	tuìbiàn	transformation	T2 U5H1	256
褪尽	tuì jìn	fade away completely	T2 U5H1	256
拖家带口	tuōjiā dàikǒu	bring the whole family	T2 U2S1	165
妥协	tuǒxié	compromise	T2 U5H1	256

W

外教	wàijiào	foreign teacher	T2 U1S1	138
外来员工	wàilái yuángōng	foreign workers	T2 U4S1	218
外遇	wàiyù	extra-marital affair	T2 U3S1	191
外在形象	wàizài xíngxiàng	appearance	T1 U1S1	3
微妙	wēimiào	subtle	T2 U5S3	251
委屈	wěiqū	feel wronged	T1 U1S2	9
文化差异	wénhuà chāyì	cultural difference	T2 U5H1	256
文化冲突	wénhuà chōngtū	cultural conflict	T2 U5H1	256
文化交流	wénhuà jiāoliú	cultural exchange	T2 U5S2	247
文化身份	wénhuà shēnfèn	cultural identity	T2 U5H1	256
文化遗迹	wénhuà yíjì	cultural relics	T2 U2S2	168
无厘头	wú lí tóu	silly humour	T1 U4S3	95
无神论者	wúshénlùn zhě	atheist	T1 U3S1	57
无氧运动	wúyǎng yùndòng	anaerobic exercise	T1 U2S2	35
无忧无虑	wúyōu wúlǜ	carefree	T2 U3S2	195
五彩缤纷	wǔcǎi bīnfēn	colourful	T2 U3S1	191
雾蒙蒙	wù méngméng	misty	T2 U4S3	227

X

稀奇	xīqí	strange; rare	T1 U5H1	124
熙熙攘攘	xīxī rǎngrǎng	bustling	T1 U4H1	99
吸引	xīyǐn	attract	T1 U4S3	95
洗脑	xǐnǎo	brainwash	T1 U4S3	95
细节	xìjié	details	T1 U1S1	3
下意识	xiàyìshí	subconsciously	T2 U4S3	227
显然	xiǎnrán	obviously	T2 U4S3	227
羡慕	xiànmù	envy	T1 U1S2	9
现实生活	xiànshí shēnghuó	real life	T1 U5S3	119
乡愁	xiāngchóu	homesickness	T2 U5H1	256
相逢	xiāngféng	meet (by chance)	T2 U4H1	231
相依为命	xiāngyī wéimìng	depend on each other	T1 U3H1	71
想当然	xiǎngdāngrán	take something for granted	T1 U2S1	32
享受	xiǎngshòu	enjoyment	T1 U4S3	95
象征	xiàngzhēng	symbolize	T1 U5S3	119
消费	xiāofèi	spending	T2 U2S1	165
消失	xiāoshī	disappear	T2 U3S1	191
消瘦	xiāoshòu	lose weight	T1 U2H1	44
小心翼翼	xiǎoxīn yìyì	with great care	T1 U3H1	203
校风严谨	xiàofēng yánjǐn	strict school rules	T1 U3S2	62
泄气	xièqì	disheartened	T1 U4H1	99
心境	xīnjìng	state of mind; mood	T2 U2H1	177
心灵	xīnlíng	heart; soul; spirit	T2 U5S1	244
心照不宣	xīnzhào bùxuān	tacit understanding	T1 U4H1	99
信仰	xìnyǎng	faith	T1 U3S1	57
信号	xìnhào	signal	T1 U2S3	40
兴奋	xīngfèn	excited	T2 U2S1	165
刑场	xíngchǎng	execution ground	T1 U1H1	18

形成	xíngchéng	to form	T1 U5S1	111
形式	xíngshì	form	T1 U3S1	57
形象	xíngxiàng	image	T1 U4S1	86
醒悟	xǐngwù	realize (truth)	T1 U1S3	14
幸运	xìngyùn	lucky	T2 U3S3	198
虚伪	xūwěi	fake	T1 U1H1	18
宣传	xuānchuán	publicize	T1 U4S1	86
悬挂	xuánguà	hang	T2 U1H1	152
学以致用	xuéyǐ zhìyòng	apply what one has learned	T2 U1S3	146
寻人启事	xún rén qǐ shì	notice of missing person	T2 U5S3	251
迅速	xùnsù	quickly	T1 U4S1	86
Y				
压抑	yāyì	depressed	T1 U4S2	91
研究	yánjiū	research	T1 U1S3	14
野性	yěxìng	wild nature	T2 U1H1	152
一蹴而就	yícù'érjiù	accomplish something in one move; expect results overnight	T1 U2S2	35
一面之交	yímiàn zhījiāo	have met only once; casual acquaintance	T1 U5S3	119
一目了然	yímù liǎorán	clear at a glance	T2 U2S3	173
一触即发	yí chù jí fā	on the verge of breaking out	T1 U4H1	99
遗落	yíluò	to leave behind	T1 U5H1	124
疑虑	yílǜ	doubt	T1 U3S2	62
移民	yímín	immigrant	T1 U5S2	115
移民	yímín	migrate	T2 U5S2	244
仪式	yíshì	ceremony	T2 U4S1	218
一塌糊涂	yìtā hútú	in a complete mess	T2 U4S1	218
以为	yǐwéi	think	T1 U5S1	111
以志成长	yǐzhì chéngzhǎng	as a mark of growing up	T2 U3H1	203
异邦	yìbāng	foreign country	T2 U5H1	256
异国风情	yìguó fēngqíng	conditions and customs in a foreign country	T2 U2S1	165
异国他乡	yìguó tāxiāng	foreign country	T2 U5S2	247
屹立	yìlì	stand erect	T1 U5H1	124
一瞧究竟	yìqiáo jiūjìng	to check what is going on	T2 U3S2	195
一闪而过	yìshǎn érguò	flash across	T2 U1H1	152
意识	yìshí	realize; be aware of	T1 U5S2	115
意识形态	yìshí xíngtài	ideology	T2 U5H1	256
艺术魅力	yìshù mèilì	artistic charm	T2 U1S1	138
意味	yìwèi	signify	T2 U5S2	247
抑郁症	yìyù zhèng	depression	T2 U2H1	44
意韵	yìyùn	artistic meaning and scene	T2 U1S1	138
因人而异	yīn rén ér yì	vary from person to person	T1 U2S2	35
因素	yīnsù	factor	T1 U2S2	35
吟	yín	recite	T2 U4H1	231

引起争议	yǐnqǐ zhēngyì	arouse controversy	T1 U4S3	95
隐痛	yǐntòng	unspoken pain	T2 U5H1	256
迎合	yínghé	cater to	T2 U4S2	223
拥挤不堪	yōngjǐ bùkān	overcrowded	T1 U4H1	99
永恒	yǒnghéng	eternal	T2 U2H1	177
勇气	yǒngqì	courage	T1 U4S2	91
幽默	yōumò	humorous	T2 U1S1	138
犹豫	yóuyù	hesitate	T1 U2S2	35
有模有样	yǒu mú yǒu yàng	fairly decent; has a decent look	T2 U1S1	138
有求必应	yǒuqiú bìyìng	grant whatever is asked	T1 U3H1	71
有说有笑	yǒushuō yǒuxiào	talking and laughing	T1 U5S2	115
有型	yǒu xíng	have a nice (body) shape; stylish	T1 U2S2	35
有氧运动	yǒuyǎng yùndòng	aerobic exercise	T1 U2S2	35
有意无意	yǒuyì wúyì	with or without intention	T2 U2H1	44
诱惑	yòuhuò	temptation	T2 U2H1	177
逾	yú	over; exceed	T2 U1S3	146
愚蠢	yúchǔn	stupid	T1 U1H1	18
娱乐性	yúlè xìng	entertaining	T1 U4S1	86
逾越	yúyuè	exceed; go beyond	T1 U5H1	124
语言障碍	yǔyán zhàng'ài	language barrier	T2 U5S3	251
预定	yùdìng	book	T1 U3S3	66
预感	yùgǎn	premonition	T2 U5S1	244
欲望	yùwàng	desire	T1 U2S1	32
郁郁葱葱	yùyù cōngcōng	luxuriant and green	T2 U1H1	152
原滋原味	yuánzī yuánwèi	the original flavour; authentic	T1 U5S1	111
约束	yuēshù	restrain	T1 U3S1	57
乐器	yuèqì	musical instrument	T1 U2S3	40
粤语	Yuèyǔ	Cantonese (language)	T2 U5S3	251
允许	yǔnxǔ	permit	T2 U4S2	223
蕴藉深厚	yùnjiè shēnhòu	refined and profound	T2 U4H1	231
酝酿	yùnniàng	to prepare for	T1 U2H1	44
Z				
暂时	zànshí	temporary	T2 U2S1	165
遭到	zāodào	suffer	T2 U5S3	251
增幅	zēngfú	increase	T1 U3S2	62
增长见识	zēngzhǎng jiànshí	gain knowledge	T2 U2S1	165
战胜自我	zhànshèng zìwǒ	self-conquest	T1 U4S2	91
笊篱	zhàolí	a utensil with wide shallow wire-mesh basket with a long wooden-made handle	T2 U1H1	152

哲理	zhélǐ	philosophy	T2 U4S3	227
斟酌	zhēnzhuó	deliberate	T1 U5S3	119
争分夺秒	zhēngfēn duómiǎo	make every minute and second count	T2 U3S1	191
挣扎	zhēngzhá	struggle	T2 U5H1	256
拯救	zhěngjiù	rescue	T1 U3S1	57
整理	zhěnglǐ	sort out; arrange	T2 U1S2	142
政府	zhèngfǔ	government	T1 U5S1	111
证明	zhèngmíng	prove; certify	T1 U5S3	119
正装	zhèngzhuāng	formal dress code	T1 U1S1	3
支撑	zhīchēng	support	T1 U2H1	44
知识分子	zhīshi fènzǐ	intellectuals	T2 U5H1	256
职场	zhíchǎng	workplace	T1 U2S3	40
值得一读	zhídé yì dú	worth reading	T2 U2S3	173
殖民地	zhímíndì	colony	T1 U5S1	111
职务	zhíwù	position	T1 U1S1	3
止血	zhǐxuè	stop bleeding	T2 U3S2	195
至关重大	zhì guān zhòngdà	crucial	T2 U5H1	256
智慧	zhìhuì	wisdom	T2 U4S3	227
至今	zhìjīn	so far; until now	T2 U1S2	142
质量	zhìliàng	quality	T1 U3S2	62
治疗	zhìliáo	treatment	T1 U2H1	44
稚嫩	zhìnèn	young; infantile	T2 U1H1	152
志同道合	zhìtóng dàohé	like-minded	T2 U1S3	146
制止	zhìzhǐ	restrain; stop	T2 U1S2	142
中不溜儿	zhōngbuliūr	average	T2 U5S2	247
重担	zhòngdàn	heavy burden	T2 U3S1	191
中暑	zhòngshǔ	suffer a heat stroke	T2 U2S2	168
周全	zhōuquán	comprehensive	T2 U2S2	168
咒骂	zhòumà	curse; swear	T2 U1H1	152
昼夜	zhòuyè	day and night	T1 U3H1	71
竹竿	zhúgān	bamboo pole	T2 U3H1	203
逐渐	zhújiàn	gradually	T2 U1S1	138
主流社会	zhǔliú shè huì	mainstream society	T2 U5S2	247
驻足	zhùzú	stop (from walking for a short time)	T2 U3H1	203
专业	zhuānyè	professional	T2 U1S1	138
转变	zhuǎnbiàn	transform; change	T2 U5S2	247
壮观	zhuàngguān	magnificent sight	T2 U4H1	231
赚钱	zhuàn qián	earn money	T2 U3S1	191
追求	zhuīqiú	pursue	T1 U4S2	91
缒	zhuì	let something or someone down with a rope	T2 U1H1	152
资料	zīliào	data	T2 U4S2	223
资深	zīshēn	senior; experienced	T1 U3S2	62
资深人士	zīshēn rénshì	senior figures	T1 U4S3	95
姿势	zīshì	posture	T2 U4S3	227
姿态	zītài	posture; gesture; pose	T2 U3H1	203
自然而然	zìrán érrán	naturally	T1 U5S2	115
自私	zìsī	selfish	T1 U1S2	9
自卫	zìwèi	self defence	T1 U5H1	124
自我超越	zìwǒ chāoyuè	self-transcendence	T1 U1S2	9
自我实现	zìwǒ shíxiàn	self-actualization	T1 U1S2	9
自信心	zìxìn xīn	self-confidence	T2 U5S2	247
自由迁徙	zìyóu qiānxǐ	migrate freely	T2 U5S1	244
自由散漫	zìyóu sǎnmàn	lax in discipline	T1 U4H1	99
自责	zìzé	blame oneself	T1 U3S3	66
宗教信仰	zōngjiào xìnyǎng	religious belief	T1 U3S2	62
踪影	zōngyǐng	trace	T2 U1H1	152
宗旨	zōngzhǐ	purpose	T1 U3H1	71
祖先	zǔxiān	ancestors	T1 U3S3	66
钻牛角尖	zuān niújiǎojiān	to waste time on an insignificant problem	T1 U2H1	44
最佳途径	zuìjiā tújìng	the best way	T2 U5S2	247
罪魁祸首	zuìkuí huòshǒu	culprit	T1 U2S3	40
尊敬	zūnjìng	respect	T1 U4S1	86
尊重	zūnzhòng	respect	T1 U1S1	3
座无虚席	zuòwúxūxí	all seats are occupied; full house	T2 U3S1	191

Credits

Every effort has been made to trace all sources and copyright holders of images and texts in this book before publication, but if any have been inadvertently overlooked, the publisher will ensure that full credit is given at the earliest opportunity.

Images

Cover: Wavebreakmedia/iStock/Thinkstock (front), yangzai/istock (back), Wavebreakmedia Ltd/Wavebreak Media/Thinkstock (back)

Pages: iii yangzai/istock; **v** yangzai/istock; **1** (l to r) MangoStar_Studio/iStock/Thinkstock, Wavebreakmedia Ltd/Wavebreak Media/Thinkstock, cyano66/iStock/Thinkstock, kruga/iStock/Thinkstock, Top Photo Corporation/Top Photo Group/Thinkstock; **2** MangoStar_Studio/iStock/Thinkstock; **7** Maridav/iStock/Thinkstock; **13** sjenner13/iStock/Thinkstock; **17** Tailex/iStock/Thinkstock; **23** (l to r) KatarzynaBialasiewicz/iStock/Thinkstock, JackF/iStock/Thinkstock; **24** RyanKing999/iStock/Thinkstock; **30** Mizina/iStock/Thinkstock; **34** photodisc/iStock/Thinkstock; **38** Ridofranz/iStock/Thinkstock; **39** Wavebreakmedia Ltd/Wavebreak Media/Thinkstock; **43** cvanouicigor/iStock/Thinkstock; **49** (l to r) LightFieldStudios/iStock/Thinkstock, targovcom/iStock/Thinkstock; **50** vadimguzhva/iStock/Thinkstock; **52** amanaimagesRF/Thinkstock; **53** http://blog.wenxuecity.com/blog/frontend.php?act=articlePrint&blogId=66789&date=201408&postId=20637; **56** (t to b) cyano66/iStock/Thinkstock, Jupiterimages/PHOTOS.com/Thinkstock; **60** lawcain/iStock/Thinkstock; **65** catinsyrup/iStock/Thinkstock; **68** fengup.com; **76** (l to r) Sergio Delle Vedove/iStock, Cengage Learning Asia; **77** Masaru123/iStock/Thinkstock; **79** Image Source/iStock; **85** Rawpixel/iStock/Thinkstock; **90** Vagengeym_Elena/iStock/Thinkstock; **94** https://baike.baidu.com/item/%E7%9B%96%E4%B8%96%E8%B1%AA%E4%BE%A0/2584607; **98** 4045/iStock/Thinkstock; **99** zhuyufang/iStock/Thinkstock; **104** (l to r) DragonImages/iStock/Thinkstock, kruga/iStock/Thinkstock; **105** rabbit75_ist/iStock/Thinkstock; **107** OceanFishing/iStock/Thinkstock; **110** Top Photo Corporation/Top Photo Group/Thinkstock; **114** trumzz/iStock/Thinkstock; **118** vadimguzhva/ iStock/Thinkstock; **123** donkeyru/iStock/Thinkstock; **124** Toa55/iStock/Thinkstock; **129** (l to r) btrenkel/iStock, Jupiterimages/Goodshoot/Thinkstock; **130** XiXinXing/Thinkstock; **135** (l to r) byillustration/iStock /Thinkstock, lzf/iStock/Thinkstock, ImpaKPro/iStock/Thinkstock, Ryan McVay/DigitalVision/Thinkstock, rozbyshaka/iStock/Thinkstock; **136** byillustration/iStock /Thinkstock; **137** yangzai/iStock/Thinkstock; **141** AID/a.collectionRF/Thinkstock; **145** bowdenimages/iStock/Thinkstock; **150** nuttapong/iStock/Thinkstock; **157** (l to r) monkeybusinessimages/iStock/Thinkstock, TongRo Images Inc/TongRo Images/Thinkstock; **158** Kavuto/iStock/Thinkstock; **160** Ryan McVay/Stockbyte/Thinkstock; **164** TuiPhotoengineer/iStock/Thinkstock; **167** SARINYAPINNGAM/iStock/Thinkstock; **172** Rawpixel Ltd/iStock/Thinkstock; **176** lzf/iStock/Thinkstock; **182** (l to r) Tomwang112/iStock/Thinkstock, CreativaImages/iStock/Thinkstock; **183** Pilin_Petunyia/iStock/Thinkstock; **185** VladyslavDanilin/iStock/Thinkstock; **189** RyanKing999/iStock/Thinkstock; **194** siriwat nakha/iStock/Thinkstock; **197** ImpaKPro/iStock/Thinkstock; **202** CapturedAudience/iStock/Thinkstock; **209** (l to r) Jupiterimages/stockbyte/Thinkstock, Cineberg/iStock/Thinkstock; **210** .shock/iStock/Thinkstock; **212** Digital Vision/DigitalVision/Thinkstock; **217** plavevski/iStock; **222** Bobby Coutu/iStock/Thinkstock; **226** Knighterrant/iStock/Thinkstock; **230** Tuayai/iStock/Thinkstock; **236** (l to r) urf/iStock, YONGHAO/iStock/Thinkstock; **237** Ryan McVay/DigitalVision/Thinkstock; **239** Pavellvanov/iStock/Thinkstock; **243** Bet_Noire/iStock/Thinkstock; **246** Manjurul/iStock/ Thinkstock; **250** http://ent.sina.com.cn/v/m/2009-03-19/18542428689.shtml; **255** rozbyshaka/iStock/Thinkstock; **261** (l to r) stacey_newman/iStock, doomko/iStock/Thinkstock; **262** moisseyev/iStock/Thinkstock; **264** doomko/iStock/Thinkstock; **267** yangzai/istock.

Texts

2–3页	《衣服的重要性》改编自黄雪珊《做自己的形象代言人》;
7–9页	《单身或丁克努力的意义》改编自知乎《作为一个单身者或者丁克，你努力的意义是什么？》;
17–18页	《生命的意义和价值》改编自沈从文《时间》;
22页	《大人们就爱操之过急》改编自乐读网《大人就爱操之过急》;
24页	《整容后过关的那些囧事》改编自中国新闻网《两名女子口岸过关受阻 整容后很像"范冰冰"》;
26–27页	《法国人和法国的生活方式》改编自开元周游《法国人和法国人的生活方式》;
30–31页	《关于素食》改编自天涯论坛http://bbs.tianya.cn/post-free-2445704-1.shtml;
34–35页	《最佳的减肥速度是什么？》改编自凌云《掌握5个减肥问题，私教再也不敢把你当小白！》;
38–39页	《应对生活的改变所带来的压力》改编自WikiHow《如何减压》;
43–44页	《失眠》节选改编自叶兆言《我们去找一盏灯》;
48页	《影响男人健康的生活方式》改编自张虎军《健康：影响男人的生活方式》;
50页	《新加坡女生减肥患厌食症》改编自光明日报《新加坡·女生减肥患厌食症·每天只吃一块巧克力》;
52–53页	《改变生活方式，调整生命轨迹》改编自"吃与活"的文学城博客《吃为了活(3)思想篇》;
56–57页	《西方人进教堂与东方人进庙》改编自刘亚洲谈基督教和佛教道教;
60–61页	《国外的教会学校》改编自太傻咨询中心《国外中学教会学校你可以选择不信教》;
65页	《清明节，谁来扫墓？》改编自人民日报微信公众号《这个清明节，有一个令人心忧的现象…》;
68–70页	《我的母亲》节选改编自老舍《我的母亲》;
74页	《新加坡的种族和谐日》改编自新加坡眼《新加坡是这样从小培养种族和谐意识的》;
75页	《人为什么要有信仰？》改编自豆瓣小组《人为什么要有信仰》;
77页	《扫墓的意义》改编自丁国书《这个清明节，有一个令人心忧的现象…》;
79–81页	《你的第二身份是什么？》改编自孙盛起《修养是人的第二身份》;
85–86页	《请别给广场舞贴标签》改编自mayihua《别给广场舞瞎贴标签》;
94页	《周星驰与无厘头文化》改编自查小欣《因周星驰而起的无厘头文化》;
98–99页	《上海人》节选改编自余秋雨《文化苦旅》;
102页	《墨尔本的涂鸦文化》改编自今日悉尼《墨尔本涂鸦文化 玩出极致的"街头艺术"》;
103页	《严歌苓的人生故事》改编自YouTube视频访谈;
105页	《嘻哈之旅》改编自优美旅行《"嘻哈之旅"的由来》;
107–108页	《文化快餐不宜多吃》改编自百度文库《文化快餐不宜多吃》;
110–111页	《新加坡式英语》改编自新梁（广州）《新加坡的语言》;
114页	《一对移民父子的故事》改编自语言学午餐-微信公众号《他的父母移民到美国，却没有教他汉语》;
118–119页	《要不要取个英文名？》改编自朱洁《留学日记：要不要取个英文名》;
123–124页	《华语情结》节选改编自余秋雨《文化苦旅》;
127页	《Larry 学中文》改编自语言学午餐-微信公众号《他的父母移民到美国，却没有教他汉语》;
130页	《有趣的方言》改编自四季甜橙《关于小方言里的大世界题材的作文》;
131–132页	《我要用中文发言》改编自蒋光宇《我要用中文》;
136–137页	《学国画的老外越来越多》改编自冯雪冰《学国画的老外越来越多：老外学国画取名齐白酒》;
140–141页	《闲话休闲》改编自王启云《闲话休闲》;
145–146页	《体验人生：我在英国做义工》改编自许婷婷《体验人生：我在英国做义工》;

150-151页	《一窠八哥的谜》节选改编自《向着太阳歌唱》；
155页	《休闲活动充实自己》改编自中国报青少年记者博客《休闲活动充实自己》；
156页	《休闲滨江路》改编自鲁新《休闲滨江路》（短文学）；
158页	《暑期工，经验"险"中求？》改编自凤凰网财经《暑期工，经验"险"中求？》；
160-161页	《月光如泪》节选改编自赵丽宏《月光如泪》；
164-165页	《国庆长假出国游》改编自太平洋保险在线商城《关于幸福假期出国旅游开阔眼界》；
167-168页	《让孩子在旅游中开阔眼界》节选改编自朴东柱《和孩子一起做梦》；
172-173页	《新式旅游日记》改编自百度知道《怎样写好旅行日记？》；
176-177页	《旅行的意义》改编自清心一隅《旅行的意义》；
181页	《旅游对孩子的好处》改编自人民日报《亲子游为何骤然升温》；
183页	《巴厘岛的蜜月酒店》翻译自水明漾《An unforgettable experience》；
185-186页	《土耳其旅游指南》改编自angelchen《关于土耳其的二三事》；
189-190页	《生活中的"小镜头"》改编自励志天下《关于生活的作文500字》；
194页	《成长故事》改编自百度知道《成长的故事作文600字》；
197-198页	《九寨沟地震经历》改编自水木然《一位经历了九寨沟地震的朋友写下的文字》；
202-203页	《玉兰花的记忆》改编自卢玮《玉兰花的记忆》；
206页	《最伟大的成功》改编自节选自马云的演讲《最伟大的成功》；
207页	《从街头卖椰浆饭到入主总统府》改编自新加坡眼《从街头卖椰浆饭到入主总统府，她就是部新加坡励志剧》；
210页	《郎平和中国女排》改编自李晖《里约奥运夺冠成就完美人生·"女排精神"郎平传承》；
212-213页	《全球最年轻女机长》改编自搜狐《她出生贫民窟，受尽歧视侮辱，却在30岁成为全球最年轻女机长，惊动CNN》；
217-218页	《回乡过年变成一种仪式》改编自白天《回乡过年变成一种中国仪式》；
222-223页	《日本的成人仪式》改编自徐静波《在日本见证少男少女的成人仪式》；
226-227页	《天葬仪式》改编自于珈文集《人生最后的布施——天葬》；
230-231页	《故乡的重阳节》改编自陈东明《故乡的重阳节》；
234页	《香港的红包》改编自新浪新闻中心《香港传统习俗：新年开工派'利是'讨好彩》；
235页	《奇特的婚礼习俗》改编自乐维斯《奇特的婚礼习俗 在吸引着你我的同时也带给我们反思》；
237页	《日本风俗中的趣事》改编自留学社区《日本风俗中有趣的事情》；
239-240页	《送礼忌讳送的物品》改编自王浩骅《送礼忌讳送的九种物品》；
243页	《中国人为什么要移民到海外？》改编自吴晓波《中国人为什么要移民到海外？》；
246-247页	《移民成功者背后的故事》改编自中国百科网《移民成功者：讲述移民背后的故事》；
250-251页	《三峡移民的生活》改编自凤凰网湖北《三峡移民想回家》；
255-256页	《严歌苓和短篇小说〈大陆妹〉》改编自严歌苓读书会《严歌苓短篇小说《大陆妹》｜专题》；
259页	《在加拿大的新移民》改编自温哥华港湾《加拿大新移民悲惨生活：抓蚯蚓的日子》；
260页	《家庭情景喜剧＜初来乍到＞》改编自新浪娱乐《＜初来乍到＞：首部华裔移民题材美剧》；
262页	《新移民适应新生活的四个阶段》改编自瑞投资网《在澳洲移民生活适应需经历四个阶段》；
264页	《移民是人类的常态》改编自贾葭《当每一条新闻都变成移民广告：你唯一能做的就是早发财早移民》。